Nik Sharma

Zauber der Gewürze

Nik Sharma

Zauber der Gewürze

Indisch-westliche Küche neu komponiert

Rezepte & Fotografien von
Nik Sharma

Unimedica

Impressum

Nik Sharma
Zauber der Gewürze
Indisch-westliche Küche neu komponiert
1. deutsche Auflage 2022
ISBN: 978-3-96257-287-7
© 2022, Narayana Verlag GmbH

Titel der Originalausgabe:
SEASONS
BIG FLAVORS, BEAUTIFUL FOOD
Copyright © 2018 by Nik Sharma
All rights reserved.
No part of this book may be reproduced in any form without written permission from the publisher.
First published in English by Chronicle Books LLC,
San Francisco, California
Designed von Alice Chau
Fotos und Illustrationen von Nik Sharma

Übersetzung aus dem Englischen: Anne-Katrin Grube
Satz: © Narayana Verlag GmbH
Coversatz: © Narayana Verlag GmbH
Coverabbildungen: © Nik Sharma

Herausgeber:
Unimedica im Narayana Verlag GmbH,
Blumenplatz 2, D-79400 Kandern
Tel.: +49 7626 974 970–0
E-Mail: info@unimedica.de
www.unimedica.de

Alle Rechte vorbehalten. Ohne schriftliche Genehmigung des Verlags darf kein Teil dieses Buches in irgendeiner Form – mechanisch, elektronisch, fotografisch – reproduziert, vervielfältigt, übersetzt oder gespeichert werden, mit Ausnahme kurzer Passagen für Buchbesprechungen.
Sofern eingetragene Warenzeichen, Handelsnamen und Gebrauchsnamen verwendet werden, gelten die entsprechenden Schutzbestimmungen (auch wenn diese nicht als solche gekennzeichnet sind).
Die Empfehlungen in diesem Buch wurden von Autor und Verlag nach bestem Wissen erarbeitet und überprüft. Dennoch kann eine Garantie nicht übernommen werden. Weder der Autor noch der Verlag können für eventuelle Nachteile oder Schäden, die aus den im Buch gegebenen Hinweisen resultieren, eine Haftung übernehmen.
Der Verlag schließt im Rahmen des rechtlich Zulässigen jede Haftung für die Inhalte externer Links aus. Für Inhalte, Richtigkeit, Genauigkeit, Vollständigkeit, Qualität und/oder Verwendbarkeit der dargestellten Informationen auf den verlinkten Seiten sind ausschließlich deren Betreiber verantwortlich.

Für meine Eltern und meinen Ehemann Michael. Für meine Leser von A Brown Table *und* A Brown Kitchen.

INHALT

Vorwort 9
Einführung 10
Aromenglossar 23

Kapitel 1: Vorspeisen + Snacks... 31

Gegrillte Datteln und Rosinen mit schwarzem Pfeffer und Honig 33
Oliven paniert mit Chipotle und Garam Masala 34
Nüsse mit Chili-Sumach-Granatapfel-Panade 37
Gebratene Okra in Kichererbsenteig ... 38
Süßkartoffelpommes mit Basilikum-Joghurtsoße 40
Gegrillte gekräuterte Austern 42
Crostini mit geräucherten Sardinen und Kumquats 47
Hühnernuggets mit knuspriger Curryblattpanade 48
Würzige Rinderkebabs 52
Knusprige Schweinebauchhäppchen ... 54

Kapitel 2: Salate + Suppen 57

Limette-Gurkensalat mit geröstetem Kreuzkümmel 59
Caprese-Salat mit süßem Tamarindendressing 60
Mehrfarbige Wurzelgemüse-Raita 63
Bunter Linsensalat mit gebratenem Blumenkohl und Panir 64
Chorizo-Kartoffelsalat 69
Teesuppe mit Butternut-Kürbis 70
Bohnen- und Linsensuppe mit Kakao ... 73
Hühnersuppe mit gerösteten Naan-Streifen ... 76
Hühnernudelsuppe mit Oman-Limetten ... 79
Knochen- und Linsenbrühe 80

Vom Sinn des Würzens 82

Kapitel 3: Getreide + Gemüse ... 89

Zweierlei Granola 91
Naan 94
Naan-Pizza Margherita 99
Hirse-Bowl mit Ingwer und Linsen ... 100
Auberginen-Pilaw 102
Gehobelter Rosenkohl mit Mohn, schwarzem Senf und Kokosöl 105
Dunkel gegrillte Zuckererbsen und Fenchel mit Speck-Guajillo-Salz 106
Geröstete junge Karotten mit Sesam, Chili und Nori 109
Fingerlinge mit knusprigem Salbei und Knoblauch-Kefir-Crème fraîche 110

Kapitel 4: Meeresfrüchte 113

Austern mit Passionsfrucht-Mignonette-Soße 115
Muschelbrühe mit Kurkuma und Limetten ... 116
Scharf angebratene Jakobsmuscheln in Sumach-Würze mit Mostarda 119
Gegrillte Garnelen in Weinblattpäckchen ... 120
Krabbenküchlein mit Zitronengras und grüner Mango 123
Bratkrabbe mit Ingwer und Knoblauch .. 124
Tandoori-Schwertfischsteaks 127
Red Snapper mit Kurkuma-Chili-Bratwürze und Melonen-Salsa 130
Koriander-Gravlax 133

Kapitel 5: Eier + Geflügel 135

Frittata nach Bombay-Art 137
Ofen-Eier mit Artischockenherzen 140

Eiersalat mit geröstetem Koriander 143
Gefüllte Eier mit cremigem Tahin und Zatar 144
Brathähnchen mit scharfem grünen Chutney 147
Hühnersalat mit Crème Fraîche 148
Gebratene Putenkeule mit Zitrusmix und Wacholder 151
Putenschenkel mit Kirsch-Fenchel-Barbecuesoße 152
Pute-Pilz-Pastetchen 155

Richtig Würzen 158

Kapitel 6: Fleisch 165

Würzhackbraten 167
Rindereintopf mit Verjus 170
Steak mit Orangenschale und Koriander 173
Lammhack-Kartoffeltaler mit Sambal Oelek 175
Lammkoteletts mit roten Linsen 178
Gebratene Lammkeule 181
Gegrillte Schweinekoteletts mit Chat Masala 184
Pulled-Pork-Tacos mit Apfel-Chili-Krautsalat 186
Selbst gemachte Chorizo nach goanischer Art 191

Kapitel 7: Süssspeisen 192

Wassermelonen-Holunderblüten-Granita 195
Himbeer-Shiso-Sorbet 196
Jaggery-Eiscreme 199
Gegrillte Pfirsiche mit würzigem Ahornsirup 200
Würzige Schoko-Haselnusskekse 203
Süßkartoffel-Bebinca 204
Apfel- und Masala-Chai-Kuchen 207
Dattel- und Tamarindenkuchen 210

Ghee-Holunderblüten-Kuchen 215
Gestürzter Maismehlkuchen mit Orange und Fenchel 216
Karamellkuchen mit Rumrosinen 220

Kapitel 8: Getränke 223

Zweierlei Limonade 225
Ingwer-Tamarinden-Limonade 228
Rhabarber-Scharbat mit Rosenwasser und Kardamom 231
Salziges Estragon-Lassi 232
Safran-Kardamom-Milch 235
Gewürzter Mango-Milchshake 236
Eiskaffee mit Kokosmilch und Kardamom 239
Bellini mit Kardamom und buntem Pfeffer ... 240
Ananas-Serrano-Gin 243
Moscow Mule mit Granatapfel 244
Eistee mit karamellisierten Feigen und Bourbon 247

Kapitel 9: Grundnahrungsmittel 249

Dank 283
Über den Autor 285
Stimmen zum Buch 286
Stichwortverzeichnis 288

VORWORT

War es Twitter oder Facebook? Ich erinnere mich nicht mehr an das Portal, über das ich im Jahr 2015 auf Nik Sharmas Blog landete, ohne je von ihm gehört zu haben, aber das damalige Gefühl einer revolutionären Entdeckung vergesse ich nie.

Es fiel leicht, sich durch Niks Blog *A Brown Table* zu scrollen. Seine Fotos der einzelnen Herstellungsschritte von Backwaren waren alles andere als ikonoklastisch. Sie zeigten sanftblasige Hefeteige, gefalzte gelbe Blätterteigbögen, durch Krustenschlitze brodelnde gekochte Früchte – all das vor einer ins Dunkel abdriftenden Kulisse wie in einem italienischen Stillleben des 17. Jahrhunderts. Die reglosen Objekte in Niks Bildern glänzten ähnlich den Obst- oder Blumenmalereien von Giuseppe Recco.

Es waren seine Hände in den Fotos, die mich innehalten ließen.

Wie sie Druck auf das Nudelholz ausübten oder beim reinigenden Klatschen eine Mehlwolke auslösten – Niks Hände mit ihren braunen Fingern und faltigen Handflächen waren anders als alles, was ich bis dato in den gängigen Lebensmittelmedien gesehen hatte. Auf einem Gebiet, das sich fast ausschließlich durch Weiß auszeichnete, wirkten Niks Posts subversiv und stemmten sich gegen die visuellen Lebensmittelregeln. Sie stellten voreingenommene Annahmen darüber infrage, wer bei Lebensmitteln mitreden darf, wem Blaubeerkuchen und Kouign-amann gehören, wer Französisch kochen darf und wer die Kennzeichnung „ethnisch" verdient.

Erst später, als ich lernte, die Bilder zu hinterfragen, begriff ich, dass Niks neue Sprache mehr Vokabular enthielt als reine Visualität. Der Beweis liegt hier vor, in diesem Buch. Hühnernuggets mit knuspriger Curryblattpanade, Teesuppe mit Butternut-Kürbis, Krabbenküchlein mit Zitronengras und grüner Mango – all diese Rezepte erzählen bekannte Geschichten mit neuer Stimme. Gleiches gilt für Niks indische Rezepte für Tandoori-Schwertfischsteaks und Lammkoteletts mit roten Linsen, die das Gewicht der Tradition auf neue Weise interpretieren und in neue Erzählungen verpackt das Verweilen in altbekannten Mustern verweigern.

Wie bereits in *A Brown Table* zeigt uns Nik Sharma in *Zauber der Gewürze* eine Welt, wie wir sie zuvor noch nie gesehen haben. Er führt uns geduldig in deren Sprache ein, bei der sich alles um lebhafte und zuweilen unerwartete Aromen dreht. Mit flinken Händen lädt er uns ein, an seinem Tisch Platz zu nehmen: einem Ort, an dem sich jeder zugehörig fühlt.

JOHN BIRDSALL

EINFÜHRUNG

Die Welt rückt immer näher zusammen. Der Vormarsch neuer Technologien hat unseren Umgang miteinander und unser Denken verändert und beeinflusst. Das Internet ermöglicht uns, neue Kulturen und Länder auf eine Weise zu erfahren, die wir nie für möglich gehalten hätten. Durch Migrantengemeinschaften erleben wir fremde Kulturen direkt vor unserer Haustür und die Ernährungsgewohnheiten, die diese mit uns teilen, erweisen sich als einflussreiche Instrumente für Bildung und soziale Gerechtigkeit.

Heute können sich Hobby- und Profiköche mit einer neuen Palette globaler Zutaten und Gewürze austoben. Kardamom und Vanille werden jetzt in einem Atemzug genannt und Ghee findet sich als Grundnahrungsmittel in den Regalen der meisten Supermärkte wieder. Selbst Mango-Lassi bedarf keiner Einführung mehr. Unsere vernetzte Welt hat unsere Denkweise über Lebensmittel und die Art und Weise unserer Ernährung verändert.

Ich bin Einwanderer und ich erzähle meine Geschichte durch Essen. *Zauber der Gewürze* ist eine Sammlung meiner Erfahrungen und geschmacklichen Präferenzen. Doch dieses Buch ist mehr als nur ein Rezeptbuch. Es gewährt Einblicke in meine Herangehensweise an die Zubereitung von Speisen. In der Küche fließen nicht nur Erinnerungen an meine Kindheit in Indien in meinen Denkprozess ein, sondern auch die Erlebnisse während meiner Eingewöhnung in meiner selbstgewählten neuen Heimat Amerika, als ich Lebensmittel zu Kommunikationszwecken einsetzte.

Dies ist kein traditionelles indisches Kochbuch (obwohl es ein paar meiner Lieblingsrezepte enthält). Stattdessen soll es als Orientierung dienen, neue Geschmacksrichtungen unterschiedlicher kulinarischer Traditionen kennenzulernen und diese nach eigenen Vorlieben in der Küche umzusetzen.

Es erfüllt mich mit Zufriedenheit, Aromen, Methoden und Zutaten auf neue, aufregende Weise miteinander in Verbindung zu bringen. Dieses Buch, mein erstes, zelebriert verschiedene kulturelle Einflüsse und ich hoffe, dass ich durch die ausführlichere Erläuterung mancher Zutaten dazu beitragen kann, die im Westen vorgefassten Meinungen in Bezug auf „ethnisch" und „exotisch" zu bereinigen. *Zauber der Gewürze* ist eine Sammlung von Aromen aus meinen zwei Welten – Indien und Amerika.

Indien

Meine Geschichte beginnt in Indien. Ich kam an der Westküste in Bombay zur Welt. (Für mich ist und bleibt es Bombay, obwohl die Stadt zwischenzeitlich in Mumbai umbenannt wurde.) Wie so viele andere große Weltstädte ist auch Bombay ein Schmelztiegel der Kulturen. Bereits im vierten Jahrhundert vor unserer Zeitrechnung war Indien Teil der alten Seidenstraße, über die man Gewürze und andere Luxusgüter transportierte. Später, im fünfzehnten Jahrhundert, entwickelte sich Bombay zu einem wichtigen Handelshafen. Händler und Einwanderer kamen in die Stadt und brachten – und bringen noch heute – ihre eigenen Kulturen und Gewohnheiten mit. Als finanzielle Drehscheibe wirkt Bombay zudem wie ein Magnet auf Millionen von Indern, die hier Arbeit und Erfolg suchen. Heute zählt die Küche Bombays zu den vielfältigsten und kosmopolitischsten Küchen der Welt.

Auch bei uns Zuhause lebten wir die Vielfalt. Meine Mom ist römisch-katholisch und ihre Familie stammt aus der ehemaligen portugiesischen Kolonie Goa. Mein Vater ist Hindu und kommt aus dem Norden des Landes, aus einem Bundesstaat namens Uttar Pradesh. Jedes Jahr feierten wir sowohl die katholischen als auch die Hindu-Feiertage, deshalb erlebten meine Schwester und ich den Zusammenschluss der Kulturen durch das Essen. Auf unserem Esstisch fand sich ein Mosaik portugiesisch beeinflusster Gerichte aus Goa wieder, überlagert von traditionellen Grundnahrungsmitteln der nordindischen Küche. Von klein auf lehrte mich dieser Mischmasch aus Lebensmitteleinflüssen, dass Aromen und Methoden sich als höchst flexible Instrumente zum kreativen Erkunden unserer Welt anbieten.

In den meisten indischen Haushalten erfahren Gewürze und andere Aromastoffe Wertschätzung und Verehrung. In meiner Familie verhielt es sich nicht anders. Die Familie meines Dads mischte Gewürze wie Kardamom und Safran

in Süßspeisen, die sie dann beim *puja* (Gebetsritual im Hinduismus) den Göttern darboten. Zudem banden sie Limetten und Chilischoten zu einem Bündel zusammen, das sie zur Abwehr böser Geister draußen vor die Tür hängten. Meine Mutter reichte mir oft einen Esslöffel mit frisch gemahlenem schwarzem Pfeffer und Honig, um Erkältungskrankheiten vorzubeugen; die Kombination aus scharfem Pfeffer und linderndem Honig wirkte – und wirkt noch immer – Wunder (aus nostalgischen Gründen gebe ich deshalb gerne Pfeffer an Süßspeisen, z.B. an die gegrillten Datteln und Rosinen mit Honig und schwarzem Pfeffer auf Seite 33 oder an die Brombeermarmelade auf Seite 281).

Die indische und westliche Küche lernte ich größtenteils durch gemeinsame Aufenthalte mit meiner Großmutter mütterlicherseits und meinen Eltern in der Küche kennen. Jede Woche stellte meine Großmutter eine Brühe aus Knochen und Küchenabfällen mit ganzen Gewürzen her. Doch für die Zubereitung ihrer himmlischen Fleisch-Currys verwendete sie gemahlene Gewürze, die mit frisch geriebener Kokosnuss und Zwiebeln zu einer dicken Paste verarbeitet wurden. Stets betonte sie, die Form der Gewürze richte sich nach der Art der Speise.

Meine Eltern ließen mich kochen und experimentieren. Ich brütete über den Kochbüchern und Zeitungsausschnitten meiner Mutter und versuchte, mich durch ihre Rezeptesammlung für Schokoladen- und neapolitanische Kuchen zu backen. Mein Dad verschaffte mir erste Geruchserfahrungen mit rohem Asafoetida und damals hielt ich es für einen der widerwärtigsten Gerüche schlechthin. Er erklärte mir, dass seine Mutter Knoblauch und Zwiebeln im Essen aus religiösen und kulturellen Gründen meide – beides galt als Aphrodisiakum. (Hoffentlich findet diese Praxis irgendwann ein Ende.) Stattdessen gab sie beim Kochen ihrer Mahlzeiten eine winzige Prise Asafoetida an das heiße Öl, das zu meinem Erstaunen einen schwefligen Geruch mit einem Anklang von Zwiebeln und Knoblauch freisetzte.

Kochen war eine Familienangelegenheit. Jedes Jahr trafen wir uns im Monat vor den Weihnachtsfeiertagen mit meinen Cousins, Cousinen und Tanten. Wir saßen gemeinsam um einen langen Holztisch herum, stachen Weihnachtskekse aus und formten Marzipan aus Cashewkernen. Diese Naschereien gingen am Weihnachtstag als Geschenke an Familienmitglieder, Freunde und Nachbarn.

Ich erlebte eine ziemlich normale Kindheit, wenngleich ich bereits in ganz jungen Jahren wusste, dass ich anders war. Ich wusste, dass ich schwul war. Es stand außer Frage, sich in Indien als Schwuler zu outen. Es verstieß gegen das Gesetz und man war Mobbing, Schlägen, Inhaftierung oder Schlimmerem ausgesetzt. Ich konnte es kaum erwarten, meine wissenschaftlichen Ambitionen an der Universität weiterzuführen, denn ich führte ein unglückliches Leben an der High School. Aber ich wusste, um ich selbst sein zu können und mich ohne Angst vor Intoleranz oder Ablehnung in Sicherheit zu wiegen, würde ich das Land verlassen müssen. Meine Wahl fiel damals auf Amerika und noch heute würde ich mich dafür entscheiden. In Amerika könnte ich mir meine Träume erfüllen und meinem Herzen folgen und die mir gebotenen Möglichkeiten nutzen, unabhängig davon, wer ich war oder woher ich kam. Mit jedem Jahr, das verging, nährte ich diesen Traum, eines Tages nach Amerika zu entfliehen.

Während meines Studiums der Biochemie an der University of Bombay (Mumbai) in Indien erwog ich den Wechsel an eine Graduate School in Amerika. Ich glaubte, dies würde mir neue berufliche Möglichkeiten eröffnen und hoffte, auf diese Weise ohne Verurteilung die Freiheit zu finden, ganz ich selbst zu sein. Doch meine Eltern konnten sich die Kosten für die Universität nicht leisten. Es blieb mir nichts anderes übrig, als auf ein Stipendium hinzuarbeiten. Also lernte ich Tag und Nacht in dem winzigen Atelier meiner Eltern und machte die Aufnahmeprüfungen. Mein Fleiß wurde mit Stipendien für mehrere Universitäten belohnt und letztlich entschied ich mich für ein Studium der Molekulargenetik an der Medizinschule der *University of Cincinnati*.

Ich erinnere mich gut an den Abend, als ich mit Anfang zwanzig meine erste Flugreise nach Amerika antrat. Schwere Regentropfen trommelten an die Fenster des Flugzeugs, als ich in den dunklen Monsunhimmel hinausstarrte, der sich wie eine Kuppel über Bombay spannte. Mein Herz schlug laut vor Aufregung und nervöser Vorfreude und gleichzeitig empfand ich Trauer, denn mir war bewusst, dass ich diesen Regen und meine Familie lange Zeit nicht mehr sehen würde.

Der Mittlere Westen

Mit zwei großen Gepäckstücken, die meine ganzen Habseligkeiten enthielten, kam ich am Flughafen von Cincinnati an. Neben meiner Kleidung und meinen Schuhen hatte ich außerdem einen Schnellkochtopf und ein paar wichtige Küchenutensilien eingepackt. In Indien gilt der Schnellkochtopf als beliebtes Utensil und meine Eltern beharrten darauf, dass ich nur mit diesem Gerät die Rezepte von zu Hause nachkochen könnte. Aber ich hatte nicht die Absicht, mich auf die indische Küche zu beschränken. Ich wollte in meinem neuen Land so viele Erfahrungen wie möglich sammeln und was gab es Besseres, als diese Erfahrungen durch Lebensmittel zu machen.

Ich lebte, studierte und kochte vier Jahre lang in Cincinnati und verdrückte in dieser Zeit jede Menge Pizza. (Ich wurde nur durch ein winziges Stipendium unterstützt.) Regionale Ketten wie Dewey's Pizza zählten zu meinen ersten Anlaufstellen. Aber die Pizza dort schmeckte überhaupt nicht wie die Pizza, die ich aus Indien kannte. Es gab eine unendliche Auswahl an Belägen, dazu verschiedene Soßen und unterschiedliche Böden, dicke und dünne, und all das versetzte mich in Entzücken.

Einen Großteil meiner Zeit verbrachte ich mit dem Studium der Gene und mit der Durchführung von Experimenten, um Gesundheitszustände und Krankheiten zu verstehen, und in diesem Zusammenhang arbeitete ich mit Menschen aus unterschiedlichen Kulturen und unterschiedlichen Teilen der Welt. Allerdings tauschten wir nicht nur Gedanken und Forschungsergebnisse aus, sondern auch unsere Mahlzeiten. Es war üblich, Essen in die Schule und das Labor mitzubringen und daraus entwickelte sich eine neue Quelle für meine kulturelle Einführung und kulinarische Weiterbildung. Diese Sitte inspirierte mich, mir bekannte Lebensmittel und Aromen aufzutischen und gleichzeitig die neue Palette von Aromen und Zutaten zu erkunden, die mir im weiteren Verlauf begegneten. An manchen Tagen kochte ich Pasta nach dem Rezept meiner Mutter für *kheema* (ein würziges Gericht mit Lammhackfleisch) und an anderen Tagen bereitete ich ein griechisches Omelett mit zerbröseltem Feta, Spinat und Knoblauch zu und würzte das Ganze mit etwas Kurkuma und Garam Masala (Seite 263).

Wenige Monate nach meiner Ankunft in Amerika entschied ich mich zum Coming-out gegenüber meiner Familie und meinen Freunden. An der Medizinschule der *University of Cincinnati* gab es ein Unterstützungsnetzwerk für LGBTQ-Studenten und Professoren und darauf konnte ich mich vom ersten Tag an verlassen. Dennoch fiel mir das Coming-out gegenüber Freunden leichter als gegenüber meinen Eltern. Ich glaube nicht, dass meine Eltern je von Schwulen gehört hatten, geschweige denn welche kannten – außer vielleicht Freddie Mercury.

Erst schickte ich eine E-Mail und dann rief ich meine Eltern an. Nie war mir so bang ums Herz. Würden sie mich akzeptieren oder würden sie jede Verbindung zu mir abbrechen? Mein Vater unterstützte mich ohne Umschweife, aber meiner Mutter fiel es aufgrund ihrer strengen katholischen Erziehung schwer. Sie hatte bereits gegen den Wunsch ihrer Eltern außerhalb ihres Glaubens geheiratet und mein Coming-out könnte ihre Beziehung zu ihren Eltern gefährden. Aber meine Mutter liebte mich und akzeptierte mich, obwohl sie einige Zeit brauchte, um sich wieder in den Griff zu bekommen. Ich lebte nun weit von meinem Geburtsort entfernt, aber ich stand nicht alleine da. Und ich war endlich frei.

Die Ostküste

Meine Forschung auf dem Gebiet der Molekulargenetik in Cincinnati bereitete mir Freude. Jeden Tag schlüpfte ich in meinen weißen Laborkittel, spazierte in eine sterile, kalte Umgebung und machte winzigste Fortschritte in der Erforschung der Genklonung. Ich wusste, dass meine Arbeit dazu beitragen könnte, das Leben der Menschen eines Tages zu verbessern, allerdings empfand ich es zunehmend als zu abstrakt.

Ich beschloss, meine Sachen zu packen und nach Washington, D. C. zu ziehen, wo ich an der medizinischen Fakultät der *Georgetown University* eine Vollzeitstelle als wissenschaftlicher Mitarbeiter am Lehrstuhl der Fakultät bekam. Endlich führte ich pharmazeutische Studien über echte Krankheiten wie Osteoporose, Diabetes und Adipositas durch. Ich konnte miterleben, wie meine Arbeit das Leben der Patienten verbesserte, denn ich stand ihnen jeden Tag von Angesicht zu Angesicht gegenüber. Außerdem konnte

ich beobachten, wie sich ihr Gesundheitszustand dank unserer Erkenntnisse besserte. Damals wollte ich herausfinden, wie meine Forschung zur Verbesserung der öffentlichen Gesundheit beitragen könnte. Zu diesem Zweck nahm ich während meiner Arbeit als Wissenschaftler an der medizinischen Fakultät ein Studium an der *Georgetown School of Public Policy* auf und machte dort meinen Master in Öffentlichkeitspolitik.

Trotzdem vermisste ich etwas. Jeden Abend kam ich erschöpft nach einem ganzen Tag am Arbeitsplatz oder der Universität nach Hause und bereitete mir in meiner winzigen Küche eine schnelle Mahlzeit zu. Wie durch ein Wunder verlieh mir das neue Energie und mein Gefühl der vollständigen Erschöpfung schwand. Meine Hände kribbelten unter dem Gewicht des Messers, als ich Gemüse schnitt, und die Griffigkeit von frischem Teig zwischen meinen Handflächen fühlte sich gut an.

Offensichtlich brauchte ich ein kreatives Ventil und deshalb baute ich mir, unerfahren wie ich war, ein Online-Fototagebuch auf, um mein Leben in der Küche zu dokumentieren und neue Aromen, Zutaten und Methoden zu erkunden. Als Titel dafür wählte ich *A Brown Table*. Ich verfügte weder über eine praktische Ausbildung in Fotografie noch über eine Profiausrüstung, aber das schreckte mich nicht ab. Ausgerüstet mit einem Laptop und einer Schnappschusskamera machte ich einfach weiter. Mein „Studio" in meiner Kellerwohnung bestand aus ein paar Holzbrettern, die in der Küche auf Abfallbehältern balancierten. Falls jemand den Blog online entdecken sollte und ihm folgen wollte, sei's drum. Aber darum ging es mir anfangs überhaupt nicht.

Die Aromen und Kulturen der Region inspirierten mich und ich hatte meine Wertschätzung der Food Community neu entdeckt. Viele Menschen aus der ganzen Welt kamen in die Bundeshauptstadt Washington, D.C. und so gab es eine spektakuläre Vielfalt internationaler Geschmacksrichtungen. Von der lebhaften äthiopischen und eritreischen Gemeinde in Adams Morgan bis hin zu Ben's Chili Bowl an der U Street eröffneten sich mir völlig neue Ernährungsdimensionen.

Wenn ich in lokalen Restaurants oder bei Freunden zu Hause aß, überlegte ich mir, wie ich die Speisen verändern könnte und fügte oft vertraute Geschmacksnoten aus meiner Jugend hinzu. Ich würzte Marinara-Soße mit ein paar Schwarzkümmelsamen und wertete mein Chili mit gemahlenem Koriander und Kashmiri-Chilipulver auf.

Eines Tages im Sommer traf ich Michael durch einen gemeinsamen Freund in einer Bar in Washington, D.C. und wir verliebten uns ineinander. Michael teilte meine Leidenschaft für Abenteuer, Reisen und Essen und er ermutigte mich, meiner Passion für das Kochen nachzugehen.

Der Süden

Michaels Familie lebt seit Generationen in den Appalachen in Virginia. Früher besaß die Familie eine Tabakfarm, baut aber seit dem letzten Jahrhundert Zuckerrohr an. Meine Schwiegermutter Shelly unterhält ein Gemüsebeet und die Ernte reicht aus, um die Großfamilie zu ernähren. Sie züchtet außerdem Ziegen und stellt aus der Milch eine Handwerkerseife her, die sie auf dem Bauernmarkt verkauft.

Als ich Michaels Familie kennenlernen sollte und wir die Farm das erste Mal gemeinsam besuchten, war ich nervös und aufgeregt. Michael hatte Shelly von meiner Leidenschaft fürs Kochen erzählt und eines Abends bat sie mich, das Essen für die Familie zuzubereiten. Da immer der erste Eindruck zählt, musste ich einen guten hinterlassen. Ich wollte eine besondere und innovative Mahlzeit zubereiten, die dennoch vertraut genug war, sodass sie ihnen schmeckte. Ich wusste, dass die Familie Fleisch und Kartoffeln liebte, deshalb entschied ich mich für eine goanische Spezialität, ein Bratchili, mit gebratenem Rindfleisch und scharfen Chilis. Als Beilage reichte ich ein Hähnchen-Biryani, das aus Schichten von Hähnchen, Reis und Bratkartoffeln bestand, die zusammen gekocht wurden.

Sie liebten es! Da es im Umkreis der Farm keine indischen Restaurants gab und dies ihr erstes indisches Essen war, hätte es mit all den neuen Aromen auch so richtig schiefgehen können. Aber die Kombination aus neu und vertraut, exotisch und hausbacken traf irgendwie genau den richtigen Ton. Gegen Ende unserer Reise standen meine Schwiegermutter und ich Seite an Seite in der Küche, plauderten und backten Cobbler und Kuchen. Selbst heute, wenn Michael und ich zu Besuch kommen, koche ich gemeinsam mit meiner Schwiegermutter. Durch die südlichen Einflüsse, die ich von Michael und seiner Familie übernommen habe, erhält mein Essen zudem eine neue Dimension.

Die Westküste

Michaels Mum brachte mir die Zubereitung von Keksen bei und dabei experimentierte ich intensiv mit Ghee als Schmalzersatz. Fast jedes Wochenende in den wärmeren Monaten des Jahres luden wir Freunde zu ausschweifenden Mahlzeiten ein. In *A Brown Table* schrieb ich nun weniger über die traditionelle indische Küche, sondern befasste mich zunehmend mit der Entwicklung von Rezepten.

Michael lebte schon mehr als ein Jahrzehnt in Washington, D.C. und stand vor der Entscheidung, seinen Job bei der Regierung aufzugeben. Er nahm eine Stelle in San Francisco an. Wir heirateten und dieses Mal packten wir gemeinsam unsere Sachen und fuhren mit unserem Hund Snoopy quer durch das Land unserem neuen Zuhause entgegen. Und wie so oft bringt eine Veränderung weitere Veränderungen mit sich. Ich begriff, dass auch ich bereit war, mich auf eine große berufliche Veränderung einzulassen. Also gab ich meiner lukrativen Karriere in der medizinischen Forschung den Laufpass und verwirklichte meinen Traum von einem Leben in der Küche.

Meine Eltern nahmen das keineswegs begeistert auf. Meine Mutter hatte im Hotelmanagement gearbeitet und mir als Kind oft erklärt, dass sie sich für mich kein Leben vorstellte, in dem ich stundenlang jeden Tag in einem kalten Raum Zwiebeln schälen würde. Mein Dad arbeitete als Werbefotograf und obwohl ich umgeben von Kameras und einer Profiausrüstung aufwuchs, durfte ich die Geräte nie auch nur anfassen. Meine Eltern wünschten sich für mich einen soliden und sicheren Beruf und das bedeutete definitiv nicht eine Karriere in der Küche oder als Künstler.

Da Michael mein Vorhaben unterstützte, zögerte ich keine Minute. Ich bat meinen Dad um Rat in Bezug auf hochwertige Kameras und Ausrüstung. Ich wälzte alte Lehr- und Handbücher über Fotografie und überlegte mir Möglichkeiten, meinen Fotos Leben einzuhauchen. Ich entschied mich für Risiko anstatt Vorhersehbarkeit, für Kreativität anstatt Stabilität. Und es zahlte sich aus. Durch mein Spiel mit den Grenzen des Kontrast-, Struktur- und Bewegungsspielraums konnte ich eine klare visuelle Perspektive in meinen Fotografien schaffen, was mir Auszeichnungen und positive Presseberichte einbrachte.

Experimente

Mittlerweile experimentierte ich mit der Fotografie in demselben Ausmaß wie mit der Zubereitung von Essen. Doch so sehr ich die Freiheit genoss, meinen Launen auf beiden Gebieten nachzugeben, sehnte ich mich nach einer praktischen Küchenausbildung. Gerade als ich in Erwägung zog, mich an einer Schule anzumelden, stieß ich auf einen themenbezogenen Artikel von David Lebovitz. Wer grün hinter den Ohren sei, riet er, solle erst einmal praktische Erfahrungen in einer Küche sammeln, bevor er Zeit und Geld in eine Schule investiere. Also rief ich jede Bäckerei und Patisserie in der Umgebung an und ergatterte schließlich einen Teilzeitjob in einer Patisserie namens Sugar Butter Flour in Sunnyvale, Kalifornien. Zwar begann meine anstrengende Tagesschicht noch vor Sonnenaufgang, aber das schnelle Tempo war genau das, was ich brauchte. Zitronentartes warteten auf Zusammenstellung, Sahne wollte geschlagen und Kuchen glasiert werden. Ich steckte bis zu den Ellbogen in Mehl und Zucker und hätte glücklicher nicht sein können. In der Küche der Konditorei brummte das Leben voll frenetischer Aktivität wie in einem Bienenstock. Ich befand mich mittendrin, umgeben von Menschen, die wie ich nichts lieber taten, als Speisen zu kreieren, und gemeinsam schwelgten wir in diesem unglaublichen Chaos.

Damals erlernte ich so viele wertvolle Fertigkeiten und Methoden, die ich auch privat nutzte. Jeden Tag nach Feierabend ging ich schnurstracks nach Hause und spazierte direkt in die Küche, um neue Rezepte zu entwickeln, auszuarbeiten und für meinen Blog zu fotografieren. Ich fotografierte mich beim Kochen, um meinen Lesern zu ermöglichen, meine Handgriffe in der Küche nachzuvollziehen. Natürlich tat ich das nicht ohne Hintergedanken: Ich wollte diesen Leuten zeigen, dass weltweit Menschen wie ich in den Küchen kochten und backten. Die Fotos repräsentierten all jene Köche und Bäcker und eben auch mich.

Doch als Homosexueller und als *Person of Color* erregt man in der digitalen Welt ungewollte Aufmerksamkeit, was unliebsame Überraschungen mit sich bringt. Meine Hautfarbe traf einen Nerv und ich erhielt anonyme Kommentare, die Übelkeit in mir verursachten. Ich zog mich eine Weile zurück und nahm mir eine Auszeit von der Food-Fotografie, um zu überlegen, wie es weitergehen sollte.

Manchmal findet man in Momenten der Verletzlichkeit die eigene Stärke und Stimme.

In meinen Augen gab es nur zwei Möglichkeiten: Ich könnte meinen Blog für immer aufgeben oder mit dem weitermachen, was mir am Herzen lag. Ich entschied mich für das Weitermachen. Letztlich verleitete mich die Ignoranz der Provokateure dazu, mich noch mehr anzustrengen. Ich machte weiter Fotos von mir selbst bei der Vorbereitung und dem Nachkochen meiner Rezepte und gab mein Bestes in der Hoffnung, die Leute würde mehr sehen, als nur meine Hautfarbe. Schließlich ebbten die rassistischen Kommentare ab und die Leute betrachteten meine Arbeit als das, was sie war: mein Beitrag zu einer neuen Herangehensweise an die Verarbeitung von Lebensmitteln in der heutigen Zeit sowie mein Spiel mit kulturellen Einflüssen und der Gestaltung neuer Gerichte, die eine ganz persönliche Sprache sprechen.

A Brown Table

Mein aktuelles Projekt ist *A Brown Table*, für das ich Rezepte entwickle, ausprobiere, aufschreibe und fotografiere. Seit 2016 schreibe ich meine eigene besondere Food-Kolumne *A Brown Kitchen* für den *San Francisco Chronicle*, in der ich Rezepte vorstelle, die ihre Inspiration von den Lebensmitteln und Aromen Kaliforniens und Indiens beziehen.

Meine Geschichte ist die eines schwulen Einwanderers und erzählt wird sie durch Essen. Vor mehr als einem Jahrzehnt begab ich mich auf eine Selbstfindungsreise, die mich lehrte, das Spannungspotenzial zwischen Originalität und Tradition zu erkennen und das Erstgenannte zu wählen, ohne das Letztgenannte abzulehnen. Meine Reise war geprägt von Akklimatisierung, Anpassung und Akzeptanz. In Zeiten des Unbehagens erwiesen sich Lebensmittel als meine Freunde und Lehrmeister. Sie lehrten mich, herkömmliche Methoden und Aromen neu zu interpretieren und diese Neuinterpretationen in meinen Rezepten umzusetzen, die sich zu einem Teil meines neuen Lebens in Amerika entwickeln würden. Gewürze sind mehr als nur eine Methode, unsere Speisen geschmacklich aufzuwerten. Gewürze stehen für unser Verlangen, eine Verbindung zu unserer Vergangenheit, Gegenwart und Zukunft zu schaffen; sie erzählen unsere Geschichte.

AROMENGLOSSAR

Die Zutaten sind entsprechend der Auflistung von links nach rechts und von oben nach unten abgebildet, Einträge in kursiv sind ohne Abbildung.

Scharf

ALEPPO-CHILI Dieser Chili ist normalerweise in gemahlenen großen Flocken erhältlich und verleiht dem Essen Schärfe und Leuchtkraft.

SCHWARZER PFEFFER Ganze Pfefferkörner werden zu schwarzem Pfeffer vermahlen, der einer Speise Schärfe verleiht.

CAYENNEPFEFFER Ein leuchtend orange-roter Pfeffer, der auf der Skala im schärferen Gradbereich liegt. Der hierfür verwendete Chili trocknet gewöhnlich in der Sonne und wird dann zu Pulver vermahlen.

CHIPOTLE Dieser hocharomatische getrocknete Chili entsteht durch das Trocknen und Räuchern von Jalapeño-Chili.

ZIMT Es gibt zwei Sorten Zimt auf dem Markt: Ceylon-Zimt (Abbildung oben rechts, links), auch als „echter Zimt" bezeichnet, und Cassia-Zimt (Abbildung oben rechts, rechts). Beide verbreiten wohlige Wärme und finden sowohl in herzhaften als auch süßen Zubereitungen Anwendung. Ceylon-Zimt ist heller gefärbt und nicht ganz so wirksam wie Cassia-Zimt.

KASHMIRI-CHILI, GEMAHLEN + GANZ (zweite Reihe, vierte Abbildung von links) Dieser milde Chili färbt viele indische Gerichte wie Tandoori-Huhn leuchtend rot.

GUAJILLO-CHILI Dieser getrocknete Chili ist milder, rauchiger und leicht schärfer als ein Chipotle.

LANGER PFEFFER Diese Pfeffersorte ist etwas schärfer als schwarzer Pfeffer und außerdem, wie der Name besagt, länger als ein Pfefferkorn.

PAPRIKAPULVER Das fein gemahlene Pulver stammt von einer leuchtend roten Paprikaschote. Ungarische Paprika trocknet vor dem Mahlen in der Sonne, während spanische Paprika bzw. Pimenton vor dem Mahlen über brennendem Eichenholz geräuchert wird. Beide Paprikasorten sind unterschiedlich süß und ihr Schärfegrad reicht von mild bis scharf.

BUNTER PFEFFER Die Körner stammen alle von demselben schwarzen Pfefferstrauch, jedoch werden sie für grüne, rote und weiße Pfefferkörner zu unterschiedlichen Zeiten geerntet (die weißen sind am mildesten).

SAMBAL OELEK Diese feurig scharfe Chilipaste wird in der indonesischen Küche verwendet.

SERRANO-CHILI Mit diesem frischen Chili gebe ich pikanten Speisen Schärfe. Wer es nicht ganz so scharf mag, entfernt die Trennwände und Samenkörner.

TELLICHERRY-PFEFFER Die schwarzen Pfefferkörner dürfen an der Kletterpflanze zu größeren Beeren heranwachsen. Dadurch verlieren sie leicht an Schärfe, gewinnen aber an Aroma.

THAI-CHILI Kleiner als ein Serrano-Chili, aber um ein Vielfaches schärfer. Es gibt ihn in den Varianten grün und rot.

URFA-BIBER-CHILIFLOCKEN Diese getrockneten Flocken eines leuchtend roten Chilis mit rauchigem, schokoladigem Aroma werden in der türkischen Küche verwendet.

WEISSER PFEFFER Weißer Pfeffer entsteht durch das Entfernen der Außenhaut von Pfefferkörnern und das Fermentieren in Wasser über mehrere Tage. Im Gegensatz zu schwarzem Pfeffer verliert weißer Pfeffer durch diesen Reife- und Fermentationsprozess an Schärfe und gewinnt ein erdigeres und komplexeres Aroma. In meinen Rezepten verwende ich immer nur eine der beiden Pfeffersorten. Gemahlener weißer Pfeffer passt gut an helle Soßen, in denen schwarzer Pfeffer optisch unattraktive schwarze Flecken hinterlassen würde, aber auch für Backwaren ist er gut geeignet.

Sauer

AMCHOOR Für dieses feine Pulver mit seinem fruchtig-säuerlichen Aroma werden sonnengetrocknete Mangos vermahlen. Es passt gut an Barbecuesoßen sowie Eintöpfe und Suppen.

ANARDANA Dieses Gewürz ist entweder als ganzer Samenkern oder als Pulver erhältlich und wird aus dem sonnengetrockneten Samenmantel (den Samenkapseln) des Granatapfels hergestellt. Es schmeckt süßsäuerlich mit einer leicht nussigen Note.

KOKOSESSIG Kokosessig entsteht durch natürliche Fermentation des Pflanzensaftes und ist eine wesentliche Zutat in der goanischen Küche.

GRÜNE (UNREIFE) MANGO Diese Mango wird geerntet, bevor sie am Baum reift und sich gelb färbt. Sie hat eine leuchtend grüne Außenhaut und das zarte Fleisch im Innern ist zart hellgelb gefärbt. In Indien isst man die unreife Mango oft roh als Snack mit etwas Salz und zerstoßenem roten Paprikapulver, aber mit ihrer fruchtig-sauren Note bereichert sie auch oft herzhafte Speisen.

OMAN-LIMETTE Bei dieser auch als „schwarze Limette" bekannten Oman-Limette handelt es sich um eine getrocknete Limette, die oft in der persischen Küche zum Einsatz kommt. Sie hat eine leicht rauchige Note.

SUMACH Die saure Sumachbeere wird zunächst getrocknet und dann zu Pulver vermahlen. Herzhafte Zubereitungen wie Kebabs gewinnen durch Sumach an Säure.

TAMARINDE Diese Frucht gibt es auf asiatischen und mexikanischen Märkten in verschiedenen Formen, zum Beispiel getrocknet mit Schote (zweite Reihe, dritte Abbildung von links), als Fruchtfleischblock (zweite Reihe, vierte Abbildung von links) oder als Konzentrat. Ich ziehe die in asiatischen und indischen Läden verkaufte saure Tamarinde der süßen mexikanischen Variante vor, weil sie sowohl an herzhafte als auch süße Zubereitungen passt.

Süßstoffe

BRAUNER ZUCKER Hergestellt wird diese Zuckerform aus dem Saft des Zuckerrohrs. Brauner Zucker enthält einen gewissen Anteil Melassen, die Backwaren, Fleischmarinaden, Soßen und beliebigen anderen Zubereitungen ein intensives Aroma und einen dunkelbraunen Farbton verleihen.

JAGGERY Dieser unraffinierte Zucker entsteht durch das Erhitzen von Zuckerrohr- oder Palmzuckersaft. Als Süßstoff hat er einen angenehmen mineralischen Nachgeschmack mit einem Hauch Melasse. Jaggery ist in Blöcken oder als Pulver mit unterschiedlichen goldbraunen Schattierungen erhältlich.

AHORNSIRUP Dieser dünnflüssige süße Sirup mit Vanillenote wird aus dem Saft des Zucker- und Schwarz-Ahorns gewonnen.

GRANATAPFELMELASSE Diese süßsäuerliche dunkle Flüssigkeit entsteht, wenn frischer Granatapfelsaft langsam verdampft.

Salze

HIMALAYA-SALZ Dieses rosafarbene Salz ist eine Art Steinsalz. Aufgrund seines hohen Mineralgehalts enthält es mehr Aroma als Tafelsalz.

KALA NAMAK Zwar bezeichnet man dieses Salz auch als Schwarzsalz, aber tatsächlich ist es aufgrund seines hohen Mineralgehalts eher dunkelrosa gefärbt. Bei Kontakt mit einer Flüssigkeit riecht es leicht schwefelig (aber dieser Geruch verfliegt schnell). Ich verwende es normalerweise in scharfen und süßen Zubereitungen.

MEERSALZFLOCKEN Die großen Kristalle dieses Salzes schmecken mild-salzig. Es verleiht fertigen Gerichten Textur.

KOSHER SALZ Kein Steinsalz ist wie das andere. Kosher Salz ist in unterschiedlichen Formen und Größen erhältlich und deshalb muss die Menge stets entsprechend dem Rezept angepasst werden. Kosher Salz passt immer, besonders bei der Zubereitung von Fleisch.

Samen

KÜMMEL Das mild-pfeffrige Gewürz enthält einen Hauch Anis und wird zum Würzen indischer Brote verwendet.

KARDAMOM (SCHWARZ) Schwarzer Kardamom ist zwar mit dem grünen Kardamom verwandt, hat aber größere Kapseln, die über einer offenen Flamme getrocknet werden, was dem Gewürz sein holziges, harziges Aroma verleiht. Ich nehme diesen Kardamom zum Würzen herzhafter Gerichte oder röste ihn zum Aromatisieren von Eintöpfen oder Pilaws in heißem Öl.

KARDAMOM (GRÜN, GELB UND WEISS – OHNE ABBILDUNG) Weißer Kardamom hat ein schwächeres Aroma als grüner Kardamom, weil er gebleicht wird. (Normalerweise verwende ich ihn nicht.) Die kühlende, kampferartige Note von Kardamom passt gut an süße und herzhafte Speisen. Essbar sind sowohl die Kapsel als auch die Saat.

AJOWAN Dieses Gewürz sieht wie kleine Kreuzkümmelsamen aus, verbreitet aber einen thymianartigen Duft.

KORIANDERSAMEN Die Samen des Korianderkrauts haben ein rauchiges Aroma mit einem Hauch Süße. Beim Rösten intensiviert sich die herbe, holzige Note dieses Gewürzes.

KREUZKÜMMEL Dieses aromatische Gewürz hat ein warmes, erdiges Aroma. Es kommt oft in der indischen Küche zum Einsatz.

FENCHELSAMEN Dieses aromatische Gewürz hat eine süße, lakritzartige Note.

BOCKSHORNKLEESAMEN Das leicht bittere Gewürz wird üblicherweise geröstet oder mit anderen Gewürzen zu einer pikanten Würzmischung vermahlen.

WACHOLDERBEERE Dies ist keine echte Beere, sondern ein Zypressenprodukt, das einen pinienartigen Duft verströmt und eine leicht pfeffrige, zitrusartige Note besitzt. Die Beeren werden für die Herstellung von Gin und Aquavit verwendet, werden aber auch in der Küche ganz oder gemahlen zum Würzen von Fleisch, Eingelegtem und Cocktails genutzt.

MAZIS UND MUSKATNUSS Diese beiden Gewürze stammen von derselben Frucht. Mazis oder Muskatblüte entsteht aus dem rötlichen Samenmantel, der Schale, und die Muskatnuss ist der Samenkern. Ich mahle oder raspele das Gewürz normalerweise nach Bedarf.

SENFKORN (SCHWARZ UND GELB) Verwenden Sie immer nur eine der beiden Sorten. Schwarze Senfkörner haben eine aromatische und scharfe Note, während gelbe Senfkörner ganz mild schmecken. Ich verwende die schwarzen Senfkörner zum Kochen und die gelben für Eingelegtes.

SCHWARZKÜMMELSAMEN Diese Samen schmecken verlockend nussig und laufen manchmal unter der irrtümlichen Bezeichnung Zwiebelsamen. Ich röste sie bei der Zubereitung herzhafter Speisen in heißem Öl oder verwende sie als Garnitur für Brote oder Pizzen.

MOHNSAMEN In der westlichen Küche kommen Mohnsamen oft aufgrund ihrer Textur zum Einsatz, während sie in der indischen Küche als Würzmittel dienen. Sie lassen sich rösten und mahlen oder als Paste zum Andicken von Soßen verwenden.

SESAMSAMEN (SCHWARZ UND WEISS) Sesam hat ein süßes, nussiges Aroma und wird üblicherweise eingesetzt, um Textur zu verleihen.

STERNANIS Dieses Gewürz hat ein süßeres, lakritzartiges Aroma als Fenchel und Anis und sollte deshalb sparsam verwendet werden. Die Samen verstecken sich in den Sterntaschen.

VANILLESCHOTE Die beliebteste Art dieser tropischen Schote stammt aus Madagaskar. Sowohl die Schote als auch der Kaviar – die winzigen Samen – finden in der Küche Verwendung.

Harze und Wurzeln

ASAFOETIDA Dieses Gewürz riecht äußerst streng, setzt aber beim Erhitzen in heißem Öl einen deutlich ansprechenderen Duft frei und entwickelt ein angenehmes Aroma. In der indischen Küche findet es manchmal als Zwiebel- und Knoblauchimitat Anwendung.

KNOBLAUCH Dieses Gewürz ist frisch und gemahlen höchst aromatisch und kann einem Essen eine warme Note verleihen.

INGWER Dieses Gewürz, ob frisch oder gemahlen, sorgt in einer Speise für Wärme und ein scharfes Aroma. Ingwer enthält etwas Stärke und unterstützt damit das Andicken von Eintöpfen.

GRÜNER KNOBLAUCH Grüner Knoblauch erinnert optisch an einen Blütentrieb des Knoblauchs, jedoch wird er in einem frühen Stadium geerntet und entwickelt dadurch ein ausgesprochen mildes Aroma. (Ein Blütentrieb ist ein Stängel, der später in der Saison aus der heranreifenden Zwiebel herauswächst.)

KURKUMA Kurkuma ist – wie Ingwer – eine Wurzel, die es frisch zu kaufen gibt, obwohl sich in Amerika die Pulverform durchgesetzt hat. Das Gewürz gibt Currys, Suppen und Eintöpfen einen zauberhaften gelben Farbton.

Umami

SCHWARZE TEEBLÄTTER Assam- oder Darjeeling-Teeblätter nehme ich normalerweise zum Aufbrühen eines Tees (Chai), aber die Blätter eignen sich auch als Würzmittel und verleihen eine pikante Note.

KAKAOPULVER Ungesüßtes Kakaopulver hat einen hohen Stärkegehalt und eignet sich zum Andicken herzhafter oder süßer Soßen. Es verleiht eine warme Note und ein erdiges Aroma.

KAFFEEBOHNE Kaffeebohnen verstärken das Aroma von Kakao in Desserts und erzeugen einzigartige Umami-Geschmacksnoten.

NORI Diese essbare Meeresalge wird getrocknet und blattweise verkauft. In der japanischen Küche schätzt man sie für ihr kräftig-pikantes Aroma und ihre Umami-Note. Nori gibt es in unterschiedlichen Sorten und Farben; am bekanntesten ist Yaki Nori.

Kräuter

LORBEERBLATT Geschätzt werden die frischen oder getrockneten Lorbeerblätter des immergrünen Lorbeerstrauchs wegen ihres Aromas. Die indische Variante dieser Pflanze erinnert geschmacklich an Zimt.

KORIANDER Mit frischen Korianderblättern lässt sich eine ansprechende Garnitur zaubern, aber sie eignen sich auch zum Aromatisieren von Kräutersoßen oder als Würzmittel.

CURRYBLATT Curryblätter sind frisch oder getrocknet erhältlich und verströmen einen angenehmen Duft. Ich gebe sie gemahlen an Soßen und Marinaden oder röste sie in heißem Öl, um ihr Aroma freizusetzen.

KAFFIRLIMETTENBLATT Dieses Blatt stammt von der Kaffirlimette und verleiht Speisen ein intensives und einzigartiges Zitrusaroma.

MINZE Dieses aromatisch duftende, kühlende Kraut bereichert frisch oder getrocknet süße und herzhafte Zubereitungen.

ESTRAGON Wie die meisten Kräuter ist auch Estragon frisch oder getrocknet erhältlich. Frische Estragonblätter schmecken hocharomatisch und besitzen eine kühlende, lakritzartige Note.

Florales

HOLUNDERBLÜTEN Die Blüten der Gattung *Sambucus* verströmen einen betörenden Duft und es gibt sie frisch und getrocknet zum Aromatisieren und für medizinische Zwecke. Sie geben Sirup, Likören und Desserts eine süße, florale Note.

ORANGENBLÜTENWASSER Dieser aromatische Auszug entsteht beim Destillieren essenzieller Öle der Blüte von Sevilla-Orangen und ist ein fester Bestandteil der orientalischen Küche.

ROSENWASSER Dieser Auszug entsteht beim Destillieren essenzieller Öle frischer Rosen. Im Orient und in der indischen Küche findet Rosenwasser in zahlreichen süßen und pikanten Zubereitungen Anwendung.

SAFRAN Mit diesem Gewürz lassen sich Speisen bekannterweise hübsch orange-gelb färben. Glücklicherweise entfaltet bereits eine winzige Menge Safran eine große Wirkung, ist es doch eines der teuersten Gewürze der Welt.

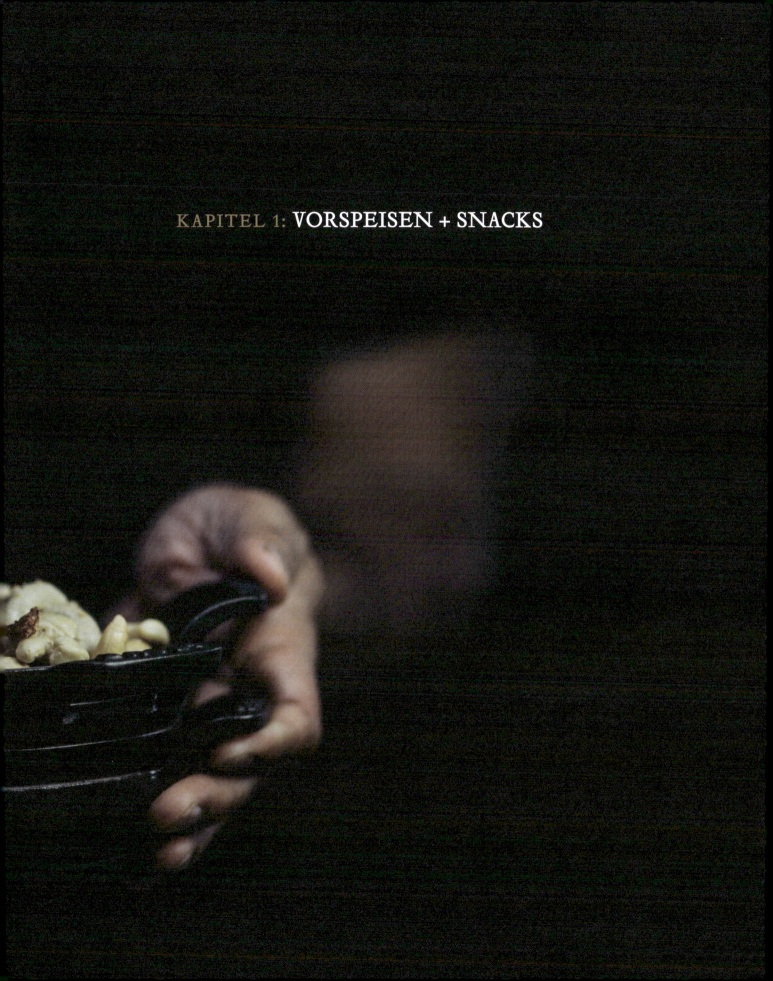

In Indien sind die freien Plätze an den Hochschulen hart umkämpft und es ist schwer, einen Platz an der Fakultät für Medizin oder Ingenieurwesen zu ergattern. Meine Eltern engagierten deshalb eine Privatlehrerin, Frau Ghoshal, die mir bei meinen Hausarbeiten in den Fächern Analysis und Chemie helfen sollte. Drei Abende pro Woche verbrachte ich in ihrem Haus und hatte überhaupt keine Lust, so viel Zeit über meinen Büchern zu brüten. Ein Highlight waren die kleinen Snacks, die Frau Ghoshal servierte, denn alles, was sie zubereitete, schmeckte vorzüglich. Manchmal aßen wir Mini-Samosas. Ein anderes Mal stellte sie Schüsseln mit einem kräftig-aromatischen Hammeleintopf auf den Tisch und reichte dazu warme Parathas (eine Art indisches Fladenbrot). In ihrem Haus lernte ich durch diese kleinen herzhaften und süßen Snacks, wie angenehm es sein konnte, eine Mahlzeit, ein Gespräch oder selbst eine Lerneinheit mit einem kleinen Happen zu beginnen.

Heute betrachte ich Snacks und Vorspeisen als eine Möglichkeit, mit den Menschen an meinem Tisch zu kommunizieren. Meine Snacks erlauben Einblicke in die von mir bevorzugten Lebensmittel und Aromen. Manchmal bieten sie einen Vorgeschmack auf das, was noch kommen soll. Zuweilen sind es kleine Knabbereien, die Michael und ich bei Familientreffen oder Zusammenkünften mit Freunden zu einer Tasse Chai oder einem Glas Wein reichen. Ganz gleich zu welchem Anlass finde ich es wichtig, diese kleinen Vorspeisen ansprechend und geschmacklich interessant zu gestalten. In ihnen sollte sich das Spiel mit frischen und unerwarteten Kombinationen von Farbe, Aroma, Geschmack und Textur widerspiegeln.

Für das Gala-Dinner mit mehreren Gängen wähle ich stets eine leichte Vorspeise. (Sonst sind die Gäste bereits vor dem Hauptgericht satt.) Meine Lieblingsvorspeise besteht aus dünnen Scheiben frischer Früchte der Saison – Guaven im Frühling oder reife Pfirsiche im Sommer – gespickt mit feinen Streifen von frischem Thai-Chili oder einer Prise getrockneter roter Chiliflocken und ein paar Meersalzflocken. Abschließend gebe ich ein paar Spritzer frischen Zitronen- oder Limettensaft darauf oder sorge mit einer unscheinbaren Garnitur aus Zitrusschale für Auflockerung.

Manchmal verwerte ich Reste für einen Snack. An einem Tag kann dies ein Fladenbrot mit würzig eingelegten Zitronen (Seite 274) sein, an einem anderen Tag kombiniere ich einfache Rohkost mit süßer Gewürzhonigbutter (Seite 270) oder einem spritzig-scharfen grünen Chutney (Seite 277).

Gegrillte Datteln und Rosinen mit schwarzem Pfeffer und Honig

Ich erinnere mich an die Zeit, als ich kochen lernte und mein Dad mich mit der ungewöhnlichen Methode der Zubereitung von Rosinen konfrontierte. Er steckte große Rosinen auf einen Spieß aus getrocknetem Kokosblatt und hielt diesen dann für ein paar Sekunden direkt in die Flammen eines Gasbrenners. Wir aßen die heißen, aufgeplatzten Rosinen direkt vom Spieß und konnten einfach nicht genug davon bekommen. Dieses Rezept reflektiert meine Kindheitserinnerung.

2 bis 4 Portionen

- 10 Medjool-Datteln (Königsdatteln)
- 70 g Rosinen
- ¼ TL feines Meersalz
- ½ TL frisch gemahlener schwarzer Pfeffer
- 2 EL Honig
- 480 g griechischer Naturjoghurt (optional)

Drei oder vier Bambusspieße 30 Minuten in Wasser einweichen. In der Zwischenzeit den Grill auf hoher Stufe vorheizen und den Grillrost leicht mit Öl bestreichen.

Datteln mit einem Schälmesser längs halbieren und den Samenkern entsorgen. Datteln und Rosinen getrennt auf unterschiedliche Spieße stecken.

Die Spieße auf den Grillrost legen und unter Drehen garen, bis die Früchte stellenweise gebräunt sind – die Rosinen etwa 1 Minute und die Datteln bis zu 3 Minuten.

Die Früchte von den Spießen abziehen und in eine Servierschüssel geben. Die heißen Früchte mit Salz und Pfeffer würzen und vermengen. Mit Honig beträufeln und sofort servieren, nach Belieben Joghurt als Beilage reichen.

TIPPS UND TRICKS Getrocknete Datteln und Rosinen sind naturgemäß stark zuckerhaltig und weil sie bereits einen Großteil ihrer Feuchtigkeit eingebüßt haben, eignen sie sich perfekt zum Grillen. Aufgrund der geringen Größe der Früchte karamellisiert der Zucker bereits nach wenigen Umdrehungen auf dem heißen Grill. Auf diese Weise entsteht ein leicht bitteres Aroma, das ausgezeichnet mit Salz, Pfeffer und Honig harmoniert.

Oliven paniert mit Chipotle und Garam Masala

Diese salzigen und knusprigen panierten Oliven stecken voller Aroma und machen süchtig. Dieser kleine Snack wird mit Chipotle und Garam Masala gewürzt und vereint auf unwiderstehliche Weise westliche und östliche Aromen.

6 bis 8 Portionen

- Eine Dose (340 g) ganze schwarze Oliven ohne Stein in Salzlake (vorzugsweise extra-groß oder XL) oder 280 g Kalamata-Oliven ohne Stein in Salzlake
- 105 g Weizenmehl (Type 550)
- 2 große Eier, leicht geschlagen
- 140 g Paniermehl
- 1 EL gehackte frische glatte Petersilie
- 2 TL getrocknete rote Chiliflocken
- 1 TL Garam Masala, selbst gemacht (Seite 263) oder gekauft
- 1 TL gemahlene Chipotle-Chilischote
- 1 TL feines Meersalz
- 1 TL frisch gemahlener schwarzer Pfeffer
- 480 ml geschmacksneutrales Pflanzenöl

Oliven in einem Sieb abtropfen lassen und unter fließendem Wasser abspülen. Abschütteln und auf ein sauberes Küchentuch legen.

Eier und Mehl getrennt in zwei mittelgroße Schüsseln geben. Paniermehl, Petersilie, Chiliflocken, Garam Masala, Chipotle, Salz und Pfeffer in einer dritten mittelgroßen Schüssel vermengen.

Öl in einem kleinen schweren Kochtopf, vorzugsweise mit hohem Rand, auf 150 °C erhitzen. In der Zwischenzeit die Oliven gleichmäßig mit dem Mehl bestäuben und überschüssiges Mehl abklopfen. Dann vollständig in die Eier tauchen und schließlich in dem gewürzten Paniermehl wälzen.

Die Oliven portionsweise etwa 1 Minute in dem heißen Öl goldbraun braten. Auf Papiertüchern abtropfen lassen. Heiß servieren.

TIPPS UND TRICKS Der salzige Geschmack der Oliven ermöglicht die Zugabe anderer intensiver Geschmacksträger, ohne diese zu überlagern. Hier sorgt die Petersilie für eine frische Note, während Garam Masala und Chipotle einen Hauch Wärme und Rauchigkeit verleihen, ohne die Oliven zu überwürzen.

Nüsse mit Chili-Sumach-Granatapfel-Panade

Es ist immer gut, eine Kleinigkeit für unerwartete Gäste, aber auch eigene Gelüste im Haus zu haben. Ich bin ein großer Fan von süßen, säuerlichen und scharfen Aromen, am besten in Kombination. Zu diesem Zweck nehme ich verschiedene Nüsse aus dem Tiefkühler und vermenge sie mit einer fruchtigen Würzmischung aus Sumach, Granatapfelmelasse und Cayennepfeffer. Dieser Snack belegt, dass wenige zusammengewürfelte Zutaten ein großartiges Geschmackserlebnis bewirken können.

6 PORTIONEN (270 G)

1 EL ungesalzene Butter, geschmolzen

2 EL Granatapfelmelasse

2 TL Jaggery oder Muscovadozucker

½ TL gemahlene Anardana (siehe TIPPS UND TRICKS)

½ TL gemahlener Sumach

½ TL Cayennepfeffer

½ TL feines Meersalz

140 g ganze Cashewkerne

70 g geschälte Pistazien

60 g Walnusshälften

Backofen auf 150 °C vorheizen. Ein Backblech mit Pergamentpapier auslegen und beiseitestellen.

Geschmolzene Butter, Granatapfelmelasse, Jaggery, Anardana, Sumach, Cayennepfeffer und Salz in einer mittelgroßen Schüssel zu einer glatten Paste verrühren. Die Nüsse unterziehen und durch Rühren gleichmäßig mit der Mischung bedecken. Auf das Backblech geben und gleichmäßig in einer Schicht darauf verteilen. 20 bis 25 Minuten backen oder bis die Nüsse leicht goldbraun gefärbt sind. Das Backblech aus dem Ofen nehmen und vor dem Servieren vollständig abkühlen lassen. Die Nüsse sind in einem luftdichten Behälter bis zu 1 Woche bei Raumtemperatur haltbar.

TIPPS UND TRICKS Anardana besteht aus getrockneten Granatapfelkernen, die ganz oder in gemahlener Form erhältlich sind. Beide Formen kommen in der indischen Küche als Säuerungsmittel zum Einsatz. In Kombination mit Granatapfelmelasse, gemahlenem Sumach und Cayennepfeffer entsteht eine süßsäuerliche Nusspanade mit einer leichten Schärfe. Für etwas Abwechslung lässt sich das Meersalz durch *kala namak* (indisches Schwarzsalz) ersetzen.

Gebratene Okra in Kichererbsenteig

Kaum einer denkt bei Okras an eine Vorspeise, aber paniert und gebraten erweist sich das Gemüse als großartiger Snack. Am besten geeignet sind die kleineren und ganz zarten jungen Okras. Zu diesem Rezept inspiriert wurde ich durch meine Vorliebe für indische Pakoras, die ebenfalls mit einem Kichererbsenteig zubereitet werden. Und die Idee mit der Buttermilch stammt aus einem Rezept für klassisches Southern Fried Chicken, denn die Buttermilch verleiht dem Teig eine knusprige Textur und einen aromatischen Biss. Am besten schmecken die Okras, wenn sie direkt aus dem heißen Öl auf den Teller kommen.

4 Portionen

- 60 g Kichererbsenmehl
- 2 TL Amchoor
- 1 TL gemahlener Bockshornklee
- 1 TL Cayennepfeffer
- Feines Meersalz
- 240 ml Buttermilch
- 3 EL Wasser, plus extra nach Bedarf
- 200 g junge Okras
- 720 ml geschmacksneutrales Pflanzenöl
- 1 Zitrone, geviertelt

Kichererbsenmehl, Amchoor, Bockshornklee, Cayennepfeffer und 1 TL Salz in einer großen Schüssel verquirlen. Buttermilch und Wasser unterquirlen, bis ein dünner Brei entsteht, der die Konsistenz von Pfannkuchenteig hat. Falls der Teig zu dick ist, mit etwas Wasser verdünnen. Abschmecken und bei Bedarf nachsalzen.

Die Okras unter fließendem kalten Wasser abspülen und sachte mit Papiertüchern trockentupfen. Die Schoten mit einem scharfen Schälmesser längs halbieren und in dem Kichererbsenteig unter wiederholtem Wenden gleichmäßig panieren.

Öl in einem kleinen schweren Topf oder einem großen Kochtopf auf 190 °C erhitzen. Überprüfen Sie die Temperatur des Öls, indem Sie eine panierte Okra darin braten; dabei vor dem Einlegen in das Öl überschüssigen Teig vorsichtig abschütteln. Wenn die Okra Blasen wirft und schnell an die Oberfläche steigt, ist das Öl heiß genug. 3 bis 3½ Minuten goldbraun braten und bei Bedarf wenden. Die restlichen Okras portionsweise zubereiten und mit einer Schaumkelle oder einem Schaumlöffel herausnehmen. Auf Papiertüchern abtropfen lassen. Salzen und sofort servieren, dazu Zitronenviertel als Beilage reichen.

TIPPS UND TRICKS Okras harmonieren wunderbar mit säuerlichen Zutaten wie Buttermilch und Amchoor (gemahlene sonnengetrocknete unreife Mango), besonders in gebratener Form. Bockshornklee entfaltet ein leichtes Nussaroma und unterstützt außerdem die Verdauung und der Cayennepfeffer sorgt für Schärfe.

Süßkartoffelpommes mit Basilikum-Joghurtsoße

Ich liebe Süßkartoffelpommes, deshalb bereite ich sie immer in großen Mengen zu. Und für ein konzentriertes Aroma mit jedem Bissen streue ich oft rote Chiliflocken und eine Prise Meersalzflocken darüber. Die cremig-frische Basilikumsoße liefert einen schmackhaften Kontrast.

2 PORTIONEN

Basilikum-Joghurtsoße

60 g griechischer Vollfett-Naturjoghurt

12 g frisches Basilikum

1 Bund (85 g) Frühlingszwiebeln (weiße und grüne Teile)

½ reife Avocado

1 Thai-Chili, bei Bedarf entkernt

1½ EL frischer Limettensaft

4 schwarze Pfefferkörner

½ TL feines Meersalz

120 ml gekühltes Wasser, plus extra nach Bedarf

Süßkartoffeln

455 g Süßkartoffeln

2 EL natives Olivenöl extra

1 TL getrocknete rote Chiliflocken

½ TL Meersalzflocken

½ TL frisch zerstoßener schwarzer Pfeffer

1 EL Frühlingszwiebeln, in feine Ringe geschnitten, als Garnitur

Joghurtsoße zubereiten: Joghurt, Basilikum, Frühlingszwiebeln, Avocado, Chili, Limettensaft, Pfefferkörner, Salz und Wasser in einem Mixer auf hoher Stufe zu einer glatten, homogenen Konsistenz pürieren. Abschmecken und bei Bedarf nachwürzen. Wer eine dünnere Soße vorzieht, gibt noch etwas Wasser dazu. In eine Servierschüssel umfüllen, mit Frischhaltefolie abdecken und mindestens 2 Stunden im Kühlschrank ziehen lassen.

Süßkartoffeln zubereiten: Backofen auf 220 °C vorheizen. Ein Backblech mit Pergamentpapier auslegen. Süßkartoffeln unter fließendem Wasser abschrub-

TIPPS UND TRICKS Das Besondere an diesem Gericht ist das wunderbare Zusammenspiel von Heiß und Kalt. Die Süßkartoffelpommes kommen direkt aus dem Ofen heiß auf den Tisch und die Joghurtsoße verschafft dem Gaumen Abkühlung.

ben und trockentupfen. Schälen und längs in 6 mm dicke Streifen schneiden. In eine mittelgroße Schüssel geben und Olivenöl, Chiliflocken, Salz und Pfeffer dazugeben und gründlich vermengen. Die Süßkartoffeln auf dem vorbereiteten Backblech verteilen und 25 bis 30 Minuten backen, bis sie außen leicht gebräunt und innen weich und gar sind. Aus dem Ofen nehmen und in eine Servierschüssel umfüllen.

Die Süßkartoffeln heiß servieren, dazu die mit Frühlingszwiebelringen garnierte Joghurtsoße als Beilage reichen.

Gegrillte gekräuterte Austern

Meine beste Freundin an der Hochschule, Meghana Hemphill, wuchs in New Orleans auf. Ich verbrachte unzählige Ferien mit ihr und ihrer Familie und wir verdrückten unglaubliche Mengen von Speisen, die nach Cajun- und kreolischer Art zubereitet wurden. Während einer dieser Aufenthalte probierte ich meine ersten Austern Rockefeller und ich wusste sofort, dass ich Austern nie anders zubereiten wollte. Fast jeder Supermarkt verkauft Steinsalz in Lebensmittelqualität, aber manchmal läuft es unter der Bezeichnung „Eissalz".

4 bis 6 Portionen

Steinsalz in Lebensmittelqualität zum Braten

24 Austern

220 g ungesalzene Butter, Raumtemperatur

50 g fein gehackte Schalotten

45 g trockene Semmelbrösel

6 g dicht gepackte frische Korianderblätter

6 g dicht gepackte frische Minzeblätter

1 Serrano-Chili, bei Bedarf entkernt

2 TL trockene Aleppo-Chiliflocken

1 TL feines Meersalz

½ TL frisch gemahlener schwarzer Pfeffer

60 ml frischer Zitronensaft

40 g geraspelter Parmesan

1 Zitrone, in Spalten geschnitten (optional)

Einen Rost in das obere Drittel des Ofens einsetzen und den Backofen auf 230 °C vorheizen. Einen Bräter auf 12 mm Tiefe mit Steinsalz füllen und zum Erhitzen in den Ofen stellen.

In der Zwischenzeit die Austern auslösen. Jede Auster hat eine runde und eine flache Seite. Die runde Seite kennzeichnet unten und die flache oben. Die Auster mit der runden Seite nach unten und dem Gelenk zum eigenen Körper hin ausgerichtet mit einem Küchentuch festhalten, damit sie nicht entgleiten kann und die Hände geschützt sind (alternativ Schutzhandschuhe tragen). Die Auster mit einer Hand umschließen und ein Austernmesser in das Gelenk stechen, dabei vor- und zurückbewegen, bis sich mit einer Drehbewegung die Schale aufbrechen lässt und sich die obere von der unteren Schale löst. Sobald die Schale aufspringt, mit dem Messer an der Unterseite der oberen Schale entlangfahren, um den Muskel zu durchtrennen, der das Fleisch mit der Schale verbindet. Die obere Schale abnehmen und entsorgen. Dann mit dem Messer

TIPPS UND TRICKS Schalotten sollten vor dem Vermengen mit gemahlenen Kräutern und Gewürzen kurz angebraten werden, denn auf diese Weise entwickeln sie ein süßes und weniger beißendes Aroma. Geschmolzene Butter absorbiert den Geschmack und das Aroma von frischen Kräutern, Zitronensaft und Aleppo-Chiliflocken und dieses aromatische Fett verbessern wiederum den Geschmack der Austern. Für eine intensivere Zitrusnote geben Sie vor dem Grillen der Austern 1½ TL gemahlenen Sumach an die aromatisierte Butter.

an der Unterseite der Auster entlangfahren, um dort ebenfalls den Muskel zu durchtrennen. Den Vorgang mit den restlichen Austern wiederholen.

Butter in einem mittelgroßen Kochtopf bei mittelhoher Temperatur schmelzen. 180 ml der geschmolzenen Butter für eine spätere Verwendung in einen Mixer einfüllen. Schalotten zu der restlichen Butter in den Kochtopf geben und 3 bis 4 Minuten glasig anbraten. Semmelbrösel dazugeben und unter Rühren etwa 1 Minute leicht braun anbraten. Vom Herd nehmen und beiseitestellen.

Koriander, Minze, Serrano-Chili, Aleppo-Chiliflocken, Salz, schwarzer Pfeffer und Zitronensaft zu der geschmolzenen Butter in den Mixer geben und zu einer vollständig glatten Konsistenz pürieren. In eine mittelgroße Schüssel umfüllen und die gebratene Schalotten-Semmelbröselmischung unterrühren.

Den heißen Bräter aus dem Ofen nehmen und den Grill anstellen. Die Austern auf dem Salz anrichten und jede Auster mit einem großzügigen Esslöffel der gekräuterten Semmelbröselmischung garnieren. Jede Auster mit einem großzügigen Teelöffel geraspeltem Parmesan bestreuen und die Austern 3 bis 4 Minuten grillen, bis die Semmelbrösel sich goldbraun gefärbt haben. Die Austern sofort servieren und nach Belieben die Zitronenspalten dazu reichen.

Crostini mit geräucherten Sardinen und Kumquats

Crostini wirken extravagant, obwohl sie kinderleicht zuzubereiten sind. Grundsätzlich wähle ich als Belag, was ich gerade mag. Hier stelle ich ein salziges Topping aus Sardinen oder Anchovisfilets vor, das ich mit dünnen Scheiben süßsäuerlicher Kumquats, cremigen Limabohnen, frischem Dill und Zitrone kombiniere. Mit seiner Umami-Note eignet sich die Zubereitung auch als Dip für Brot.

6 BIS 8 PORTIONEN

- 55 g Kumquats, entkernt und in dünne Scheiben geschnitten
- 2 Thai-Chilis, entkernt und in feine Streifen geschnitten
- 45 g Schalotte, fein gehackt
- 5 g frische Dill-Wedel
- 1 Dose (430 g) Limabohnen, abgetropft
- 1 Dose (120 g) in Olivenöl eingelegte Sardinen, abgetropft
- 2 EL frischer Zitronensaft
- 2 EL natives Olivenöl extra, plus extra als Brotaufstrich und zum Beträufeln
- ½ TL feines Meersalz
- ½ TL frisch gemahlener schwarzer Pfeffer
- 1 Weizenvollkorn- oder anderes Vollkornbaguette, vorzugsweise Sauerteig

Alle Zutaten bis auf das Brot in eine mittelgroße Schüssel geben. Die Zutaten vorsichtig mit einem großen Löffel oder einer Palette vermengen. Abschmecken und bei Bedarf nachwürzen. Die Schüssel mit Frischhaltefolie abdecken und vor dem Servieren etwa 30 Minuten im Kühlschrank aufbewahren.

In der Zwischenzeit den Backofen auf 180 °C vorheizen. Das Brot in 6 mm dicke Scheiben schneiden und jede Scheibe auf beiden Seiten leicht mit Olivenöl bestreichen. Etwa 15 Minuten im Ofen rösten, dabei nach der Hälfte der Zeit einmal wenden. Das Brot 5 Minuten abkühlen lassen. Vor dem Servieren einen großzügigen Esslöffel des Toppings auf jede Brotscheibe geben und nach Belieben mit etwas Olivenöl beträufeln.

TIPPS UND TRICKS Zitrusfrüchte, frische Kräuter und Meeresfrüchte erzeugen eine Symphonie süßer, säuerlicher und Umami-Elemente, die gut miteinander harmonieren. Deshalb überrascht es nicht, dass diese Zutaten in den Küchen entlang den Küsten weltweit oft in Kombination anzutreffen sind. Wenn Kumquats in dünne Scheiben geschnitten werden, schmeckt ihr säuerliches Fruchtfleisch weniger intensiv. Die bonbonartige Süße ihrer Schale bildet einen vorzüglichen Kontrast zu den salzigen Fischstücken. Dillwedel verschaffen einen Hauch Frische, während die Thai-Chilis mit jedem Bissen für eine angenehm überraschende Schärfe sorgen.

Hühnernuggets mit knuspriger Curryblattpanade

Michael, mein Ehemann, wuchs auf einer Farm im Deep South auf und durch ihn entdeckte ich meine Liebe zu Brathähnchen. Auf die Idee für dieses Rezept brachte mich jedoch unsere liebe Freundin Raina Pearce, die das Huhn (und sogar Garnelen) für eine gleichmäßige Mehlpanade portionsweise in wiederverschließbaren Plastikbeuteln schüttelt. Ihre Methode hat mich nie im Stich gelassen.

4 PORTIONEN

Saat von 4 grünen Kardamomkapseln

2 TL Koriandersamen

2 TL Kreuzkümmelsamen

12 schwarze Pfefferkörner

480 ml Buttermilch

2 bis 3 Serrano-Chilis, bei Bedarf entkernt

6 Frühlingszwiebeln (weiße und grüne Teile)

30 Curryblätter, vorzugsweise frisch

4 Knoblauchzehen, geschält

1½ TL Cayennepfeffer

1 Stück (2,5 cm) frischer Ingwer, geschält und klein geschnitten

60 ml frischer Limettensaft

1 EL plus 1 TL feines Meersalz

910 g Hühnerbrust ohne Haut und Knochen

280 g Weizenmehl (Type 550)

1 TL Backpulver

½ TL Natron

720 ml geschmacksneutrales Öl

4 grüne Thai-Chilis, bei Bedarf entkernt

Würziger Ahornessigsirup (Seite 200), scharfes grünes Chutney (Seite 277) oder beliebige scharfe Lieblingssoße zum Servieren

Eine kleine trockene Pfanne bei mittelhoher Temperatur erhitzen. Kardamom, Koriandersamen, Kreuzkümmelsamen und Pfefferkörner dazugeben und 30 bis 45 Sekunden rösten, dabei die Samen gelegentlich verquirlen, bis sie ihr Aroma freigeben und bräunen. Die geröstete Würzmischung halbieren. Eine Hälfte dieser Mischung in eine Gewürzmühle füllen und zu feinem Pulver vermahlen. (Die Gewürze können bis zu 1 Woche im Voraus zubereitet und

TIPPS UND TRICKS Bei der Zubereitung panierter Hühnernuggets oder größerer Fleischteile würze ich das Gericht stufenweise. Zunächst röste ich ganze Gewürze, um ihre Öle zu aktivieren. Diese Gewürze vermenge ich dann mit Buttermilch zu einer pikanten Marinade. Weitere Gewürze gebe ich an das Paniermehl und zu guter Letzt garniere ich die heißen Hühnernuggets mit knusprig gebratenen Curryblättern und Chilischoten. Oft essen wir dazu eine scharfe Soße oder Ranch-Dressing, aber die besten Beilagen sind wirklich Ahornessigsirup oder ein grünes Chutney.

in einem luftdichten Behälter an einem kühlen, dunklen Ort aufbewahrt werden.)

Die andere Hälfte der gerösteten Würzmischung mit Buttermilch, Serrano-Chilis, Frühlingszwiebeln, 15 Curryblättern, Knoblauch, 1 TL Cayennepfeffer, Ingwer, Limettensaft und 1 EL Salz in einen Mixer geben und zu einer ganz glatten Konsistenz pürieren. In einen großen wiederverschließbaren Plastikbeutel umfüllen. Die Hühnerbrüste mit Papiertüchern trockentupfen. Überschüssiges Fett von den Hühnerbrüsten abschneiden und das Fleisch in 2,5 cm dicke Würfel schneiden. Zu der Marinade geben. Den Beutel verschließen und schütteln, bis die Zutaten gründlich vermengt sind. 4 Stunden im Kühlschrank ruhen lassen.

In der Zwischenzeit die Panade zubereiten. Die gemahlene Würzmischung mit Mehl, Backpulver, Natron, ½ TL Cayennepfeffer und 1 TL Salz in einem großen wiederverschließbaren Plastikbeutel durch kräftiges Schütteln vermengen. 10 Curryblätter fein hacken und an die Paniermischung geben. Den Beutel verschließen und erneut schütteln, um alle Zutaten gründlich zu vermengen.

Nach dem Marinieren des Huhns die Hälfte der Hühnerteile mit einer Zange aus dem Beutel nehmen, überschüssige Marinade abschütteln und in den Beutel mit der Paniermischung geben. Den Beutel verschließen und schütteln, damit die Mischung sich gleichmäßig verteilt. Die Hühnerteile auf einen Gitterrost legen. Den Vorgang mit den restlichen Hühnerteilen wiederholen.

Öl in einem mittelgroßen gusseisernen Topf auf 180 °C erhitzen. Das Huhn portionsweise unter gelegentlichem Wenden 4 bis 5 Minuten braten, bis es goldbraun und durchgegart ist. Das Huhn mit einer Schaumkelle oder einem Schaumlöffel aus dem Öl nehmen und zum Abtropfen auf Papiertücher legen.

Nach dem Braten des Huhns die Garnitur zubereiten: Thai-Chilis längs halbieren. Die Chilis und 5 Curryblätter in den heißen Ölresten im Topf 30 bis 40 Sekunden knusprig frittieren. Auf Papiertüchern abtropfen lassen.

Die Hühnernuggets auf einen Servierteller legen, mit Chilis und gebratenen Curryblätter garnieren und heiß mit Ahornessigsirup oder scharfer Soße servieren.

Würzige Rinderkebabs

Ich erinnere mich lebhaft daran, wie ich während meiner College-Zeit in Bombay mit Freunden loszog, um spätabends Kebab zu essen. Ein- oder zweimal wöchentlich fuhren wir in den Süden der Stadt und schwelgten in einem kulinarischen Highlight aus scharfen, saftigen Stücken von gewürztem Rind, Huhn oder Lamm, das mit dünnen Fladenbroten und frischem Chutney serviert wurde. *Shami*-Kebabs bestehen normalerweise aus Lamm- oder Rinderhack, getrockneten Kräutern und Kichererbsenmehl als Bindemittel; das Fleisch wird nicht aufgespießt, sondern in einem großen flachen Wok gebraten. Diese *shami*-Kebabs haben mich zu diesem Rezept inspiriert. Als Beilage empfehle ich eingelegte rote Zwiebeln, scharfes grünes Chutney (Seite 277) oder Raita (Seite 63).

7 PORTIONEN

455 g Rinderhackfleisch (15 Prozent Fett)

140 g fein gewürfelte Zwiebeln

1 großes Ei, leicht geschlagen

60 g Kichererbsenmehl

2 Thai-Chilis, bei Bedarf entkernt, gehackt

2 Knoblauchzehen, gehackt

1 Stück (2,5 cm) frischer Ingwer, geschält und geraspelt

1 EL frischer Limettensaft

1 TL Cayennepfeffer

1 TL Koriandersamen, grob gemahlen

1 TL getrocknete Minze

½ TL gemahlener Zimt

½ TL getrockneter Salbei

½ TL getrockneter Dill

½ TL feines Meersalz

120 ml geschmacksneutrales Pflanzenöl

2 EL frische Korianderblätter

Rote Zwiebeln mit Koriander (Seite 274)

Rinderhack, Zwiebeln, Ei, Kichererbsenmehl, Chilis, Knoblauch, Ingwer, Limettensaft, Cayennepfeffer, Koriandersamen, Minze, Zimt, Salbei, Dill und Salz in einer großen Schüssel vermengen. In vierzehn gleiche Teile aufteilen und Bratlinge mit 2,5 cm Durchmesser formen.

Knapp 2 EL Öl in einer großen gusseisernen oder antihaftbeschichteten Pfanne bei mittelhoher Temperatur erhitzen. Die Kebabs portionsweise 3 bis 4 Minuten pro Seite goldbraun braten, dabei nach Bedarf mehr Öl dazugeben. Auf Papiertüchern abtropfen lassen. Die Kebabs auf einen Servierteller legen, mit Korianderblättern garnieren und mit eingelegten roten Zwiebeln servieren.

TIPPS UND TRICKS Kebabs (oder in diesem Fall Bratlinge) bereite ich am liebsten mit getrockneten Kräutern zu, weil diese nur noch wenig oder kein Wasser mehr enthalten und über ein intensiveres Aroma verfügen als frische Kräuter. Hier verstärken die Koriandersamen die Schärfe der Chilischoten.

Knusprige Schweinebauchhäppchen

Es vergeht kein Besuch in einem Restaurant in Chinatown in San Francisco oder Oakland, an dem ich nicht den Schweinebauch bestelle. Das zart schmelzende Fleisch im Inneren wird umhüllt von einer knusprigen Außenhaut, die mit einer süßsauren Glasur überzogen ist. Was kann es Göttlicheres geben! Hier stelle ich meine Variante dieses Gerichts vor.

6 bis 8 Portionen

910 g Schweinebauch

50 g Zucker

65 g Kosher Salz

2 EL frischer Rosmarin oder 2 TL getrockneter Rosmarin

1 EL Fenchelsamen

1 TL schwarze Pfefferkörner

Samen von 1 Stück (2,5 cm) Vanilleschote

Kokosessig-Ingwer-Glasur

120 ml Kokosessig

100 g Jaggery (Block) oder Muscovadozucker

1 Stück (2,5 cm) frischer Ingwer, geschält und geraspelt

Schweinebauch mit Papiertüchern trockentupfen und in eine Backform legen. Zucker und Salz in einer kleinen Schüssel vermengen und beide Seiten des Schweinebauchs mit der Mischung einreiben. Mit Frischhaltefolie abdecken und mindestens 6 Stunden bis maximal 12 Stunden im Kühlschrank ruhen lassen.

Den Schweinebauch aufdecken, Zucker und Salz abspülen und trockentupfen. Rosmarin, Fenchelsamen, Pfefferkörner und Vanille in einer Gewürzmühle zu feinem Pulver vermahlen. Die fleischige Seite des Schweinebauchs mit der Würzmischung einreiben. Wieder in die Backform leben, abdecken und 1½ Stunden im Kühlschrank marinieren.

Backofen auf 120 °C vorheizen. Den gewürzten Schweinebauch mit der Fettseite nach oben in einen großen Bräter legen und 2 Stunden braten. Die Oberseite sollte leicht gebräunt sein. Den Bräter aus dem Ofen nehmen und etwa 2 Stunden vollständig abkühlen lassen, damit das Fleisch fest werden kann. Den Grill vorheizen. Den Schweinebauch in 2,5 cm große Stücke schneiden und die Stücke wieder in den Bräter legen. 4 bis 5 Minuten grillen, bis die Haut sich aufbläht und knusprig wird. Aus dem Ofen nehmen und die Schweinebauchstücke mit einer Zange auf einen Servierteller legen und angesammelte Flüssigkeit entsorgen.

TIPPS UND TRICKS Mein Freund Ben Mims arbeitete als Versuchsküchenleiter bei Lucky Peach und zeigte mir, wie man Schweinebauch mit einer Salz-Zucker-Mischung, die dem Fleisch Feuchte entzieht, knusprig bekommt. Vanille als Aromastoff für ein herzhaftes Gericht erscheint zunächst merkwürdig, aber bei fettigen Fleischstücken wie Schwein und einer fruchtigen süßsauren Glasur ergibt es durchaus Sinn.

Glasur zubereiten: Während der Schweinebauch im Ofen brät, Kokosessig, Jaggery und Ingwer in einem kleinen Topf vermengen. Sprudelnd aufkochen, dann die Hitze reduzieren und 8 bis 10 Minuten leicht köcheln lassen, bis die Flüssigkeit etwa zur Hälfte eingekocht ist. Vom Herd nehmen und warmhalten, bis der Schweinebauch fertig zubereitet ist. Jedes Fleischstück an der knusprigen Oberseite großzügig mit der warmen Glasur bestreichen. Warm servieren.

KAPITEL 2: **SALATE + SUPPEN**

Meine Lieblingssalate überraschen mit unerwarteten Aromen und Texturen. Die süßen und säuerlichen Noten von Früchten harmonieren zum Beispiel gut mit Blattgemüsen wie Salaten oder Grünkohl, weshalb ich sie gerne miteinander kombiniere. Beim Dressing ist entscheidend, dass es entweder alle Elemente des Salats in ein ausgewogenes Verhältnis bringt oder ein bis zwei Hauptzutaten geschmacklich hervorhebt.

Für die Zubereitung meiner Salate halte ich immer ein paar säuerliche Zutaten auf Vorrat, darunter Zitronen und Limetten wegen ihres Saftes und ihrer Schale, südasiatische Tamarinde und eine Auswahl verschiedener Essige. Zu den weiteren wichtigen Zutaten gehören Süßstoffe wie Jaggery oder Muscovadozucker sowie verschiedene Sorten rote Chiliflocken, einschließlich des rauchigen *urfa biber* (*biber* ist Türkisch und bedeutet „Pfeffer"). Außerdem achte ich auf einen Vorrat getrockneter Algen, um sie für eine leichte Umami-Note über den Salat zu bröseln.

Suppen vermitteln Behaglichkeit. Eintöpfe können eine echte Zeitersparnis bedeuten und bieten eine großartige Möglichkeit, Reste aus dem Kühlschrank oder dem Vorrat zu verwerten. Die Suppen mit dem größten Wohlfühlfaktor weisen ein ausgewogenes Verhältnis von Säure und Salz auf, wobei die Umami-Note und die Schärfe in Nebenrollen zum Tragen kommen.

Es mag zunächst entmutigend erscheinen, aber es ist wirklich einfach, aus einer ganz schlichten Suppe eine eigene Kreation zu zaubern, sobald man eine Vorstellung davon hat, wie scharf oder sauer oder süß die Suppe sein soll. Nehmen wir als Beispiel eine Hühnernudelsuppe: Ich mag eine kräftige, aromatische Brühe mit einem Spritzer Zitronensaft und dem wohligen Aroma von kurz gebratenem Sellerie. Als erstes nehme ich mir die Zitrusfrucht vor. Vielleicht räuchere ich ein paar Zitronen, bevor ich sie an die Brühe gebe, oder ich nehme eine getrocknete Oman-Limette, die mit ihrem rauchigen Profil in der persischen Küche zum Einsatz kommt und eine leichte Erdigkeit verleiht. Bei einer anderen Gelegenheit aromatisiere ich die Brühe vielleicht mit kurz gebratenem Pancetta, Speck-Guajillo-Salz (Seite 267) oder etwas Röstknoblauch (Seite 259). Ich treffe ganz persönliche Entscheidungen und das macht meine Suppen interessant und unterscheidet sie am Ende von all den anderen Suppen im Universum. Achten Sie stets auf einen ausgewogenen Vorrat, damit auch Sie mit der Suppenbasis experimentieren können.

Limette-Gurkensalat mit geröstetem Kreuzkümmel

In den Sommermonaten gab es bei uns zu Hause oft dicke Gurkenscheiben mit einer Würze aus Chiliflocken, Salz und einem Spritzer Limettensaft. Das genügte mir als Kind zur Abkühlung. Hier habe ich diesen Snack aus meiner Kindheit für Erwachsene abgewandelt und reiche ihn oft als Beilage zu scharfen Speisen.

4 bis 6 Portionen

- 1 TL Kreuzkümmelsamen
- 2 große Schlangengurken (insgesamt 605 g), geschält und gewürfelt
- 1 bis 2 grüne Thai-Chilis, bei Bedarf entkernt, fein gehackt
- 6 oder 7 frische Minzeblätter
- ½ TL feines Meersalz
- ½ TL frisch gemahlener schwarzer Pfeffer
- 2 EL frischer Limettensaft

Eine kleine Pfanne bei mittelhoher Temperatur erhitzen, Kreuzkümmelsamen hineingeben und 30 bis 45 Sekunden rösten, bis die Samen aromatisch duften und bräunen, dabei die Samen gelegentlich verquirlen, damit sie gleichmäßig rösten. In einem Mörser oder einer Gewürzmühle zu grobem Pulver vermahlen. In eine große Schüssel umfüllen und Gurken und Chilis dazugeben.

Minzeblätter bündeln, zu einem festen Zylinder rollen und in dünne Streifen schneiden. Zusammen mit Salz, Pfeffer und Limettensaft in die Schüssel geben. Alle Zutaten vorsichtig vermengen. Abschmecken und bei Bedarf nachwürzen. Die Schüssel mit Frischhaltefolie abdecken und vor dem Servieren 5 bis 10 Minuten in den Kühlschrank stellen. Am besten schmeckt dieser Salat am Tag der Zubereitung.

TIPPS UND TRICKS Chilis und Kreuzkümmel stehen in einem warmen und unerwarteten Kontrast zu der kalten Gurke, der Minze und dem Limettensaft. Beim Rösten setzen die Kreuzkümmelsamen ihre aromatischen Öle frei und verströmen einen rauchigen Duft. In gemahlenem Zustand können die Samen die Gurke mit ihrem Aroma durchsetzen. Im empfehle, den Kreuzkümmel erst am Tag der Zubereitung des Salats zu verarbeiten, da er sonst seine Wirkung verliert.

Caprese-Salat mit süßem Tamarindendressing

Seit jeher steht italienischer Caprese-Salat auf der Liste meiner Favoriten. Ich liebe das perfekte Zusammenspiel der säuerlichen Tomaten mit dem süßsauren Aroma des gereiften Balsamessigs und den fruchtigen Noten des Olivenöls. Auch der wunderbare Kontrast der Texturen des weichen, cremigen Mozzarellas und der knackigeren Tomatenscheiben überzeugt. Mit einem Dressing aus Tamarinde und Jaggery habe ich diesen Klassiker neu definiert.

4 Portionen

Tamarindendressing

55 g saures Tamarindenfruchtfleisch oder saure Tamarindenpaste
120 ml kochendes Wasser
60 ml natives Olivenöl extra
½ TL frischer Limettensaft
1 EL Jaggery oder Muscovadozucker
½ TL gemahlene Koriandersamen
½ TL feines Meersalz
½ TL getrocknete *urfa-biber*-Chiliflocken oder getrocknete Aleppo-Chiliflocken
¼ TL frisch gemahlener schwarzer Pfeffer

Salat

295 g Cherrytomaten, längs halbiert
345 g Cocktailtomaten, längs halbiert
4 bis 6 Flaschentomaten, längs halbiert
230 g frische Mozzarella-Käsebällchen (Bocconcini), kreuzförmig in vier Teile geschnitten
3 EL frische Korianderblätter
1 EL natives Olivenöl extra
½ TL feines Meersalz

Dressing zubereiten: Tamarindenfruchtfleisch in eine hitzebeständige Schüssel geben und mit kochendem Wasser bedecken. Abdecken und mindestens 1 Stunde ruhen lassen. Das Fruchtfleisch (oder die Paste) massieren und drücken, damit es weich wird. Durch ein Feinsieb in eine kleine Schüssel drücken und Rückstände im Sieb entsorgen. Die abgesiehte Tamarinde mit Olivenöl, Limettensaft, Jaggery, Koriandersamen, Salz, *urfa biber* und schwarzem Pfeffer in einem Mixer auf hoher Stufe gut pürieren. Abschmecken und bei Bedarf mehr Süße und Gewürze dazugeben.

Salat zubereiten: Tomaten in eine große Schüssel geben und Mozzarella, Koriander, Olivenöl und Salz dazugeben. Die Hälfte des Tamarindendressings hinzufügen und vorsichtig vermengen, bis alle Zutaten gleichmäßig bedeckt sind. Servieren, dabei das restliche Tamarindendressing als Beilage reichen.

TIPPS UND TRICKS Zwar hängt der Erfolg dieses Salats von der guten Qualität der Saisontomaten und dem frischen Mozzarella ab, aber das Tamarindendressing spielt hier die entscheidende geschmackliche Rolle. Beim Pürieren von Tamarinde und Olivenöl mit ganzen Gewürzen geben diese Zutaten eine unwiderstehliche Kombination aus süßen, sauren und erdigen Aromen an das Dressing ab.

Mehrfarbige Wurzelgemüse-Raita

Raita lautet die Bezeichnung für die traditionelle herzhafte Joghurtbowl, die einerseits als Salat, andererseits als Würzmittel fungiert. In meiner Jugend zauberten meine Eltern aus frischem cremigen Joghurt durch Zugabe von Gurken, Karotten, Rüben oder sogar gestampften gekochten Kartoffeln einen Salat mit reichlich Textur und Charakter und servierten ihn in gekühlten Schüsseln. Für mich war es einer der besten Teile einer Mahlzeit. Diese Raita zelebriert die unterschiedlichen Farben der Wurzelgemüse. Sie schmeckt als Hauptgericht genauso gut wie als Beilage und passt ausgezeichnet zu pikanten oder scharfen Gerichten wie der gebratenen Lammkeule (Seite 181) oder dem Auberginen-Pilaw (Seite 102).

6 BIS 8 PORTIONEN ALS BEILAGE

---

480 g Vollfett-Naturjoghurt

240 ml kaltes Wasser

1 TL feines Meersalz

½ TL gemahlener weißer Pfeffer

35 g Karotte, geschält und geraspelt

50 g gelbe Beete, geschält und geraspelt (siehe TIPPS UND TRICKS)

50 g rote Beete, geschält und geraspelt

2 EL Frühlingszwiebeln, in feine Ringe geschnitten (weiße und grüne Teile)

1 EL geschmacksneutrales Pflanzenöl

½ TL schwarze Senfkörner

5 bis 6 Curryblätter, vorzugsweise frisch

½ TL frischer Ingwer, geschält und geraspelt

Joghurt, Wasser, Salz und Pfeffer in einer großen Schüssel verquirlen. Abschmecken und bei Bedarf nachwürzen. Geraspeltes Gemüse und Frühlingszwiebeln dazugeben, aber noch nicht vermengen.

Öl in einer kleinen Pfanne bei mittelhoher Temperatur erhitzen. Senfkörner und Curryblätter dazugeben (Achtung: Bei Kontakt mit dem heißen Öl springen die Senfkörner und platzen knisternd auf). 30 bis 45 Sekunden rösten und das Öl behutsam umrühren, bis die Körner aufhören zu knistern und die Blätter knusprig, aber noch grün sind. Vom Herd nehmen, Ingwer an das heiße Öl geben und 10 bis 15 Sekunden rühren. Das gewürzte Öl zusammen mit den Senfkörnern, Curryblättern und dem Ingwer über den Joghurt und das Gemüse in der Schüssel gießen und vorsichtig verrühren, bis die Zutaten gerade so vermengt sind. (Nicht zu stark rühren, denn sonst färbt die rote Beete das ganze Gericht pink.) Sofort servieren.

TIPPS UND TRICKS Hier wende ich die indische Methode des *tadka* bzw. der Hitzebehandlung (Seite 159) an. Dabei dringen Gewürze und Aromastoffe in das heiße Öl ein, bevor es über den Joghurt gegossen wird, wobei es diesem Salat auf Joghurtbasis sowohl Textur als auch Geschmack verleiht. Gelbe Beete kann nach dem Raspeln empfindlich auf Luft reagieren und sich dunkel färben. Um das zu vermeiden, geben Sie ein paar Spritzer Zitrone oder Limettensaft dazu (etwa 1 oder 2 TL je 50 g geraspelte Beete).

Bunter Linsensalat mit gebratenem Blumenkohl und Panir

Panir (ein indischer Weichkäse, bei dessen Herstellung Zitronensaft in kochender Milch gerinnt) passt mit seiner weichen, cremigen Textur hervorragend zu Salaten. Zudem verfügt der Käse über eine interessante Eigenschaft, denn er behält beim Erhitzen seine Form und schmilzt nicht. Hier brate ich ihn zusammen mit Blumenkohl.

7 BIS 8 PORTIONEN ALS BEILAGE

- 100 g grüne Linsen, von Steinen befreit
- 115 g schwarze Linsen, von Steinen befreit
- 1 kleiner Blumenkohl (455 g)
- 280 g Panir (Seite 260), in 12 mm dicke Würfel geschnitten
- 1 TL feines Meersalz
- ½ TL frisch gemahlener schwarzer Pfeffer
- 1 EL natives Olivenöl extra
- 4 Frühlingszwiebeln, in feine Ringe geschnitten (weiße und grüne Teile)
- 60 g Korianderöldressing (Seite 278)

Backofen auf 220 °C vorheizen. Linsen in einem Feinsieb unter laufendem kaltem Wasser abspülen. In einen mittelgroßen Kochtopf umfüllen und reichlich Wasser hinzufügen, sodass es die Linsen mit 2,5 cm Überstand bedeckt. Bei mittelhoher Temperatur sprudelnd aufkochen, dann die Hitze reduzieren und bei niedriger Temperatur 30 bis 60 Minuten ohne Abdeckung köcheln lassen, bis die Linsen gar, aber nicht zu Brei verkocht sind. Die Kochzeit hängt vom Alter der Linsen ab, deshalb nach der ersten halben Stunde den Garzustand alle 5 Minuten überprüfen. Durch ein Feinsieb abseihen und das Sieb auf ein sauberes Geschirrtuch stellen, um Reste der Flüssigkeit aufzusaugen.

Während die Linsen kochen, Blumenkohl mit Panir rösten: Blumenkohl in mundgerechte Röschen zerpflücken und in einen Bräter legen. Panir dazugeben. Mit Salz und Pfeffer abschmecken und mit Olivenöl beträufeln und alle Zutaten gründlich vermengen. Blumenkohl und Panir unter gelegentlichem Rühren 20 bis 25 Minuten braten, bis sie außen knusprig sind und beim Anstechen mit einem Spieß oder Messer in der Mitte weich nachgeben. In eine große Schüssel umfüllen und die abgetropften Linsen und Frühlingszwiebeln behutsam unterrühren. Abschmecken und bei Bedarf nachwürzen. Das Dressing darüber träufeln und warm oder bei Raumtemperatur servieren. (Salatreste sind in einem luftdichten Behälter bis zu 4 Tage im Kühlschrank haltbar.)

TIPPS UND TRICKS Für diesen warmen Salat werden die Blumenkohlröschen und kleinen Panirwürfel zunächst in Olivenöl gewälzt und anschließend gebraten, bis sie außen angekohlt und knusprig, aber innen weich und gar sind. Das Korianderdressing überdeckt das eher erdige Aroma von Panir und Gemüse mit einer frischen, krautigen Note.

Chorizo-Kartoffelsalat

Ich liebe Salate, die sich saison- und tageszeitunabhängig servieren lassen. Dieser Salat schmeckt mit ein paar Spiegeleiern bereits zum Frühstück oder als Füllung in einem Taco oder als vollwertiger Hauptgang zur Mittagszeit. Meine goanische *chouriço* sorgt für eine wahre Geschmacksexplosion.

4 Portionen

- 230 g Chorizo, selbst gemacht (Seite 191) oder gekauft
- 2 EL natives Olivenöl extra
- 680 g Fingerlinge, längs halbiert
- 1 TL feines Meersalz
- ½ TL frisch gemahlener schwarzer Pfeffer
- 1 TL gemahlener Chipotle-Chili
- ½ TL Paprikapulver
- 2 EL Kürbiskerne (Pepitas)
- 1 EL fein gehackter Schnittlauch
- 65 g Panir (Seite 260), zerbröselt
- 2 EL frische Korianderblätter, plus extra zum Garnieren
- 60 ml frischer Limettensaft
- 1 Limette, geviertelt, zum Garnieren (optional)

Die Pelle von gekaufter Chorizo abziehen. Das Fleisch in kleine Stücke zerteilen und beiseitestellen. Olivenöl in einer großen Pfanne bei mittelhoher Temperatur erhitzen. Kartoffeln (Fingerlinge) dazugeben und mit Salz und schwarzem Pfeffer bestreuen. Die Kartoffeln unter gelegentlichem Rühren 5 bis 6 Minuten braten, bis sie gar sind. Chipotle- und Paprikapulver darüberstreuen und alle Zutaten gründlich vermengen. Chorizo dazugeben und weitere 4 bis 5 Minuten braten oder bis die Wurst gebräunt und durchgegart ist, dabei häufig umrühren. Kürbiskerne dazugeben und eine weitere Minute braten. Die Pfanne vom Herd nehmen und den Inhalt in eine große Schüssel umfüllen. 5 Minuten abkühlen lassen.

Schnittlauch, Panir, Koriander und Limettensaft vorsichtig unter die warmen Kartoffeln heben. Abschmecken und bei Bedarf nachwürzen. Mit frischen Korianderblättern garnieren und warm oder bei Raumtemperatur servieren, nach Geschmack Limettenspalten dazu reichen.

TIPPS UND TRICKS Die *chouriço* verleiht diesem Gericht einen Großteil seines Aromas. Das Schweinefett und die rauchige Kombination aus Paprikapulver, Kreuzkümmel und Chilis geben diesem Salat Schwung. Als erfrischenden Ausgleich für die würzige Note der *chouriço* mische ich Panir, Korianderblätter und Limettensaft unter. Sie können den Panir nach Belieben durch eine kleine Menge zerbröselten Cotija-Käse oder den mexikanischen Frischkäse *queso fresco* ersetzen.

Teesuppe mit Butternut-Kürbis

Selbst eine vegane Suppe wie diese kann eine Menge Umami-Noten enthalten. Im Herbst, wenn Butternut-Kürbisse Saison haben und in reicher Auswahl erhältlich sind, bereite ich einen großen Topf mit diesem warmen Elixier zu. Für ein intensives, „fleischiges" Profil aromatisiere ich die Brühe mit getrockneten Shiitakepilze und rauchigen Lapsang-Souchong-Teeblättern. Die Kürbisstreifen kommen erst kurz vor dem Servieren in die Suppe, damit sie ihre Form behalten.

2 bis 4 Portionen

- 1 kleiner Butternut-Kürbis (680 g)
- 960 ml Wasser
- 12 schwarze Pfefferkörner
- 4 Knoblauchzehen, geschält
- 1 Stück (5 cm) frischer Ingwer, geschält und in Scheiben geschnitten
- 2 Sternaniskapseln
- 4 getrocknete Shiitakepilze
- 2 TL Teeblätter der Sorte Lapsang Souchong
- 1 EL Sojasoße
- 1 EL frischer Zitronensaft
- ½ TL feines Meersalz
- 2 EL geröstetes Sesamöl
- 3 EL frische Korianderblätter

Butternut-Kürbis mit einem Messer von den Enden befreien. Längs halbieren und die Kerne entfernen. Die Schale abschneiden und mit dem Schäler das Fleisch längs in dünne Streifen schneiden. Die Streifen in eine Schüssel mit Eiswasser legen und beiseitestellen.

960 ml Wasser, Pfefferkörner, Knoblauch, Ingwer, Sternanis und Shiitake in einem mittelgroßen Suppentopf oder gusseisernen Topf (Dutch Oven) vermengen. Bei mittelhoher Temperatur sprudelnd aufkochen. Die Hitze reduzieren und bei niedriger Temperatur ohne Abdeckung 20 Minuten köcheln lassen. Teeblätter in ein Tee-Ei oder einen Musselinbeutel füllen und in den Topf geben. Die Hitze auf hohe Temperatur erhöhen und 30 Sekunden kochen. Tee-Ei oder Musselinbeutel herausnehmen und Teeblätter entsorgen.

Die Brühe durch ein Feinsieb in eine große Schüssel abseihen und Rückstände im Sieb entsorgen. Die Brühe wieder in den Suppentopf gießen und Sojasoße, Zitronensaft und Salz dazugeben. Abschmecken und bei Bedarf nachwürzen. Bis zum Servieren warmhalten.

Kurz vor dem Servieren die Kürbisstreifen aus dem Eiswasser nehmen, mit Papiertüchern trockentupfen und in die warme Brühe geben. Sesamöl unterrühren, mit frischen Korianderblättern garnieren und servieren.

TIPPS UND TRICKS Verwenden Sie niemals mehr Teeblätter als angegeben und lassen Sie diese nie zu lange ziehen, denn die Suppe nimmt sonst einen bitteren Geschmack an. Wählen Sie ein dunkles Sesamöl für ein kräftigeres Aroma. Als großartige Garnitur für diese Suppe eignen sich fein geschnittene Frühlingszwiebeln.

Bohnen- und Linsensuppe mit Kakao

In meinem Vorrat findet sich stets eine große Menge verschiedener getrockneter Bohnen und Linsen und dieser Eintopf bietet mir die Möglichkeit, die sogenannten Ladenhüter zu verarbeiten. Servieren Sie diese Suppe an kalten Wintertagen und beginnen Sie rechtzeitig mit der Planung, damit die Bohnen über Nacht einweichen können.

4 Portionen

- 135 g gemischte getrocknete Bohnen (z. B. Kidney-, schwarze und Borlottibohnen), von Steinen befreit
- 50 g gemischte Linsen und Spalterbsen, von Steinen befreit
- 1 EL Ghee (Seite 268) oder natives Olivenöl extra
- 140 g Zwiebeln, fein gewürfelt
- 2 Knoblauchzehen, fein gehackt
- 2 EL ungesüßtes Kakaopulver
- 1 TL Korianderpulver
- 1 TL Kashmiri-Chilipulver
- ½ TL gemahlene Muskatblüte
- 1 Dose (415 g) gehackte Tomaten, mit Saft
- 960 ml Wasser
- 1 TL feines Meersalz
- 10 frische Minzeblätter
- 60 g griechischer Naturjoghurt

Bohnen in einem Feinsieb unter laufendem kaltem Wasser abspülen und in eine mittelgroße Schüssel umfüllen. Mit 5 cm Wasser bedecken und über Nacht einweichen lassen. Am nächsten Tag Bohnen und Linsen in einem Feinsieb unter laufendem kaltem Wasser abspülen und in eine kleine Schüssel umfüllen. Mit 5 cm Wasser bedecken und vor dem Kochen mindestens 1 Stunde einweichen lassen. Bohnen und Linsen abtropfen lassen.

Ghee in einem mittelgroßen gusseisernen Topf (Dutch Oven) oder Suppentopf bei mittelhoher Temperatur erhitzen. Zwiebeln 4 bis 5 Minuten glasig anbraten. Knoblauch dazugeben und 30 bis 45 Sekunden garen, bis er aromatisch duftet. Kakao, Korianderpulver, Chilipulver und Muskatblüte unterrühren und etwa 30 Sekunden kochen, bis die Zutaten aromatisch duften. Die Tomaten mit Saft hineingeben und für 3 bis 4 Minuten kochen. 960 ml Wasser und Salz dazugeben und verrühren. Die Hitze erhöhen und bei hoher Temperatur sprudelnd aufkochen. Dann die Hitze reduzieren und bei niedriger Temperatur abgedeckt etwa 1 Stunde köcheln lassen, bis die Bohnen und Linsen weich und gar sind. Abschmecken und bei Bedarf nachwürzen.

In der Zwischenzeit die Minzeblätter zu einem festen Zylinder rollen und in dünne Streifen schneiden. Die Suppe heiß servieren und jede Portion mit 1 EL griechischem Joghurt und ein paar Minzestreifen garnieren.

TIPPS UND TRICKS Bohnen und Linsen schmeicheln der Seele, weil sie beim Kochen eine cremige, weiche Textur annehmen. In der mexikanischen Küche gewinnt eine Mole durch Kakao an Intensität und diese Zutat wirkt auch hier Wunder, denn sie verleiht Komplexität, Farbe und einen angenehmen, dezent bitteren Geschmack. Die Schärfe des Chilipulvers und das Aroma der Muskatblüte tragen zum sinnlichen Genuss dieser Suppe bei. Einen willkommenen Kontrast liefert die kalte Garnitur aus cremigem Joghurt und frischer Minze.

Hühnersuppe mit gerösteten Naan-Streifen

Es gibt keine indische Hühner-Tortilla-Suppe, aber dieses Rezept käme einer möglichen Version nahe. Bereiten Sie am Wochenende einen großen Topf davon zu, dann können Sie die Suppe unter der Woche genießen. Ich verrate nur so viel: Das Aroma verbessert sich mit jedem Tag.

4 bis 6 Portionen

- Saat von 2 grünen Kardamomkapseln
- 4 EL (60 ml) natives Olivenöl extra
- 140 g rote Zwiebeln, fein gewürfelt
- 2 Knoblauchzehen, geschält und fein gehackt
- 1 TL gemahlener Kashmiri-Chili
- ½ TL gemahlene Kurkuma
- 1 TL Garam Masala, selbst gemacht (Seite 263) oder gekauft
- 1 Dose (415 g) gehackte Tomaten, mit Saft
- 250 g zerkleinertes gekochtes Huhn
- 960 ml natriumarme Hühnerbrühe
- 140 g Zuckermaiskörner, frisch oder gefroren
- 3 EL frischer Limettensaft
- ½ TL feines Meersalz
- 2 Naan-Brote (Seite 94)
- 4 hart gekochte Eier (Seite 255), geschält und längs halbiert
- 3 EL frische Korianderblätter
- 2 EL Frühlingszwiebeln, in feine Ringe geschnitten (weiße und grüne Teile)
- 1 Serrano-Chili, bei Bedarf entkernt, in feine Streifen geschnitten

Backofen auf 180 °C vorheizen. Kardamomsaat in einem Mörser oder einer Gewürzmühle vermahlen. 2 EL Öl in einem mittelgroßen Suppentopf oder gusseisernen Topf (Dutch Oven) bei mittelhoher Temperatur erhitzen. Zwiebeln dazugeben und 4 bis 5 Minuten glasig anbraten. Die Hitze reduzieren und bei mittlerer bis niedriger Temperatur Knoblauch, Kardamom, gemahlenen Chili, Kurkuma und Garam Masala dazugeben und 30 bis 45 Sekunden garen, bis die Zutaten aromatisch duften. Tomaten mit Saft dazugeben und unter gelegentlichem Rühren 3 bis 4 Minuten köcheln lassen. Hühnerteile unterrühren und 2 Minuten köcheln lassen. Hühnerbrühe dazugießen und Maiskörner und Limettensaft dazugeben. Die Hitze erhöhen und bei hoher Temperatur sprudelnd aufkochen. Die Hitze reduzieren und bei niedriger Temperatur abgedeckt 10 bis 12 Minuten sanft köcheln, bis der Mais gar ist.

TIPPS UND TRICKS Die Suppenbasis entsteht auf traditionelle Weise: Die Aromastoffe (Zwiebeln und Knoblauch) und Gewürze setzen beim Anbraten ihre essenziellen Öle frei, wodurch sich ihr Aroma abschwächt. Der gemahlene Kashmiri-Chili färbt die Suppe dunkelrot, macht sie aber nicht zu scharf. Kardamom ist zwar bereits in Garam Masala enthalten, dennoch gebe ich zusätzlich eine kleine Menge dazu, um den Kardamom geschmacklich hervorzuheben.

Dieses Rezept lässt sich auch in eine Eierflockensuppe umwandeln: Dafür die hart gekochten Eier weglassen und die Suppe kurz vor dem Servieren sprudelnd aufkochen. Dann zwei leicht geschlagene Eier mit einer Gabel in die Suppe rühren, bis sie Fäden ziehen. Die restliche Garnitur daraufgeben und servieren.

Salz unterrühren und abschmecken und bei Bedarf nachwürzen. Die Suppe vor dem Servieren abgedeckt 10 Minuten ruhen lassen.

Während die Suppe kocht, Naan in 6 mm breite Streifen schneiden und mit 2 EL Öl beträufeln. Auf einem Backblech im Ofen 8 bis 10 Minuten goldbraun und knusprig rösten. Aus dem Ofen nehmen und 5 Minuten abkühlen lassen.

Die Suppe bei Bedarf wieder aufwärmen. Mit gerösteten Naan-Streifen, hart gekochten Eiern, Korianderblättern, Frühlingszwiebeln und Serrano-Chili garnieren. Heiß servieren.

Hühnernudelsuppe mit Oman-Limetten

Wir Hobbyköche verfügen über ein Repertoire an Rezepten, die wir oft nachkochen und an unsere eigenen Bedürfnisse und Vorlieben anpassen. Hier kommt ein Rezept aus meiner eigenen Sammlung. Es entstand, als ich nicht ausreichend Limettensaft vorrätig hatte, um die Brühe meiner Hühnernudelsuppe zu aromatisieren. Stattdessen nahm ich ein paar getrocknete Oman-Limetten, die ich aus den Tiefen meines Vorrats zutage förderte.

4 BIS 6 PORTIONEN

- 1 EL natives Olivenöl extra
- 70 g weiße Zwiebeln, fein gewürfelt
- 70 g Karotte, fein gewürfelt
- 60 g Sellerie, fein gewürfelt
- 4 getrocknete Oman-Limetten
- ½ TL frisch gemahlener schwarzer Pfeffer
- ⅛ TL gemahlene Kurkuma
- 455 g Hühnerbrust mit Knochen, ohne Haut
- ½ TL feines Meersalz
- 2 EL frischer Limettensaft
- 1,4 l Wasser
- 55 g getrocknete Eiernudeln
- 2 EL frische glatte Petersilie

Olivenöl in einem mittelgroßen Suppentopf oder gusseisernen Topf (Dutch Oven) bei mittelhoher Temperatur erhitzen. Zwiebeln, Karotte und Sellerie dazugeben und 10 bis 12 Minuten anbraten, bis die Karotte weich ist. Die Oman-Limetten anstechen, damit Flüssigkeit durch die Löcher in die Limetten eindringen und ihr Aroma während des Kochens an die Brühe abgeben kann. Die Limetten in den Topf werfen. Schwarzen Pfeffer und Kurkuma dazugeben und 45 bis 60 Sekunden kochen. Huhn, Salz, Limettensaft und Wasser dazugeben und die Hitze auf hohe Temperatur erhöhen. Sprudelnd aufkochen. Die Hitze reduzieren und bei niedriger Temperatur abgedeckt etwa 20 Minuten sanft köcheln, bis das Huhn durchgegart ist. Das Huhn mit einer Zange herausnehmen, vorsichtig mit einer Gabel zerkleinern und die Knochen entsorgen. Hühnerteile wieder in den Topf geben und Nudeln hinzufügen. Weitere 6 bis 8 Minuten köcheln lassen, bis die Nudeln gar sind. Abschmecken und bei Bedarf nachwürzen. Mit frischer Petersilie garnieren.

TIPPS UND TRICKS Für diese Suppe verwende ich Hühnerteile mit Knochen. Die Knochen geben der Brühe ein reichhaltiges, kräftiges Aroma. Oman-Limetten (*limu Omani*) gibt es ganz oder gemahlen zu kaufen und sie werden oft in der persischen Küche verwendet. Während des Kochens setzen sie ein erdiges, herbes Aroma frei, das frische Limetten an Komplexität weit übertrifft und diese schlichte Hühnernudelsuppe in ganz neue Sphären katapultiert.

Knochen- und Linsenbrühe

Als Kind verbrachte ich jeden Donnerstag bei meinen Großeltern mütterlicherseits und sah meiner Großmutter Lucy beim Kochen zu. Wenn ich brav war, durfte ich helfen. Von ihr lernte ich unter anderem, wie wichtig es ist, das Gemüse für das Mirepoix bzw. Röstgemüse, das in eine Knochenbrühe kommt, in gleich große Stücke und Formen zu schneiden. Normalerweise nahm sie für ihre Knochenbrühe Rinder- oder Lammknochen und gab oft eine Handvoll Linsen oder Alphabetnudeln dazu, die das Ganze gehaltvoller machten. Diese Brühe orientiert sich an dem Rezept meiner Nana und steht ihrer Brühe, soweit ich mich erinnere, in Bezug auf Reichhaltigkeit und Aroma in nichts nach.

4 Portionen

- 1,2 bis 1,4 kg Rinder- oder Lammknochen
- 2 EL Ghee (Seite 268)
- 140 g Zwiebeln, fein gewürfelt
- 110 g Sellerie, fein gewürfelt
- 70 g Karotte, fein gewürfelt
- 2 Knoblauchzehen, fein gehackt
- 2 Lorbeerblätter, frisch oder getrocknet
- 5 ganze Nelken
- 1 EL frisch gemahlener schwarzer Pfeffer
- 1 TL gemahlener Kashmiri-Chili
- ½ TL gemahlene Kurkuma
- 1 l Wasser
- 50 g rote Linsen, von Steinen befreit
- 2 EL Apfelessig oder frischer Zitronensaft
- 1 EL feines Meersalz
- 1 EL frische glatte Petersilie, gehackt

Die Knochen in einen mittelgroßen Suppentopf oder gusseisernen Topf (Dutch Oven) geben und mit kaltem Wasser bedecken. Bei hoher Temperatur sprudelnd aufkochen. Die Hitze reduzieren und bei mittlerer bis niedriger Temperatur 20 Minuten köcheln lassen, dabei aufsteigenden Schaum von der Oberfläche abschöpfen.

Während des Blanchierens der Knochen den Backofen auf 230 °C vorheizen. Die blanchierten Knochen in eine gusseiserne Backform oder einen Bräter legen und im heißen Ofen etwa 30 Minuten rösten, bis das an den Knochen haftende Fleisch knusprig und dunkelbraun ist.

TIPPS UND TRICKS Mein Freund Andy Barghani, leitender Redakteur in der Versuchsküche *Bon Appétit* in New York City, half mir, dieses Rezept zu verbessern. Er schlug vor, die Knochen in Wasser zu blanchieren, um Schadstoffe und Schmutz zu beseitigen und gleichzeitig die Trübung zu verhindern, die normalerweise beim Kochen einer Knochenbrühe entsteht (auf gleiche Weise erfolgt die Zubereitung einer Consommé). Zur Verbesserung der geschmacklichen Intensität riet Andy, die blanchierten Knochen bei so hoher Hitze zu braten, dass die Proteine karamellisieren. Die Gewürze, die ich an die Brühe gebe, betonen das Umami-Aroma der Suppe um ein Vielfaches.

Den gusseisernen Topf abwaschen und abtrocknen. Ghee hineingeben und bei mittelhoher Temperatur erhitzen. Zwiebeln, Sellerie und Karotte dazugeben und 10 bis 12 Minuten anbraten, bis das Gemüse anbräunt. Knoblauch hinzufügen und eine weitere Minute braten. Lorbeerblätter, Nelken, Pfeffer, Kashmiri-Chili und Kurkuma dazugeben und 30 bis 45 Sekunden braten, bis die Zutaten aromatisch duften.

Die gerösteten Knochen wieder in den Topf geben und gebräunte Zutaten vom Boden kratzen. 1 l Wasser über die Knochen gießen. Linsen in einem Feinsieb unter laufendem kaltem Wasser abspülen und in den Topf geben. Die Hitze erhöhen und die Brühe bei hoher Temperatur aufkochen. Die Hitze auf niedrige Temperatur reduzieren und Essig und Salz dazugeben. Abdecken und etwa 2 Stunden köcheln lassen, bis die Linsen so weich sind, dass sie auseinanderfallen. Lorbeerblätter entsorgen. Mit gehackter Petersilie garnieren und heiß servieren.

VOM SINN DES WÜRZENS

Wie die meisten großen Weltstädte ist auch Bombay dicht besiedelt und die Größe der Wohnungen scheint laufend zu schrumpfen, um mit der wachsenden Nachfrage nach Wohnraum Schritt zu halten. Meine Eltern besaßen eine bescheidene Eigentumswohnung. Es gab eine winzige Küche, aber für ein Kind, das wissbegierig alles über Lebensmittel wissen wollte, war es ein faszinierender Ort, an dem alle Wunder geschahen. In einem Wandschrank befanden sich übereinander angeordnet zwei Regale, auf denen sich die kleine Sammlung von Trockengewürzen meiner Mutter versammelte, die sie in ordentlich gekennzeichneten Marmeladengläsern und Kunststoffbehältern aufbewahrte. Für einen angehenden Koch und Wissenschaftler erweckte dies den Eindruck eines voll ausgestatteten Labors.

In einer Schublade bewahrte meine Mutter eine kleine Kollektion von Kochbüchern und Zeitungsausschnitten auf. Im Alter von zwölf Jahren machte ich mich an die Arbeit, jeden Sommer in den Ferien die Rezepte nach herzhaften und süßen Gerichten zu durchforsten, die ich dann nachkochte. Meine Versuche endeten normalerweise in einem Desaster, so auch meine gute Idee, aus dem Vollkornmehl, das wir für Roti (eine Art indisches Fladenbrot) verwendeten, einen Kuchen zu backen. Am Ende taugte der Kuchen allenfalls als Türstopper. Oder meine Annahme, Limettensaft würde gut an Rühreier passen (bevor die Eier in der Pfanne landeten, waren sie bereits geronnen). Trotz zahlreicher Misserfolge in jungen Jahren beobachtete ich aufmerksam, was funktionierte und was nicht funktionierte.

Darüber hinaus verbrachte ich viel Zeit mit meiner Mom und meiner Großmutter in der Küche und mit etwas Glück durfte ich sogar helfen. Die meisten ihrer Rezepte basierten auf einer Auswahl an Aromen und Geschmacksstoffen, die sie nach Belieben anpassten, um die Hauptzutaten in einem Gericht geschmacklich aufzuwerten. Ein Fleischgericht begann meistens mit einer Schüssel gehackter Zwiebeln, die zunächst glasig gebraten wurden. Dann folgte ein Mix aus frisch gemahlenem Ingwer und Knoblauch (indische Köche vermahlen Ingwer und Knoblauch oft zu einer glatten Paste) sowie ein paar frische oder getrocknete Chilis für Schärfe, je eine Prise Kurkuma und Kashmiri-Chilipulver für Farbe und abschließend etwas Essig, Joghurt oder Limettensaft zum Abrunden des Aromas mit etwas Säure. Für mehr Intensität landeten manchmal noch andere Gewürze im Topf, beispielsweise gemahlener grüner Kardamom oder Kreuzkümmel oder Garam Masala. Mom und Großmutter würzten die Speisen während des Kochens mit Salz und schwarzem Pfeffer und schmeckten sie immer wieder ab.

Mein Dad beschäftigte sich am liebsten mit Eingemachtem, sowohl fermentiert als auch nach indischer Art. Zu diesem Zweck würzte er Gemüse und Obst mit einer Gewürzmischung auf Senfölbasis. Auf unserer Fensterbank in der Küche reihten sich die scharfen und pikanten Früchte seiner Arbeit aneinander: Einmachgläser gefüllt mit Blumenkohl, Karotten, Mangos, Paprika, Zitronen und Limetten. In Amerika ist Senföl in Lebensmittelqualität nicht für den Verkauf zugelassen, daher kann ich seine eingemachten Produkte leider nicht vollständig nachbilden. Aber ich habe ein Rezept für eingelegte Zitronen in Olivenöl (Seite 274) entwickelt, das ebenso aromatisch und schmackhaft ist, wie die Würzmischung meines Dads. Außerdem enthält es Zutaten, die im Westen ohne Probleme verfügbar sind.

Frischhaltung

Meine Eltern richteten sich nach ein paar Regeln: Kaufe nur so viel, wie du brauchst und niemals mehr. Lagere den Großteil deiner Gewürze höchstens vier bis sechs Monate. Stelle gemahlene Gewürze möglichst selbst in kleinen Mengen her, damit sie frisch sind. Eine Ausnahme bildeten die Gewürzmischungen Garam Masala (Seite 263) und Chat Masala (Seite 263), die meine Eltern regelmäßig verwendeten und gleich in großen Mengen produzierten, um einen ganzen Monat davon zu profitieren. Frische Kräuter und Chilis lagerten meine Eltern im Kühlschrank. Normalerweise umwickelten sie die Kräuter mit feuchten Papiertüchern und steckten diese in dicht schließende Plastikbeutel. Auf diese Weise konnten die Kräuter atmen, während die Papiertücher die Feuchtigkeit nach außen ableiteten. Als Kind merkte ich mir all diese einfachen Handgriffe, die mir nun als Erwachsener helfen, ein besserer Koch zu sein.

Die Küche als Labor

Stellen Sie sich ihre Küche als ein Labor vor. Nicht eines dieser makellosen, sterilen medizinischen Laboratorien, sondern ein Ort, an dem gespielt und experimentiert wird mit oft appetitlichen Ergebnissen. Dieser Ort gewährt Ihnen einen tieferen Einblick in die Zutaten und Gewürze, die Ihre Speisen bereichern.

Es ist wichtig, dass Sie ein Verständnis für Ihre Gewürze und anderen Zutaten entwickeln, bevor Sie diese in Ihrer Küche verwenden. Am besten verschaffen Sie sich zunächst einen Eindruck von dem Gewürz oder der Zutat. Schnuppern Sie daran und testen Sie den Geschmack. Finden Sie heraus, ob es eine salzige, saure, süße, bittere oder herzhafte Note hat. Stellen Sie fest, ob es vielleicht kühlt oder wärmt. Manche Nahrungsmittel wecken mitunter angenehme oder unangenehme Empfindungen oder Erinnerungen. Mir geht es so mit frisch geriebener Kokosnuss, die mich an die süßen Kokoskuchen aus meiner Kindheit erinnert.

Die Würzmittel wähle ich abhängig davon, was ich kochen möchte und abhängig von meiner Physiologie (den 10.000 Geschmacksrezeptoren in meinem Mund und den 400 Duftrezeptoren in meiner Nase). Weiterhin beeinflusst meine Laune die Art und Weise, wie ich koche. Manchmal verspüre ich Lust auf eine süß-salzige Kombination und bei einer anderen Gelegenheit peppe ich ein Gericht mit etwas Chili auf.

Obwohl die Zutaten sich je nach Kultur unterscheiden, lassen sie sich dennoch in fünf Hauptgruppen unterteilen, die unseren Geschmacksrezeptoren entsprechen: salzig, sauer, süß, bitter und herzhaft (umami). Neben diesen fünf Geschmacksrichtungen weisen die Lebensmittel, mit denen wir kochen, weitere bedeutende Eigenschaften wie Schärfe, Aroma und Farbe auf. Kräuter und Fette bilden eine weitere Geschmacksebene.

SALZIG

Die meisten Gemüse-, Obst- und Fleischsorten enthalten von Natur aus eine gewisse Menge Salz und dennoch salzen wir unser Essen, um es geschmacklich abzurunden. In der indischen Küche verwenden wir neben gewöhnlichem Tafelsalz und Meersalz zusätzlich schwarzes Salz (*kala namak*) und rosafarbenes Himalaya-Salz. Auch Meeresfrüchte wie Algen, Krustentiere und Fische enthalten bereits eine beträchtliche Menge Salz, sodass jede Speise vorsichtig abzuschmecken ist, bevor nachgesalzen wird. Salz ist eine einfache Zutat, mit der sich leicht experimentieren lässt. Ich stelle oft eigene Salzmischungen als Tischgewürze her (siehe Salzmischungen auf Seite 267) und bewahre diese in meinem Vorrat auf.

SAUER

Zutaten mit einer sauren Note können eintönige Texturen und Aromen wie die extreme Süße zahlreicher Fruchtkonfitüren aufbrechen und etwas Tiefe verleihen. Saure Aromen hinterlassen auf der Zunge ein angenehm prickelndes Gefühl. In der indischen Küche werden für deftige Speisen eher Limetten als Zitronen verwendet, weil man sie in ganz Indien anbaut und Limetten demzufolge eher auf den Märkten erhältlich sind. Am liebsten kombiniere ich in herzhaften Speisen scharfe Chilis mit Limetten, weil sie die Schärfe offensichtlich intensivieren. Probieren Sie es aus: Kosten Sie ein paar rote Chiliflocken zunächst mit einem Spritzer frischem Limettensaft und dann mit frischem Zitronensaft und entscheiden Sie selbst, welche Kombination schärfer ist.

Nicht selten werden Currys und Eintöpfe mit Tamarindenfruchtfleisch oder - paste angereichert. Die goanische Küche verwendet oft Kokosessig (siehe Red Snapper auf Seite 130), der durch das Gären von Baumharz entsteht. Es gibt ihn in den meisten asiatischen und indischen Supermärkten und in zahlreichen Naturkostgeschäften. Für mehr Säure wähle ich am liebsten Apfelessig, besonders bei der Zubereitung von Fleisch (siehe Pute-Pilz-Pastetchen auf Seite 155) und Fisch. Manche Gewürze weisen fruchtige und säuerliche Geschmacksnoten auf, darunter Sumach (getrocknete gemahlene Sumachbeeren), Amchoor (gemahlene getrocknete grüne unreife Mango) und Anardana (getrocknete Granatapfelkerne, ganz oder gemahlen). Diese passen gut an Grillsoßen, Eintöpfe und andere erdige Speisen. Auch Rot- und Weißweine liefern eine fruchtige Säure, ebenso Verjus, der Saft unreifer Trauben, der wie Wein in weißer und roter Färbung erhältlich ist. Ich verwende Wein oder Verjus zum Kochen von Geflügel und Fleisch, zum Beispiel in einem Rindereintopf (Seite 170). Saure Milchprodukte wie Joghurt und Buttermilch verleihen einer Marinade Säure (siehe Tandoori-Fisch auf Seite 127) und machen das Fleisch wunderbar zart (siehe Hühnernuggets auf Seite 48).

SÜSS

Wie die meisten Menschen liebe ich Süßes und nicht selten gebe ich diesem Verlangen nach. In der indischen Küche kommen verschiedene Süßstoffe zum Einsatz. Zu meinen Favoriten zählt Jaggery (*gur* auf Hindi), eine unraffinierte Form von Zucker, denn er verleiht Speisen mit seinen üppigen salzigen und erdigen Noten eine Menge Charakter. Muscovadozucker eignet sich gut als Ersatz, falls Jaggery nicht verfügbar ist. Des Weiteren mag ich Palmzucker, Honig und Ahornsirup – ich bin ein klein wenig süchtig nach Ahornsirup in meinem Masala Chai (Seite 264). Neben Zucker weisen Anis und Fenchel ein leicht süßes, lakritzartiges Aroma auf. Auch Zimt, Muskatnuss, grünen Kardamom und Vanille bringen wir mit süßen Geschmacksnoten in Verbindung, weil wir sie oft in Desserts verwenden. Diese Zutaten haben jedoch keine Eigensüße.

BITTER

Ich besitze eine niedrige Toleranzschwelle für bittere Lebensmittel und stehe damit nicht alleine da. Manche Menschen weisen diesbezüglich eine genetische Veranlagung auf, die möglicherweise evolutionär bedingt ist und den Menschen einst vor dem Verzehr giftiger Speisen schützte. Kakao, Kaffee und Tee enthalten natürliche Bitterstoffe, aber wir mögen sie, weil sie uns aufputschen. Viele Gewürze schmecken bitter, so auch Zimt.

HERZHAFT

Dieser kernige Geschmack, auch unter der Bezeichnung umami bekannt, stammt von Glutamat, einer in Fleisch und Tomaten enthaltenen Aminosäure. Zu den weiteren Nahrungsmitteln, die mit ihrem hohen Glutamatgehalt für eine deftigere Geschmacksnote sorgen, zählen Fisch, Pilze, Kohl, Sojasoße, Tee und Kaffee. Beispielsweise ist die Teesuppe mit Butternut-Kürbis (Seite 70) zwar vegan, aber die Lapsang-Souchong-Teeblätter und getrockneten Pilze verleihen ihr ein reichhaltiges, fleischiges Aroma. In der indischen Küche gehört umami nicht zu den charakteristischen Geschmacksnoten.

SCHARF

Dieses aufregende, brennende Gefühl beim Verzehr von frischem Thai- oder Serrano-Chili entsteht als Reaktion auf die im Chili natürlich vorkommende Chemikalie namens Capsaicin. Beim Kochen indischer Gerichte verwende ich Serrano-Chilis für eine mildere und Thai-Chilis für eine intensivere Schärfe. Außerdem mag ich getrocknete Guajillo-Chilis und Cayennepfeffer. Wer sein Essen etwas milder bevorzugt, entfernt die Kerne und die weiße Innenhaut (die schärfsten Teile des Chilis) und gibt erst dann den Chili frisch oder getrocknet an das Essen.

AROMA

Wenn Sie vor dem Kochen über die Würzmittel für ein Gericht nachdenken, vergessen Sie nicht die Geschmacksnoten, die die Gewürze oder Zutaten an die Speise weitergeben. Zimt verströmt einen süßlich-holzigen Duft, Kurkuma riecht erdig und Ghee sowie Sesamsamen verleihen ein nussig-pikantes Aroma. Orangenschale wiederum sorgt für einen göttlich fruchtigen Geschmack. (Ich gebe getrocknete Orangenschale oft an das Garam Masala als Hausmischung für die Steaks auf Seite 173.) Estragon vermittelt ein grünes, krautiges Aroma und wer es blumig liebt, verwendet Orangenblüten- oder Rosenwasser. Vanille und grüner Kardamom verströmen einen süßlichen Duft.

FARBE

Ähnlich einem Farbstoff lassen sich mit manchen Zutaten Speisen färben. Kurkuma gibt dem Essen einen leichten Gelbstich wie in Süßkartoffel-Bebinca (Seite 204), während Safranfäden gelb-orange färben wie in Jaggery-Eiscreme (Seite 199). Getrocknete *kokum-Frucht*, Annatto und Rüben sorgen für rötliche oder dunkelrosa Farbtöne. Kashmiri-Chili verschafft vielen indischen Gerichten wie Currys oder Tandoori-Fisch (Seite 127) eine dunkelrote Farbcharakteristik. Zudem werten die meisten frischen Kräuter in ihrer pürierten Form eine Speise mit ihren grünen Farbpigmenten auf.

KRÄUTER

Frische Kräuter sorgen in jedem Rezept, ob süß oder pikant, für einen Frischekick. Minze passt gut als Garnitur an eine Schokoladeneiskugel und Curryblätter aromatisieren die Marinade für Hühnernuggets (Seite 48). Durch Zugabe von püriertem Estragon entsteht ein herzhaftes Lassi (Seite 232). Wenn Sie mit getrockneten Kräutern kochen, verwenden Sie entgegen frischer Kräuter eine kleinere Menge, weil sich das Aroma in getrockneten Kräutern konzentriert.

FETTE

Bei einer Auseinandersetzung mit Aromen dürfen auch die Fette nicht vergessen werden. Oft sind dies die ersten Aromen, die in eine Speise eindringen. Beim Kochen mit Butter nehme ich ungesalzene Butter, um einen Überblick über die Salzmenge in einem Gericht zu behalten. Ghee (Seite 268) verwende ich aufgrund seines nussigen Aromas und Geschmacks und die äthiopische gewürzte Butter *nit'ir qibe* (Seite 270) aufgrund ihres ausgeprägten Geschmacksprofils, das auf die in dem Fett absorbierte Gewürzmischung zurückzuführen ist. Aus den Fetten von Speck, Pancetta und Wurst entstehen nach dem Auslassen aromatische Speisefette. Ich bewahre immer einen Vorrat davon auf und verwende diese Fette zum Anbraten von Gemüse (siehe Chorizo-Kartoffelsalat auf Seite 69). Auch das hocharomatische Entenfett eignet sich als Speisefett. Beim Kochen mit Öl fällt meine Wahl normalerweise auf Walnuss- oder Olivenöl. Besonders mag ich das grasig schmeckende Öl aus Arbequina-Oliven, das blumige Arbosana-Olivenöl und das herb-aromatische Koroneiki-Öl. Aufgrund ihres höheren Rauchpunkts ziehe ich beim Frittieren oder Grillen geschmacksneutrale Öle wie Sonnenblumen-, Raps- oder Traubenkernöl vor.

Ich habe das Würzen meiner Speisen durch Ausprobieren gelernt. Grämen Sie sich nicht über Misserfolge, denn sie gehören ebenso dazu wie Erfolge. Auf diese Weise verbessern Sie Ihre Kochkünste und lernen im weiteren Verlauf, Rezepte als eine Vorlage für die Schaffung einer eigenen Aromapalette zu betrachten.

KAPITEL 3: **GETREIDE + GEMÜSE**

Die vegetarische Lebensweise gehört in Indien zum Alltag. Bei uns zu Hause wurde zwar nicht strikt vegetarisch gegessen, aber unser Speiseplan enthielt reichlich Vollkorn und Gemüse in den verschiedensten Farben, Formen und Texturen. Diese herzhaften Gemüse- und Getreidegerichte steckten voller Aroma und Farbe und wenn es Fleisch gab, betrachteten wir es eher als Beilage zu einer Mahlzeit.

Wenn Getreide der Mittelpunkt einer Speise sein soll, muss es gut gekocht und gewürzt sein. Ich brate Getreide wie Reis oder Weizenkörner häufig in etwas heißem Öl oder einem aromatischen Fett wie Ghee an, bis sie rundum mit Öl bedeckt sind, und erst dann gieße ich Wasser oder Brühe dazu. Am liebsten gebe ich eine Portion kurz gebratenes Gemüse an das gekochte Getreide oder ich vermenge es mit pürierten Kräutern.

Jedes Getreide ist einzigartig in Form, Farbe, Geschmack und Aroma und diese Eigenschaften gilt es beim Kochen zu berücksichtigen. Beispielsweise passt ein nussiges Getreide wie Weizenkörner oder der geröstete Buchweizen Kasha ausgezeichnet an kalte Salate. Reis gibt es in vielen zauberhaften Farben (rot, braun, schwarz) und Formen. Die Körner von Arborio sind kurz, Basmati und Wildreis haben lange Körner und Goa-Reis zeichnet sich aus durch fette Körner. Durch das Rösten vor dem Kochen entfalten die Körner ihre Aromen und Geschmacksnoten. Manchmal gebe ich eine kleine Menge an eine Suppe oder einen Salat, das verleiht eine schöne Textur.

Wenn ich Gemüse zubereite, dünste ich es im eigenen Saft oder brate es kurz in heißem Öl an, das mit Gewürzen aromatisiert wurde. Manchmal gebe ich auch einfach nur ein Würzmittel an das Gemüse und brate es dann an. Alle drei Methoden tragen zu einer Intensivierung des Gemüsearomas bei, was bei der Dampfgarmethode, die ich nicht sehr oft anwende, nicht der Fall ist. Bei Gemüse mit hohem Zuckergehalt wie Karotten und Süßkartoffeln nimmt die Süßkraft bei großer Hitzeeinwirkung zu. Außerdem entfalten sich beim Karamellisieren von Zucker ansprechende bittersüße Geschmacksnoten. Die Hitze unterstützt darüber hinaus das Freisetzen flüchtiger Aromastoffe in ganzen und gemahlenen Gewürzen wie Koriander und grünem Kardamom. Beim Verdampfen dieser Öle dringen sie in das pflanzliche Gewebe oder die Gemüseflüssigkeit ein und verstärken auf diese Weise das Aroma einer Speise.

Zweierlei Granola

Ich nasche gerne und viel. Und mit viel meine ich Unmengen. In meinem Vorrat findet sich ein ganzes Regal mit Gläsern, die ein willkürliches Sortiment an Nüssen und getrockneten Früchten enthalten. Als ich vor ein paar Jahren den Versuch unternahm, mich besser zu organisieren und Platz zu schaffen, begann ich mit der Herstellung von Granola. Mit einem süßen und einem herzhaften Knuspermüsli stelle ich hier zwei meiner Favoriten vor.

Das süße mit Fenchel und Ingwer gewürzte Granola steckt randvoll mit getrockneten Früchten und Nüssen, während sich in der herzhaften Variante sonnengetrocknete Tomaten, Tomatenpulver und geräuchertes Paprikapulver tummeln. Viele internationale Supermärkte verkaufen abgepackte sonnengetrocknete Tomaten und Tomatenpulver in Gläsern. Alternativ können Sie Ihr eigenes Tomatenpulver herstellen, indem Sie dehydrierte bzw. sonnengetrocknete Tomaten mit einer Gewürzmühle oder einem Mixer zu feinem Pulver vermahlen.

Süßes Fenchel-Ingwer-Granola

Ergibt 635 g

- 190 g klassische Haferflocken
- 70 g gemischte Rosinen und getrocknete Cranberries
- 8 getrocknete Feigen, gehackt
- 2 EL Sonnenblumenkerne
- 70 g Cashewkerne, gehackt
- 50 g Mandeln, in Scheiben geschnitten
- 1 EL Mohn
- 1½ TL Fenchelsamen
- 1½ TL gemahlener Ingwer
- ½ TL feines Meersalz
- 1 EL Apfelessig
- 120 ml Ahornsirup
- 60 ml natives Olivenöl extra

Backofen auf 150 °C vorheizen. Ein Backblech mit Pergamentpapier auslegen.

Haferflocken, Rosinen und Cranberries, Feigen, Sonnenblumenkerne, Cashewkerne, Mandeln, Mohn, Fenchelsamen, Ingwer und Salz in einer großen Schüssel vermengen. Essig, Ahornsirup und Olivenöl in einer mittelgroßen Schüssel verquirlen und über die Haferflockenmischung träufeln. Die Zutaten mit den Händen oder einem Gummispatel behutsam vermengen, bis die Mischung gut verteilt ist, und dann nebeneinander auf dem vorbereiteten Backblech ausbreiten. 20 Minuten ruhen lassen.

Fortsetzung folgt

TIPPS UND TRICKS Ich gab Fenchelsamen und gemahlenen Ingwer an das süße Granola, damit es nicht so langweilig schmeckte. Herausgekommen ist ein leckeres Müsli mit einem leichten Anflug von Lakritz sowie gerösteten, nussigen und ingwerartigen Noten.

Für das herzhafte Granola wählte ich eine Mischung aus sonnengetrockneten Tomaten, Tomatenpulver, geräuchertem Paprikapulver sowie Knoblauch- und Zwiebelpulver. Die leichte Süße des Zuckers, die Säure des Essigs und das Tomatenaroma erinnern mich an meine Lieblingskartoffelchips. Wenn Sie wollen, dass das Granola leicht nach Käse schmeckt, ohne echten Käse zu verwenden, geben Sie beim Vermengen der Zutaten 1 bis 2 TL Nährhefe dazu.

Der Trick für die Herstellung eines wirklich guten Granolas besteht darin, die Haferflocken ruhen zu lassen, sodass sie die beigemischten Aromen aufnehmen können, bevor sie im heißen Ofen gebacken werden. Essig sorgt in beiden Rezepten für ausgewogene Geschmacksnoten und verbessert gleichzeitig die Knusprigkeit und Haltbarkeit des Granolas.

20 bis 25 Minuten backen, bis die Haferflocken goldbraun und knusprig sind, dabei nach jeweils 10 Minuten verrühren, damit die Haferflocken nicht verklumpen.

Das Backblech aus dem Ofen nehmen und auf einem Gitterrost vollständig abkühlen lassen. Das Granola ist in einem luftdichten Behälter bis zu 3 Wochen bei Raumtemperatur haltbar.

Herzhaftes Granola

ERGIBT 410 G

190 g klassische Haferflocken

70 g ganze Cashewkerne

2 EL Sonnenblumenkerne

1 EL weiße Sesamsamen

1 EL schwarze Sesamsamen

1 EL Jaggery oder brauner Zucker

1 EL Tomatenpulver

1 TL geräuchertes Paprikapulver

1½ TL Knoblauchpulver

1½ TL Zwiebelpulver

1 TL feines Meersalz

½ TL gemahlener Kashmiri-Chili

2 EL Apfelessig

60 ml natives Olivenöl extra

25 g sonnengetrocknete Cherrytomaten, grob gehackt

Backofen auf 150 °C vorheizen. Ein Backblech mit Pergamentpapier auslegen.

Haferflocken, Cashewkerne, Sonnenblumenkerne, weiße und schwarze Sesamsamen, Jaggery, Tomatenpulver, Paprikapulver, Knoblauch- und Zwiebelpulver, Salz und Chili in einer großen Schüssel gründlich vermengen.

Essig und Olivenöl in einer kleinen Schüssel verquirlen und über die Haferflockenmischung träufeln. Die Zutaten mit den Händen oder einem Gummispatel behutsam vermengen, bis die Mischung gleichmäßig verteilt ist, und dann nebeneinander auf dem vorbereiteten Backblech ausbreiten. 20 Minuten ruhen lassen.

20 bis 25 Minuten backen, bis die Haferflocken goldbraun und knusprig sind, dabei nach jeweils 10 Minuten verrühren. Aus dem Ofen nehmen, die sonnengetrockneten Tomaten unterrühren und das Backblech auf einem Gitterrost vollständig abkühlen lassen. Das Granola ist in einem luftdichten Behälter bis zu 3 Wochen bei Raumtemperatur haltbar.

Naan

Selbst gemachtes Naan schmeckt viel besser als die kompakte, teigige Variante, die es fertig zu kaufen gibt. Die Zutaten sind schnell zusammengerührt und es bedarf nur etwas Planung, damit der Teig in Ruhe aufgehen kann. Für die Zubereitung von Naan verwende ich doppelgriffiges Vollkornmehl, weil es mehr Ballaststoffe enthält als das klassische Weizenmehl und weniger glutenhaltig ist, wodurch das Brot weicher wird.

Der Naan-Teig hat noch einen zweiten Nutzen, denn er dient auch als Grundlage für Fladenbrot-Pizza. Zwar gibt es eine Vielzahl von Toppings, aber die Margherita-Pizza (Seite 99) mit Schwarzkümmelsamen mag ich am liebsten, weil ich hier all die kleinen bunten Tomaten aus unserem Garten verwerten kann.

Ergibt 4 Fladenbrote

120 ml Vollmilch, auf 41 bis 46 °C erhitzt

1 großes Ei

2 EL griechischer Vollfett-Naturjoghurt

1 EL ungesalzene Butter, geschmolzen

1 EL Zucker

1 TL feines Meersalz

1 EL aktive Trockenhefe

280 g Weizenmehl (Type 550) oder helles Vollkornmehl, plus extra zum Ausrollen der Naan-Fladen

Milch, Ei, Joghurt, Butter, Zucker und Salz in einer kleinen Schüssel mit einer Gabel verquirlen. Hefe darüberstreuen und 5 Minuten ruhen lassen. Die Mischung sollte an der Oberfläche Blasen schlagen.

Mehl in eine große Schüssel geben oder auf einer sauberen Arbeitsfläche anhäufen und eine Mulde in die Mitte drücken. Die Hefemischung in die Mulde gießen. Das Mehl mit sauberen Händen oder einem großen Holzlöffel von der Innenseite der Mulde nach und nach unter die Flüssigkeit mengen, bis ein klebriger Teig entsteht. 4 bis 5 Minuten gut kneten.

Den Teig falten, dafür an der Unterseite anfassen und auseinanderziehen und dann zusammenklappen. Den Teig um ein Viertel drehen und den Vorgang drei- bis viermal wiederholen. Eine große Schüssel leicht mit Öl ausstreichen und den Teig in die Schüssel legen. Mit Frischhaltefolie abdecken und an einem dunklen, warmen Ort etwa 4 Stunden gehen lassen, bis der Teig sein Volumen verdoppelt hat.

Den Teig in vier gleiche Teile aufteilen und Kugeln daraus formen. Die Kugeln nacheinander auf einer sauberen, leicht bemehlten Arbeitsfläche mit einem

TIPPS UND TRICKS Naan lässt sich abwechslungsreich würzen. Probieren Sie anstelle von Knoblauch eine Butter- oder Ghee-Mischung mit Gewürzen und Kräutern wie Aleppo-Chiliflocken, *urfa biber*, zerstoßenem Koriander und Oregano.

Teigroller zu kreisrunden Fladen von ca. 4 mm Dicke und ca. 15 cm Durchmesser ausrollen.

Das Naan wird in einer großen Pfanne mit Deckel bei mittelhoher Temperatur ausgebacken. Dafür einen Teigfladen in die heiße Pfanne legen und die Pfanne abdecken, damit der Dampf nicht entweichen kann. 3 bis 4 Minuten backen, dann den Teigfladen wenden und die Hitze reduzieren. Bei niedriger Temperatur 1 bis 2 Minuten mit geschlossenem Deckel backen, bis das Naan leicht brodelt und ein paar große Blasen wirft. Aus der Pfanne nehmen und in ein sauberes Küchentuch einwickeln. Den Vorgang mit den übrigen drei Teigfladen wiederholen.

Knoblauch-Naan

Vor dem Ausbacken des Naan-Fladens, 60 ml geschmolzene, ungesalzene Butter oder Ghee (Seite 268) mit 1 TL fein gehacktem frischen Koriander und 1 geraspelten Knoblauchzehe in einer kleinen Schüssel vermengen. Das Naan wie oben beschrieben backen und die heißen Fladenbrote an der Oberfläche mit der Mischung bestreichen. Die Fladenbrote nacheinander weitere 30 Sekunden backen. Mit Salzflocken bestreuen und heiß servieren.

Naan-Pizza Margherita

ERGIBT 2 INDIVIDUELLE PIZZEN

Teig für 1 Naan nach Rezept (Seite 94)
2 TL Weizenmehl (Type 550), plus extra zum Ausrollen der Pizza
2 TL Koriandersamen
2 TL Schwarzkümmelsamen
2 TL getrocknete rote Chiliflocken
2 TL Maismehl oder Grieß
50 g Ghee (Seite 268), geschmolzen
185 g Cherrytomaten, quer halbiert
160 g Cocktailtomaten, längs halbiert
80 g Mozzarella, klein geschnitten
1 EL gehackter frischer Schnittlauch
1 EL Meersalzflocken

Backstahl oder Pizzastein auf einen mittig im Ofen eingesetzten Rost stellen und den Backofen 30 Minuten auf 260 °C vorheizen. Den Teig gleichmäßig halbieren und jede Hälfte zu einer Kugel formen. Eine der Kugeln mit einem Küchentuch abdecken. Die andere Kugel auf einer sauberen, leicht bemehlten Arbeitsfläche zu einem kreisrunden Fladen mit 4 mm Dicke und 30 cm Durchmesser ausrollen. Mit einem Küchentuch locker abdecken. Den Vorgang mit der zweiten Teigkugelhälfte wiederholen.

Koriander im Mörser leicht zerstoßen, Schwarzkümmelsamen und Chiliflocken dazugeben und beiseitestellen.

Beide Pizzen nacheinander zubereiten: Ein Backblech umdrehen, sodass die Unterseite nach oben zeigt, und ein Blatt Pergamentpapier darauflegen. Das Pergamentpapier gleichmäßig mit 1 TL Mehl und 1 TL Maismehl bestreuen. Einen ausgerollten Teigfladen auf das Papier legen und mit etwas geschmolzenem Ghee besprenkeln. Die Hälfte der Tomaten auf dem Teig verteilen. Die Hälfte des Mozzarellas und 1 EL der Gewürze aus dem Mörser darüberstreuen. Den Teigfladen auf den vorgeheizten Backstahl gleiten lassen, das Pergamentpapier entsorgen und die Ofentür schließen. Die Hitze auf 220 °C reduzieren und 10 bis 12 Minuten backen, bis sich der Teigfladen an den Rändern goldgelb färbt. Mit der Hälfte gehacktem Schnittlauch und Meersalzflocken garnieren und erneut mit etwas Ghee besprenkeln. Den Vorgang mit dem übrigen Teigfladen wiederholen und die Pizzen heiß servieren.

TIPPS UND TRICKS Ich kombiniere Gerichte wie diese Margherita-Pizza bevorzugt mit kräftigen, ungewöhnlichen Aromen wie Koriander und Schwarzkümmelsamen. Entgegen gemahlenem Koriander haben zerstoßene Koriandersamen die Eigenschaft, das Aroma von Chiliflocken zu intensivieren. Schwarzkümmelsamen harmonieren gut mit Tomaten. Eine Prise Schwarzkümmelsamen auf dieser mit frischen Tomaten belegten Pizza reicht bereits aus, um den Tomaten eine aromatische, nussige Geschmacksnote zu verleihen. Ghee können Sie nach Belieben durch Olivenöl ersetzen.

Hirse-Bowl mit Ingwer und Linsen

Hirse ist eine nährstoffreiche alte Getreidesorte, die nur wenig Wasser für ihr Wachstum benötigt. Ich finde, Hirse sollte ein fester Bestandteil in der Küche sein, denn sie ist schnell zubereitet und passt sowohl an herzhafte als auch süße Zubereitungen. In Indien verwendet man Hirse für die Zubereitung von Fladenbroten und Pilaws. Hier koche ich die Hirse zusammen mit Linsen in einem einfachen Eintopf und garniere das Ganze mit gebratenen Ingwerstreifen und scharf angebratenen knackigen Erdnüssen.

2 PORTIONEN

- 110 g Perlhirse
- 50 g rote Linsen, von Steinen befreit
- 360 ml Wasser
- 1 TL feines Meersalz
- 2 EL natives Olivenöl extra
- 70 g rote Zwiebeln, fein gewürfelt
- 2 EL Erdnüsse
- 1 Stück (5 cm) frischer Ingwer, geschält und in schmale Streifen geschnitten
- ½ TL frisch gemahlener schwarzer Pfeffer
- 1 Limette, halbiert
- 6 frische Minzeblätter

Hirse und Linsen in einem Feinsieb unter fließendem kaltem Wasser abspülen, bis das Wasser klar abläuft. In einen mittelgroßen Kochtopf umfüllen und 360 ml Wasser, ½ TL Salz und 1 EL Öl dazugeben. Bei mittelhoher Temperatur aufkochen, dann die Hitze reduzieren. Bei mittlerer bis niedriger Temperatur abgedeckt 15 bis 20 Minuten köcheln lassen, bis die Hirse und die Linsen gar sind. Das Wasser sollte größtenteils verdampft sein. Den Kochtopf vom Herd nehmen und abgedeckt 5 Minuten ruhen lassen. Mit einer Gabel auflockern und beiseitestellen.

1 EL Öl in einer kleinen Pfanne bei mittelhoher Temperatur erhitzen. Zwiebeln dazugeben und 4 bis 5 Minuten glasig anbraten. Erdnüsse dazugeben und weitere 4 bis 5 Minuten scharf anbraten. Ingwer und Pfeffer dazugeben und eine weitere Minute braten, bis der Ingwer leicht gebräunt ist. Mit ½ TL Salz würzen. Abschmecken und bei Bedarf nachwürzen.

Das gekochte Getreide auf zwei Schüsseln aufteilen. Jeweils mit der Hälfte der Zwiebel-Ingwer-Erdnuss-Mischung bestreuen. Eine Limettenhälfte über jeder Schüssel auspressen, mit Minze garnieren und sofort servieren.

TIPPS UND TRICKS Ich koche Linsen und Hirse zusammen und salze nur ganz wenig, damit das nussige Aroma und die Textur des Getreides erhalten bleiben. Die Garnitur aus Zwiebeln, Ingwer und Erdnüssen und ein Spritzer frischer Limettensaft sorgen für einen würzigen und säuerlich-herben Kontrast. Durch das Braten verliert der Ingwer an Intensität, aromatisiert aber gleichzeitig das Öl.

Auberginen-Pilaw

Ich liebe farbenfrohe, schmackhafte Pilaws wie diesen hier, weil sie als Eintopf zubereitet werden. In diesem Rezept wird aromatischer Basmati-Reis mit kleinen Auberginenwürfeln, leuchtend grünen Erbsen und knackigen Kürbiskernen gekocht, die in einem Meer aus Gewürzen baden und abschließend mit frischer Minze garniert werden. Als Beilage passen Naturjoghurt, mehrfarbiges Wurzelgemüse-Raita (Seite 63) oder würzig eingelegte Zitronen (Seite 274).

4 BIS 6 PORTIONEN

- 400 g Basmati-Reis
- 1,8 l Wasser
- 910 g mittelgroße Auberginen, Stielansatz und unteres Ende entfernt, in mundgerechte Würfel geschnitten
- 3 TL feines Meersalz
- 80 ml natives Olivenöl extra
- 1 (300 g) mittelgroße rote Zwiebel, halbiert und in dünne Scheiben geschnitten
- 1 TL gemahlener schwarzer Pfeffer
- 1 TL Korianderpulver
- ½ TL getrocknete rote Chiliflocken
- ½ TL gemahlene Kurkuma
- 4 grüne Kardamomkapseln, zerstoßen
- 1 schwarze Kardamomkapsel, zerstoßen
- 2 ganze Nelken
- 2 Lorbeerblätter
- 4 Knoblauchzehen, fein gehackt
- 2 Serrano-Chilis
- 2 EL Kürbiskerne
- 60 ml frischer Limettensaft
- 60 g Erbsen, frisch oder gefroren
- 2 EL gehackte Minze

Reis in einem Feinsieb unter fließendem kaltem Wasser abspülen, bis das Wasser klar abläuft. Den Reis in eine mittelgroße Schüssel umfüllen, mit 720 ml Wasser aufgießen und abgedeckt etwa 1 Stunde ruhen lassen.

Auberginenwürfel in eine große Schüssel geben und 1 TL Salz darüberstreuen, dann gründlich vermengen. Die Schüssel mit einem Deckel oder Frischhal-

TIPPS UND TRICKS Auberginen schmecken zuweilen etwas bitter, aber Sie können diesen bitteren Geschmack beseitigen, indem Sie das klein geschnittene Gemüse leicht salzen und dann ein paar Minuten ruhen lassen. Das Salz entzieht dem Gemüse die Bitterstoffe und einen Teil des Wassers. Hier werden die Kardamomkapseln leicht zerstoßen und als Ganzes zusammen mit den anderen Gewürzen an das heiße Öl gegeben. Das ist eine unkomplizierte Methode, den Reis und die Aubergine während des Kochens zu aromatisieren.

tefolie abdecken und 20 Minuten ruhen lassen. Angesammelte Flüssigkeiten abgießen. 2 EL Öl in einem großen Kochtopf mit schwerem Boden oder einem gusseisernen Topf (Dutch Oven) bei mittelhoher Temperatur erhitzen. Auberginenwürfel unter gelegentlichem Rühren 4 bis 5 Minuten garen und leicht bräunen. Die fertig zubereiteten Auberginenwürfel in eine große Schüssel umfüllen und bis zur weiteren Verwendung beiseitestellen.

3½ EL Öl in demselben Kochtopf bei mittelhoher Temperatur erhitzen. Zwiebeln dazugeben und unter gelegentlichem Rühren 10 bis 12 Minuten goldbraun garen. Dann schwarzen Pfeffer, Koriander, rote Chiliflocken, Kurkuma, grünen und schwarzen Kardamom, Nelken und Lorbeerblätter dazugeben und 30 bis 45 Sekunden anbraten, bis die Zutaten aromatisch duften. Knoblauch, Serrano-Chilis und Kürbiskerne unterrühren und weitere 30 Sekunden anbraten. Den Reis abgießen, in das heiße Öl einrühren und 2 bis 3 Minuten anbraten, bis die Reiskörner ganz mit dem Öl bedeckt sind und nicht mehr aneinanderhaften. Die zubereiteten Auberginenwürfel wieder in den Kochtopf geben. 960 ml Wasser, Limettensaft und 2 TL Salz unterrühren und die Hitze erhöhen. Bei hoher Temperatur sprudelnd aufkochen, dann die Hitze reduzieren und bei mittlerer bis niedriger Temperatur aufgedeckt 15 Minuten köcheln lassen, bis das Wasser größtenteils verdampft ist. Dann die Erbsen dazugeben und abgedeckt weitere 4 bis 5 Minuten köcheln lassen, bis die Erbsen gar sind. Vom Herd nehmen und abdecken. 5 Minuten ruhen lassen. Den Reis mit einer Gabel auflockern und zum Warmhalten wieder abdecken. Vor dem Servieren mit frischer Minze garnieren. (Ganze Gewürze können zu diesem Zeitpunkt entfernt werden, aber ich ziehe es vor, sie nicht herauszunehmen.)

Gehobelter Rosenkohl mit Mohn, schwarzem Senf und Kokosöl

Im Garten unserer Wohnanlage in Bombay stehen zwei unglaublich hohe Kokospalmen. Sie sind so hoch, dass meine Eltern normalerweise Kletterer anheuern, um die reifen frischen Kokosnüsse in luftiger Höhe zu ernten. Die Ernte teilen sie mit Nachbarn, Freunden und der Familie, die diese dann sinnvoll verwerten. In den Küchen der Küstenregionen Indiens findet fast jedes nur denkbare Teil der Kokosnuss Verwendung. Vor diesem Hintergrund habe ich diesen Rosenkohl mit ein paar Gewürzen verfeinert, die in heißem, aromatischem Kokosöl dünsten, was ihm einen Hauch jener warmen, exotischen und nussigen Note verleiht, die wir mit dieser Frucht assoziieren.

4 Portionen als Beilage

400 g Rosenkohl

1 EL Kokosöl

1 TL Mohn

1 TL schwarze Senfkörner

2 EL Mandelkerne, in Scheiben geschnitten

1 TL getrocknete rote Chiliflocken

2 Knoblauchzehen, in Scheiben geschnitten

1 TL feines Meersalz

½ TL frisch gemahlener schwarzer Pfeffer

1 EL frischer Limettensaft

Rosenkohl putzen, dabei Stielansatz und beschädigte Blätter entfernen. Den Rosenkohl mit einer Küchenreibe, einem scharfen Messer oder mit einer Raspelscheibe ausgestatteten Küchenmaschine in dünne Scheiben hobeln.

Kokosöl in einem Wok oder einem mittelgroßen gusseisernen Topf (Dutch Oven) bei mittelhoher Temperatur erhitzen. Mohn, Senfkörner und Mandeln dazugeben und 30 bis 45 Sekunden anbraten, bis die Körner knistern und aufspringen. Chiliflocken und Knoblauch dazugeben und weitere 30 Sekunden anbraten, bis der Knoblauch aromatisch duftet. Den gehobelten Rosenkohl, Salz und Pfeffer dazugeben und alles behutsam, aber gründlich vermengen. Die Hitze reduzieren und bei mittlerer bis niedriger Temperatur unter gelegentlichem Rühren 8 bis 10 Minuten bräunen und leicht ankohlen. Vom Herd nehmen, Limettensaft dazugeben, abschmecken und bei Bedarf nachwürzen. Heiß oder warm servieren.

TIPPS UND TRICKS Das heiße Kokosöl mit seinem unverwechselbaren Geschmack und Aroma wird hier mit den Essenzen von nussigem Mohn, pikanten schwarzen Senfkörnern (nicht durch gelbe ersetzen) und, nicht zu vergessen, der Schärfe roter Chiliflocken aromatisiert. Die unterschiedlichen Texturen und Geschmacksnoten verbinden sich mit dem angekohlten bittersüßen Aroma des Rosenkohls zu einer Einheit, während die Säure von etwas frischem Limettensaft für Ausgewogenheit sorgt. Für mehr Zitrusaroma können Sie 4 bis 5 frische Curry- oder Kaffirlimettenblätter zusammen mit den Chiliflocken und dem Knoblauch in das heiße Öl geben.

Dunkel gegrillte Zuckererbsen und Fenchel mit Speck-Guajillo-Salz

Die Bauernmärkte in Kalifornien gefallen mir im Frühjahr am besten, wenn es frische Zuckererbsen in Hülle und Fülle gibt. In den knackigen Schoten verbergen sich süße kleine Erbsen wie Perlen in einer Auster. Am liebsten schmore ich die Zuckererbsen mit frischem Fenchel an und menge dann eine Prise meines Speck-Guajillo-Salzes und ein paar frische Minzeblätter unter.

2 BIS 4 PORTIONEN ALS BEILAGE

1 (340 g) mittelgroße Fenchelknolle

180 g junge Zuckererbsen

4 EL natives Olivenöl extra

1½ TL Speck-Guajillo-Salz (Seite 267)

8 bis 12 frische Minzeblätter

Den Grillrost leicht mit Öl bestreichen und den Grill auf hoher Stufe vorheizen. Falls ersatzweise eine Grillpfanne verwendet wird, die Pfanne leicht mit Öl ausstreichen und bei mittelhoher Temperatur erhitzen.

Fenchelknolle vom Wurzelansatz und den Stielen befreien und längs in 6 mm dicke Scheiben schneiden. Auf ein Backblech legen, Zuckererbsen dazugeben und das Gemüse mit Olivenöl bestreichen. Das Gemüse auf den Grillrost oder in die Pfanne legen und grillen, bis es rundum gut angeschmort ist.

Das Gemüse auf einen Servierteller legen, Gewürzsalz darüberstreuen und mit Minzeblättern garnieren. Sofort servieren.

TIPPS UND TRICKS Natürlich schmeckt dieses Gericht auch mit normalem Salz und Pfeffer, aber Speck-Guajillo-Salz sorgt für Schärfe und Umami. Wer Speck nicht mag, verwendet alternativ das Curry-Kaffirlimetten-Salz (Seite 267) oder das Nori-Yuzu-Ponzu-Salz (Seite 267). Manchmal gebe ich auch etwas cremigen frischen Feta dazu.

Geröstete junge Karotten mit Sesam, Chili und Nori

Die Aromen des japanischen Würzmittels *shichimi togarashi* haben mich zu diesem stimmungsvollen Gericht mit gerösteten Karotten inspiriert, das auf meinen Abendveranstaltungen mittlerweile zu den Höhepunkten zählt. Junge Karotten können mit Schale gekocht werden, aber wer sie dennoch schälen möchte, kratzt die dünne Schale vorsichtig mit einem Schälmesser ab, damit sie möglichst unversehrt bleiben. Die Karotten lassen sich bereits am Vortag vorbereiten und würzen. Vor dem Servieren müssen sie dann nur noch im Ofen gebacken werden.

2 bis 4 Portionen als Beilage

455 g kleine junge Karotten
1 EL Nori-Blatt, klein geschnitten
1 EL schwarze Sesamsamen
1 TL weiße Sesamsamen
1 TL Kümmel
1 TL getrocknete rote Chiliflocken
1 TL Meersalzflocken
2 EL natives Olivenöl extra

Backofen auf 220 °C vorheizen. Karotten vom Grünansatz befreien und gegebenenfalls vorhandene winzige Wurzelenden abzupfen. Karotten auf ein Backblech oder in einen Bräter legen. Nori, Sesamsamen, Kümmel, Chiliflocken und Salz über die Karotten streuen und mit Olivenöl besprenkeln. Die Karotten unter gelegentlichem Wenden 25 bis 30 Minuten rösten, bis sie leicht angeschmort und an den Enden knusprig sind. Heiß oder warm servieren.

TIPPS UND TRICKS Gebackene Karotten schmecken einfach köstlich, weil sie beim Schmoren eine bittersüße Geschmacksnote entwickeln. Bei der Zusammenstellung meiner durch *shichimi togarashi* inspirierten Würzmischung verzichte ich auf das Mahlen ganzer Samen, weil sie in ihrer Urform einerseits Aroma verleihen und andererseits optische Reize setzen. Die Karotten schmecken mit jedem Bissen ein klein wenig anders, weil die im Gericht ungleich verteilten Samen willkürliche Hotspots bilden.

Fingerlinge mit knusprigem Salbei und Knoblauch-Kefir-Crème fraîche

Ich bin ein großer Fan von Kartoffeln. Dieses Rezept erfordert minimalen Aufwand, aber das Gericht überzeugt mit seinen gegensätzlichen Texturen, Geschmacksnoten und sogar Temperaturen.

4 Portionen als Beilage

- 8 Knoblauchzehen
- 2 TL natives Olivenöl extra
- 680 g Fingerlinge
- 1½ TL feines Meersalz
- 2 TL getrocknete rote Chiliflocken
- 6 bis 8 frische Salbeiblätter
- ½ TL frisch gemahlener schwarzer Pfeffer
- 200 g Kefir-Crème fraîche (Seite 260) oder gekaufte Crème fraîche
- 1 EL Schnittlauch, in feine Röllchen geschnitten

Backofen auf 220 °C vorheizen. Knoblauchzehen mit 1 TL Olivenöl beträufeln und in Aluminiumfolie einwickeln. 25 bis 30 Minuten braten, bis der Knoblauch gar ist. Aus dem Ofen nehmen und in der Folie bei Raumtemperatur abkühlen lassen. Den Ofen nicht ausschalten.

Kartoffeln (Fingerlinge) längs halbieren und in eine mittelgroße Schüssel legen. 1 TL Olivenöl, 1 TL Salz, Chiliflocken, Salbeiblätter und schwarzen Pfeffer dazugeben. Gründlich vermengen. In einen mittelgroßen Bräter umfüllen und etwa 15 Minuten backen. Die Kartoffeln wenden und noch einmal etwa 15 Minuten backen, bis sie goldbraun und etwas angeschmort und die Salbeiblätter leicht knusprig sind. Aus dem Ofen nehmen.

Während die Kartoffeln im Ofen rösten, die Soße zubereiten: Die abgekühlten Knoblauchzehen schälen und mit der flachen Seite eines Messers zu einer glatten Paste zerdrücken. In eine kleine Schüssel umfüllen und Crème fraîche und ½ TL Salz dazugeben. Gründlich mit einer Gabel verrühren. Abschmecken und bei Bedarf nachwürzen, dann in eine Servierschüssel umfüllen.

Die Kartoffeln mit dem Schnittlauch garnieren und heiß servieren, dazu die Soße als Beilage reichen.

TIPPS UND TRICKS Die roten Chiliflocken geben den Kartoffeln eine leichte Schärfe, der Salbei verleiht Aroma und Knusprigkeit und die Crème fraîche kühlt das Ganze ab.

KAPITEL 4: MEERESFRÜCHTE

Ich bin an der Küste aufgewachsen und deshalb gab es bei uns zu Hause mehr Fisch als Fleisch. Meine katholisch erzogene Großmutter brachte freitags immer Fisch oder Garnelen auf den Tisch. Gewöhnlich aßen wir die in einer würzigen Brühe oder als Eintopf zubereiteten Meeresfrüchte mit frisch geraspelter Kokosnuss oder grünen unreifen Mangos und dazu Reis oder Brot als Beilage. Außerdem labten wir uns an gebratenen Austern und Kammmuscheln sowie an getrocknetem Fisch und Garnelen, die mit Chilis und Kurkuma eingelegt waren.

Als ich in den Vereinigten Staaten ankam, sah ich mich mit einer ganz neuen Welt konfrontiert, in der man leidenschaftlich rohe Austern, Ceviche, Crudo, Gravlax und gebratenen Wels zelebrierte. Mit der Zeit lernte ich die regional unterschiedlichen Zubereitungsmethoden und Aromen für die verschiedenen Arten von Meeresfrüchten kennen und schätzen. Ich liebte sie alle.

Fisch besitzt nur kleine Muskelfasern und ist deshalb schnell zubereitet, lassen Sie ihn beim Kochen also keinesfalls aus den Augen. Aufregende Geschmacksprofile entstehen durch die Zugabe von Säure wie Essig, frischen Mangos, Verjus, Tamarinde und Weißwein. (Verwenden Sie niemals Rotwein, denn die Tannine reagieren mit dem natürlichen Fischöl und erzeugen einen unangenehmen Geschmack und Geruch.) Als Bratfett empfehle ich Ghee (Seite 268) oder Senföl.

Austern mit Passionsfrucht-Mignonette-Soße

Passionsfrucht ist ein beliebtes Obst für Desserts, passt aber auch großartig zu Speisen mit Meeresfrüchten. Ihr göttliches Aroma durchdringt diese süß-saure Mignonette-Soße, die einen erfrischenden Kontrast zu den salzigen rohen Austern liefert. Passionsfruchtsaft gibt es beim Gemüsehändler oder in mexikanischen und asiatischen Supermärkten, dort allerdings oft nur in gefrorener Form. Wählen Sie große, fleischige Austern wie Kumamoto, Miyagi oder Bluepoint.

6 VORSPEISEPORTIONEN

60 ml Passionsfruchtsaft (von ca. 3 Passionsfrüchten)

60 ml Reisessig

1 TL Zucker

¼ TL feines Meersalz

¼ TL frisch gemahlener schwarzer Pfeffer

2 Schalotten, fein gehackt

2 TL Schnittlauch, fein gehackt

1 TL getrocknete rote Chiliflocken

24 frisch ausgelöste Austern in einer Schalenhälfte (siehe Seite 42)

Passionsfruchtsaft, Reisessig, Zucker, Salz und Pfeffer in einer kleinen Schüssel verrühren. Schalotten, Schnittlauch und rote Chiliflocken unterrühren. Abschmecken und bei Bedarf mehr Zucker oder Würze dazugeben.

Die Austern zum Servieren auf eine mit Eis gefüllte Servierplatte legen und mit der Mignonette-Soße beträufeln.

TIPPS UND TRICKS Passionsfrucht verleiht der Mignonette-Soße eine süße, exotische Note und harmoniert gleichzeitig mit dem sauren Geschmack des Essigs und der Schärfe der Chiliflocken. Der Saft lässt sich durch andere säurehaltige Früchte wie frische Ananas ersetzen. Schmecken Sie die Mignonette-Soße unbedingt ab und passen Sie die Säure oder Süße nach Belieben an.

Muschelbrühe mit Kurkuma und Limetten

Meine erste geschmackliche Begegnung mit Kaffirlimettenblättern hatte ich in Bombay, als mein Freund Praphat mich zum Essen zu sich nach Hause einlud. Praphats Mutter Sriwan, eine Thailänderin, zauberte für uns ein aufwendiges Mahl mit frischen Kräutern und Gewürzen und den Blättern der Kaffirlimette, die in ihrem Garten wuchs. Sie pflückte die Blätter frisch vom Baum und gab diese an das heiße Öl, das sie als Suppengrundlage verwendete. In Anlehnung an Sriwans Methode gebe ich Kaffirlimettenblätter an Ghee, das ich zunächst mit Kurkuma und Ingwer aromatisiert habe. Als Beilage reiche ich ein oder zwei gebutterte Röstbaguettescheiben. Kaffirlimettenblätter (früher als Kaffernlimette bekannt) gibt es in den meisten asiatischen Lebensmittelgeschäften und in der internationalen Sektion mancher Supermärkte. Gut zu dieser Brühe passen auch Venusmuscheln.

2 PORTIONEN

- 910 g Muscheln
- 1 EL Ghee (Seite 268) oder meine Nit'ir Qibe (Seite 270)
- 135 g Schalotten, fein gehackt
- 1 TL Garam Masala, selbst gemacht (Seite 263) oder gekauft
- 1 Stück (5 cm) frische Kurkumawurzel, geschält und in schmale Streifen geschnitten
- 4 Kaffirlimettenblätter, vorzugsweise frisch
- 1 ganzer Kashmiri-Chili
- 1 EL Tomatenmark
- 1 Stück (5 cm) frischer Ingwer, geschält und in schmale Streifen geschnitten
- 1 TL Kosher Salz
- 400 ml Kokosmilch aus der Dose
- 60 ml frischer Limettensaft
- 2 EL Frühlingszwiebeln, in feine Ringe geschnitten (weiße und grüne Teile)

Muscheln unter fließendem kaltem Wasser abspülen und gut abschrubben, um Kies und grobe Partikel vollständig zu entfernen. Auf Eis legen und im Kühlschrank aufbewahren, während die Brühe zubereitet wird.

Ghee in einem schweren mittelgroßen Suppentopf bei mittelhoher Temperatur erhitzen. Schalotten 4 bis 5 Minuten glasig anbraten. Garam Masala und Kurkuma dazugeben und eine weitere Minute braten. Limettenblätter und Kashmiri-Chili dazugeben und 30 Sekunden braten, bis die Zutaten aromatisch duften. Tomatenmark und Ingwer unterrühren und unter ständigem Rühren 2 Minuten kochen. Salz und Kokosmilch dazugeben und die Muscheln behutsam unterrühren. Den Suppentopf abdecken und 12 bis 15 Minuten kochen, bis die Muscheln sich öffnen. Nicht geöffnete Muscheln entsorgen. Limettensaft einrühren und abschmecken und bei Bedarf nachsalzen. Die Brühe mit Frühlingszwiebeln garnieren und sofort servieren.

TIPPS UND TRICKS Frische Kurkumawurzel verleiht dieser Brühe einen hübschen goldgelben Farbton, während frischer Ingwer für Schärfe und Textur sorgt. Kurkuma und Ingwer enthalten jeweils Stärke, wodurch die Brühe beim Kochen eindickt. Damit die aromatischen Zutaten ihre maximale Wirkung entfalten können, erhitze ich sie in einem schmackhaften Fett wie Ghee oder der äthiopischen Würzbutter *nit'ir qibe*. Die Kokosmilch und Muscheln absorbieren diese Aromen während des Kochens. Durch die Zugabe von Limettenblättern und Limettensaft gewinnt die Brühe an Spritzigkeit und außerdem mildert das Zitrus die Schärfe.

Scharf angebratene Jakobsmuscheln in Sumach-Würze mit Mostarda

Zur Feier des Vierten Juli verbrachte ich vier zauberhafte Sommer in Pines auf Fire Island, New York. Michael und ich teilten uns ein Haus mit ein paar unserer engsten Freunde und wir blieben eine Woche in dieser kleinen Oase. Im Umkreis gab es nur ein Lebensmittelgeschäft und eines Abends kam ich mit einer Packung Jakobsmuscheln nach Hause, hatte aber weder Zitrone noch Limettensaft zum Aromatisieren zur Verfügung. Glücklicherweise kam mir Sumach zu Hilfe und beim Abendessen bemerkte niemand das Fehlen frischer Zitrusfrüchte. Ich serviere diese Jakobsmuscheln auf meiner Apfel-Birnen-Mostarda (Seite 281).

3 BIS 4 VORSPEISEPORTIONEN

- 12 Jakobsmuscheln
- ½ TL feines Meersalz
- ½ TL frisch gemahlener schwarzer Pfeffer
- 1 TL gemahlener Sumach
- 3 bis 4 EL Ghee (Seite 268)
- 250 g Apfel-Birnen-Mostarda (Seite 281)
- 1 EL Wasser (optional)
- 2 EL frischer Koriander oder glatte Petersilie, in feine Streifen geschnitten (optional)

Jakobsmuscheln mit Papiertüchern trockentupfen. Salz, Pfeffer und Sumach in einer kleinen Schüssel vermengen und als Würzmittel auf die Jakobsmuscheln streuen.

Ghee in einer mittelgroßen vorzugsweise gusseisernen Pfanne bei hoher Temperatur erhitzen. Wenn die Pfanne heiß ist und das Ghee zu rauchen beginnt, die Jakobsmuscheln hineinlegen. Auf jeder Seite 1½ bis 2 Minuten anbraten, bis sich eine goldbraune Kruste bildet. Die Jakobsmuscheln auf Papiertüchern abtropfen lassen.

Mostarda in einem kleinen Kochtopf bei mittlerer bis niedriger Temperatur 2 bis 3 Minuten bis kurz vor den Siedepunkt erhitzen (nicht aufkochen). Falls die Mostarda zu dickflüssig ist, geben Sie etwas Wasser dazu. Die Mostarda auf einem Servierteller anrichten und die heißen Jakobsmuscheln darauflegen. Mit Koriander garnieren und sofort servieren.

TIPPS UND TRICKS Die meisten Meeresfrüchte profitieren von einem Hauch Säure. Hier verzichte ich jedoch auf die üblichen Verdächtigen (Zitrone, Limette, Essig) und verwende stattdessen Sumach, ein Alltagsgewürz aus der nordafrikanischen und orientalischen Küche. Die kleinen Sumachfrüchte, die zu Pulver vermahlen werden, verfügen über eine intensive, zitronige Säure und sind damit der ideale Ersatz, falls Zitrusfrüchte einmal nicht vorhanden sind.

Zum Anbraten der Jakobsmuscheln empfehle ich Ghee wegen seiner nussigen Karamellnote, aber Entenfett eignet sich ebenso gut, wenn Sie eine leichte Specknote wünschen. Die Jakobsmuscheln sollten vor dem Braten mit Papiertüchern möglichst ganz trocken getupft werden, damit sie in der Pfanne eine schöne, dunkle Kruste annehmen. Zu diesen Jakobsmuscheln passt eine fruchtige Beilage und meine Apfel-Birnen-Mostarda liefert diese ganz besondere fruchtige Note.

Gegrillte Garnelen in Weinblattpäckchen

In Indien wickelt man Meerestiere wie Fische und Garnelen vor der Zubereitung auf einem heißen Grill traditionell in frische Bananen- oder Kurkumablätter. Das Aroma dringt bei dieser Methode des Dampfgarens in den Fisch ein und außerdem sorgen die Päckchen bei Tisch für Spannung. Da frische Bananen- und Kurkumablätter in Amerika nur selten erhältlich sind (höchstens in asiatischen Supermärkten), nehme ich als Ersatz in Salzlake eingelegte Weinblätter. Als Beilage zu diesen Päckchen serviere ich das Reis-Pilaw (Seite 256) oder Naan (Seite 94). Die naturbelassenen Pistazien können durch ungesalzene geröstete Pistazien ersetzt werden.

7 PORTIONEN

60 ml natives Olivenöl extra

70 g ungesalzene Pistazien, vorzugsweise naturbelassen

2 EL Wasser

2 Serrano-Chilis, bei Bedarf entkernt

1 Stängel Zitronengras (nur weiße Teile)

1 Bund (40 g) frischer Koriander

20 g gebündelter junger Rucola

8 schwarze Pfefferkörner

1 TL feines Meersalz

Saft von 1 Zitrone

14 große Garnelen, geschält und entdarmt

14 in Salzlake eingelegte Weinblätter, auseinandergefaltet und abgetropft

Pflanzenöl zum Bestreichen der Weinblattpäckchen

Olivenöl, Pistazien, Wasser, Serrano-Chilis, Zitronengras, Koriander, Rucola, Pfefferkörner, Salz und Zitronensaft in einem Mixer vermengen. Ein paar Sekunden auf hoher Stufe zu einer groben Paste pürieren. Abschmecken und bei Bedarf nachwürzen. Die Hälfte der Paste in eine große Schüssel umfüllen und den Rest auf einen Servierteller geben.

Garnelen zu der Pistazien-Zitronengras-Paste in die große Schüssel geben. Gründlich vermengen, abdecken und 1 Stunde im Kühlschrank aufbewahren.

In der Zwischenzeit den Grillrost leicht mit Öl bestreichen und den Grill auf hoher Stufe vorheizen. Sieben Bambusspieße 30 Minuten in Wasser einweichen.

Garnelen aus dem Kühlschrank nehmen. Ein Weinblatt mit der glänzenden Seite nach unten flach auf eine saubere Arbeitsfläche legen. Eine marinierte

TIPPS UND TRICKS Frische Kräuter und Zitrusfrüchte erwecken die Garnelen zu neuem Leben. Die Mischung aus Pistazien und Zitronengras mit feurigen Serrano-Chilis verleiht Schärfe und eine cremige Textur. Beim Dampfgaren in den Weinblattpäckchen absorbieren die Garnelen sämtliche in der Marinade enthaltenen Aromen. Auf diese Weise werden die Garnelen weich und zart und schmecken dennoch hocharomatisch.

Garnele mit etwas Marinade mittig darauf platzieren. Die Blattenden über die Garnele falten und dann zu einem kleinen Päckchen zusammenrollen. Einen Bambusspieß durch das Päckchen stecken, sodass es zusammenhält. Die Außenseite des Weinblatts leicht mit Öl bepinseln.

Den Vorgang mit den restlichen Garnelen und Weinblättern wiederholen, dabei zwei Päckchen auf jeden Spieß aufziehen. Die Garnelenpäckchen auf jeder Seite 3 bis 4 Minuten grillen und wiederholt mit Öl bepinseln, falls die Blätter am Rost haften bleiben oder austrocknen. Vom Grill nehmen und heiß servieren, dazu die andere Hälfte der Pistazien-Zitronengras-Paste auf dem Teller als Beilage reichen.

Krabbenküchlein mit Zitronengras und grüner Mango

Meine Mom war so vernarrt in Krabbenküchlein, dass sie manchmal vergaß mitzuzählen, während sie eines nach dem anderen zubereitete. Ich nutzte das zu meinem Vorteil und stibitzte bei jedem Gang durch die Küche ein Küchlein vom Stapel. Sie verlor nie ein Wort darüber, aber ich glaube, sie wusste, was vor sich ging. Das Besondere an diesen Krabbenküchlein ist die Kombination der scharfen und sauren Aromen fein gehackter Thai-Chilis und frischer grüner Mangostücke. Ich verwende normalerweise das Muskelfleisch und Fleischflocken zu gleichen Teilen.

7 Vorspeiseportionen

455 g frisches Krabbenfleisch
4 Schalotten, fein gehackt
2 EL Zitronengras, fein gehackt (nur weiße Teile)
3 EL frische grüne Mango, fein gewürfelt
2 EL frische Korianderblätter
2 Thai-Chilis, bei Bedarf entkernt, fein gehackt
1 EL Dijon-Senf
1 TL Koriandersamen
1 TL Garam Masala, selbst gemacht (Seite 263) oder gekauft
1 ganze Limette, plus 2 Limetten, in Spalten geschnitten (optional)
½ TL feines Meersalz
35 g trockenes Paniermehl
2 große Eigelbe
Pflanzenöl zum Braten
Süß-rauchige Tahin-Soße (Seite 278) oder Yuzu-Ponzu-Soße mit angeschmortem grünem Knoblauch (Seite 277), zum Servieren (optional)

Krabbenfleisch, Schalotten, Zitronengras, Mango, Koriander, Thai-Chilis und Senf in einer großen Schüssel vermengen. Koriandersamen in einem Mörser oder einer Gewürzmühle zu grobem Pulver vermahlen und zusammen mit dem Garam Masala an das Krabbenfleisch geben. Schale von der Limette raspeln und die ganze Limette entsaften. 1 TL Schale und 1 EL Saft an das Krabbenfleisch geben und Reste von Schale und Saft entsorgen. Salz und Paniermehl dazugeben und behutsam, aber gründlich vermengen. Eigelbe dazugeben und unter die Krabbenfleischmischung heben. Die Mischung in vierzehn gleiche Teile aufteilen und runde Küchlein mit 2,5 cm Dicke und 5 cm Durchmesser daraus formen.

1 bis 1½ EL Öl in einer mittelgroßen gusseisernen oder antihaftbeschichteten Pfanne bei mittlerer bis niedriger Temperatur erhitzen. Vier Küchlein in die Pfanne geben und auf jeder Seite 2½ bis 3 Minuten braten, bis sie goldbraun und knusprig sind. Auf Papiertüchern abtropfen lassen. Auf einem Teller anrichten und nach Belieben Limettenspalten und Soße als Beilage reichen.

TIPPS UND TRICKS Anfang des Sommers tauchen auf den Märkten in Indien die ersten jungen grünen Mangos auf. Diese unreifen Mangos haben einen ausgeprägten sauren, fruchtigen Geschmack und ihr Fleisch ist zart, aber dennoch fest. Grüne Mangos finden oft in der goanischen Küche Anwendung, vor allem in Verbindung mit Meeresfrüchten. Frische Mangos harmonieren ausgezeichnet mit scharfen Chilis, während Zitronengras, Limette und Koriander das Aroma der Krabbenküchlein zusätzlich unterstreichen.

Bratkrabbe mit Ingwer und Knoblauch

Nachdem ich Blaukrabben in Maryland, Taschenkrebse in San Francisco und Mangrovenkrabben in Bombay gegessen habe, bin ich umso mehr davon überzeugt, dass die Bewohner der Küsten an beliebigen Orten in beliebigen Ländern dieser Erde die Krebssaison mit Inbrunst zelebrieren. Ich breche die Krabben immer vorsichtig auf, um das saftige, zarte Fleisch im Innern des Panzers nicht zu verletzen. Besonders lecker schmecken gebratene Krabben mit dieser hocharomatischen Soße aus Ingwer, Knoblauch, Chilis und, wie könnte es anders sein, einem Spritzer Limettensaft.

2 Portionen

2 TL feines Meersalz

1,8 kg lebende Krabben

60 ml Pflanzenöl

140 g rote Zwiebeln, fein gewürfelt

1 TL Korianderpulver

35 g Knoblauch, fein gehackt

25 g frischer Ingwer, geschält und geraspelt

2 Serrano-Chilis, bei Bedarf entkernt, fein gehackt

½ TL frisch gemahlener schwarzer Pfeffer

1 TL Jaggery oder brauner Zucker

Saft von 1 Limette

2 EL frischer Koriander, gehackt

Gekochter Reis, Pilaw (Seite 256) oder Brot, z. B. Naan (Seite 94), zum Servieren

Eis und reichlich kaltes Wasser in eine große Schüssel füllen. Beiseitestellen, bis das Eisbad gebraucht wird.

Wasser mit 1 TL Salz in einem großen Suppentopf bei hoher Hitze sprudelnd aufkochen. Die Krabben hineinwerfen und etwa 10 Minuten kochen, bis ihre Panzer sich orange färben. Mit einem Schaumlöffel oder einer Zange herausnehmen und in das Eisbad legen. Wenn die Krabben soweit abgekühlt sind, dass sie mit den Händen berührt werden können, das Eiswasser abgießen. Die Krabben sollen von einem Teil ihrer Panzer befreit werden, dafür jeweils die obere Hälfte des Panzers, die weißen schwammartigen Kiemen, die grünlich-braune Leber und die Mundteile entsorgen. Das weiche, gelbe Krabbenfett kann nach Belieben in der Krabbe verbleiben, wodurch diese einen intensiveren Geschmack erhält. Die Krabben umdrehen und mit einem Küchenbeil oder einem großen Küchenmesser entlang der Mittellinie längs halbieren. Den Panzer mit einem Fleischklopfer leicht aufbrechen.

Fortsetzung folgt

TIPPS UND TRICKS Durch die starke Hitze bei der Zubereitung dieses Gerichts geben die Gewürze, Zwiebeln, der Knoblauch und Ingwer ihr Aroma und ihre Würze ab. Außerdem begünstigt die hohe Temperatur den Karamellisierungsprozess, wodurch bittersüße Geschmacksnoten entstehen.

Einen großen gusseisernen Topf (Dutch Oven), Suppentopf oder Wok bei hoher Temperatur erhitzen und das Öl hineingießen. Wenn das Öl heiß ist, die Zwiebeln dazugeben und 4 bis 5 Minuten glasig garen. Koriander, Knoblauch, Ingwer und Chilis dazugeben und 30 bis 45 Sekunden anbraten, bis die Zutaten aromatisch duften. Die Krabben, Pfeffer, Jaggery und 1 TL Salz dazugeben. Behutsam umrühren, bis die Krabben vollständig mit der Würze vermengt sind, dann die Hitze reduzieren. Bei niedriger Temperatur abgedeckt unter gelegentlichem Rühren 12 bis 15 Minuten köcheln lassen, bis die Flüssigkeit im Topf größtenteils verdampft ist und das Öl sich von der Zwiebelmischung abgesetzt hat. Vom Herd nehmen. Die Krabben mit Limettensaft beträufeln und mit frischem Koriander garnieren. Heiß mit Reis, Pilaw oder Brot servieren.

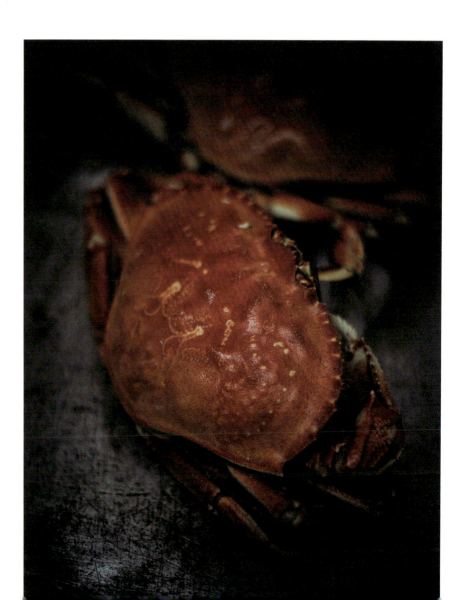

Tandoori-Schwertfischsteaks

Schwertfischsteaks vertragen sich erstaunlich gut mit Marinaden, besonders in diesem Fall. Die Anzahl der Gewürze in der Joghurtmarinade mag zunächst entmutigen, aber die meisten davon bewahren Sie ohnehin in Ihrem Vorrat auf. Als Beilage serviere ich ein Kürbis-Knoblauchpüree, das ich mit ein paar Tropfen mit Serrano-Chilis und ganzen Gewürzen aromatisiertem heißen Kokosöl beträufle. Für eine schöne dunkelrote Färbung des Fischfleisches raspeln Sie zusätzlich 2 bis 3 EL klein geschnittene gekochte rote Beete in den Joghurt und fahren dann wie beschrieben fort.

2 PORTIONEN

Kürbis-Knoblauchpüree

1 kleiner Kürbis (ca. 680 g)

2 EL natives Olivenöl extra

8 Knoblauchzehen, in Scheiben geschnitten

4 schwarze Pfefferkörner

120 ml Wasser

1 TL feines Meersalz

Schwertfischsteaks

2 EL griechischer Naturjoghurt

1 EL frischer Zitronensaft

2 Knoblauchzehen, gehackt

2 ganze Nelken

Saat von 1 grünen Kardamomkapsel, zerstoßen

1 TL feines Meersalz

1 Stück (12 mm) frischer Ingwer, geschält und klein geschnitten

½ TL gemahlene Kurkuma

½ TL Koriandersamen

½ TL gemahlener Kashmiri-Chili

½ TL Paprikapulver

½ TL frisch gemahlener schwarzer Pfeffer

2 Schwertfischsteaks, je ca. 230 g und 2,5 cm dick

2 EL Pflanzenöl, plus extra zum Grillen

Fortsetzung folgt

TIPPS UND TRICKS Joghurt enthält Säure und eignet sich daher gut zum Marinieren von Fisch, während die Gewürze für ein ausgeprägtes Aroma sorgen. Ich gebe ganze Gewürze ungeröstet an die Marinade, weil sie später auf dem heißen Grill schmoren und durch ein zu frühes Erhitzen an Wirkung einbüßen würden. Milde Nahrungsmittel wie Kürbisse und selbst Kartoffeln erhalten einen Aromakick, wenn Sie heißes Öl mit Gewürzen aromatisieren und dann das Gewürzöl darüberträufeln, so wie in diesem Rezept.

Kokosöl zum Beträufeln

2 EL Kokosöl

1 TL Schwarzkümmelsamen

1 TL Kreuzkümmelsamen

1 TL Koriandersamen

2 Serrano-Chilis, längs halbiert

Meersalzflocken

Kürbispüree zubereiten: Backofen auf 220 °C vorheizen. Kürbisstrunk abschneiden und den Kürbis entlang dem Äquator halbieren. Die Kerne mit einem großen Löffel herauskratzen. Die Kürbishälften mit der Fleischseite nach oben auf ein Backblech legen und mit Olivenöl bepinseln. Knoblauch und Pfefferkörner darüberstreuen. 35 bis 40 Minuten im Ofen rösten. Aus dem Ofen nehmen und 8 bis 10 Minuten abkühlen lassen. Fruchtfleisch herauskratzen und Schalen entsorgen. Das Fruchtfleisch (zusammen mit dem Knoblauch und den Pfefferkörnern) in einen Mixer oder eine Küchenmaschine geben. Wasser und Salz dazugeben und zu einem glatten Püree verarbeiten. Abschmecken und bei Bedarf nachwürzen. In eine Servierschüssel oder auf einen Serviertelller umfüllen und warmhalten.

Schwertfisch zubereiten: Während der Kürbis im Ofen gart, alle Zutaten außer dem Fisch und dem Öl in einen sauberen Mixer geben. Zu einer homogenen Masse pürieren. Die Fischsteaks mit Papiertüchern trockentupfen und auf einen großen Teller legen. Jede Steakseite mit der Marinade einreiben und mit Frischhaltefolie abdecken. 1 Stunde im Kühlschrank aufbewahren. Die Gitterstäbe eines Grills leicht mit Öl bestreichen und den Grill auf hoher Stufe vorheizen. Jede Steakseite mit 1½ TL Öl beträufeln und die Steaks auf den heißen Grill legen. Jede Seite 4 bis 5 Minuten grillen, bis sich diese leicht von den Gitterstäben lösen lässt. (Die Steaks nicht öfter als nötig bewegen, da sie sonst auseinanderreißen.) Den Fisch wenden und weitere 4 bis 5 Minuten grillen, bis sich das Fleisch auf leichten Druck fest anfühlt. Wer eine Grillpfanne verwendet, sollte diese bei hoher Temperatur erhitzen, den Boden leicht mit Öl bedecken und den Fisch darin braten. Die gegrillten Fischsteaks zu dem vorbereiteten Kürbispüree auf den Serviertelller legen.

Kokosöl zubereiten: Kokosöl in einem kleinen Kochtopf bei mittelhoher Temperatur schmelzen. Schwarzkümmelsamen, Kreuzkümmelsamen, Koriandersamen und Serrano-Chilis dazugeben und 30 bis 45 Sekunden anbraten, bis die Zutaten aromatisch duften. Das Kürbispüree damit beträufeln, ein paar Salzflocken darüberstreuen und sofort servieren.

Red Snapper mit Kurkuma-Chili-Bratwürze und Melonen-Salsa

In westlichen Ländern stopft man vor dem Grillen üblicherweise Zitronenscheiben in den Fisch. In der Küstenregion von Goa gilt Essig als Säure der Wahl. Goanischer Essig ist ein Fermentationsprodukt und basiert normalerweise auf Toddy, dem Saft der Kokospalme. Dieser Fisch lässt sich unkompliziert zubereiten, aber das Ergebnis ist grandios.

2 PORTIONEN
___

Mais- und Melonen-Salsa

270 g frische gelbe Maiskörner

270 g reife Cantaloupe-Melone, gewürfelt

2 EL Schalotte, fein gehackt

2 EL frische Korianderblätter

1 Serrano-Chili, bei Bedarf entkernt, fein gehackt

2 EL frischer Limettensaft

½ TL *kala namak* (indisches Schwarzsalz) oder feines Meersalz

Red Snapper

2 EL Kokosessig oder Apfelessig

1 TL gemahlene Kurkuma

1 TL Cayennepfeffer

1 TL feines Meersalz

1 (910 g) ganzer Snapper, gesäubert und entschuppt

2 EL natives Olivenöl extra

1 Limette, geviertelt

Salsa zubereiten: Wasser in einen mittelgroßen Topf füllen und bei hoher Temperatur aufkochen. Mais dazugeben und 3 bis 4 Minuten kochen, bis er gar ist. Abtropfen lassen und den Mais in eine große Schüssel umfüllen. Melone, Schalotte, Koriander, Serrano-Chili, Limettensaft und Schwarzsalz dazugeben. Abschmecken und bei Bedarf nachwürzen. Die Schüssel abdecken und mindestens 30 Minuten im Kühlschrank aufbewahren.

Fisch zubereiten: Backofen auf 190 °C vorheizen. Essig, Kurkuma, Cayennepfeffer und Salz in einer kleinen Schüssel vermengen und beiseitestellen. Den Fisch mit einem scharfen Schälmesser entlang der dorsalen (oberen) Seite einschneiden, dabei auf einen Abstand von ca. 2,5 cm zu Schwanz- und Kopfende achten, und eine tiefe Tasche zwischen dem Fleisch und dem Rückgrat erzeugen.

TIPPS UND TRICKS Wenn ich Fisch vor dem Braten würze, lege ich Wert darauf, dass die Gewürze mit dem Fleisch in Kontakt kommen und vollständig absorbiert werden. Also fülle ich die Gewürzmischung nicht wie allgemein üblich in den Hohlraum des Körpers, sondern ich schlitze den Fisch oben längs auf. Das Fleisch liegt nun frei und die Gewürze können leichter eindringen. Die Schärfe von gemahlener Chiliwürze und die Hitze beim Servieren des Fisches gleiche ich mit einer kalten, fruchtigen Salsa aus. Die Verbindung von süßem Mais mit Melone, Limettensaft und salzigem *kala namak* ergibt eine leichte, erfrischende Mahlzeit.

In eine Backform legen. Das Fischfleisch in der Tasche oben und unten mit der Essig-Gewürzmischung bestreichen. Luftdicht mit Frischhaltefolie abdecken und 30 Minuten im Kühlschrank aufbewahren.

Die Haut auf beiden Seiten mit Olivenöl bestreichen. Den Fisch 10 bis 15 Minuten braten oder bis die Haut knusprig und das Fleisch weiß und nicht mehr glasig ist und sich leicht auseinandernehmen lässt. Heiß oder warm servieren und die Salsa und Limettenspalten als Beilage reichen.

Koriander-Gravlax

Als ich zum ersten Mal die in Diana Henrys Kochbuch *Salt Sugar Smoke* beschriebene Zubereitung von Gravlax umsetzte, entwickelte ich eine Faszination für die Methode des Beizens von Fisch mit Salz. Die Ergebnisse sind wirklich erstaunlich. Hier entziehen Salz und Zucker dem fettigen Lachs einen Großteil seiner Flüssigkeit, während das Fleisch die Aromen der Gewürze aufnimmt. Sie können die Teeblätter von Darjeeling durch Lapsang Souchong ersetzen, wenn Sie ein rauchigeres Aroma und kräftigere Umami-Noten bevorzugen. Diesen Gravlax lege ich in dünnen Scheiben zusammen mit einem Klacks scharfem grünem Chutney (Seite 277) oder süß-rauchiger Tahin-Soße (Seite 278) auf Bagels oder geröstetes Sauerteigbrot und lege abschließend feine Schalottenröllchen oder dünne Scheiben roter Zwiebeln als Garnitur darauf.

4 bis 6 Portionen (455 g Lachs)

2½ EL Teeblätter der Sorte Darjeeling
1 EL schwarze Pfefferkörner
1 EL Koriandersamen
85 g Himalaya-Salz (grobe Körner)
1 EL Zucker
Schale von 1 Zitrone
455 g Lachsfilets in Sashimi-Qualität, mit Haut
1 EL Pernod oder reiner Wodka

Für die Beizmischung Teeblätter, Pfefferkörner und Koriander in einem Mörser oder einer Gewürzmühle zu einem groben Pulver vermahlen. In eine kleine Schüssel umfüllen und rosafarbenes Salz, Zucker und Zitronenschale dazugeben und gut verrühren.

Den Lachs mit Papiertüchern trockentupfen. Den Fisch von Stehgräten und Schuppen befreien. Ein ausreichend großes Blatt Aluminiumfolie zum Einwickeln des ganzen Lachses abschneiden. Den Lachs mit der Hautseite nach unten mittig auf die Folie legen und mit Pernod bestreichen. Den Fisch mit der Beizmischung bestreuen und die Mischung gleichmäßig verteilen. Dann den Fisch luftdicht in die Folie einwickeln und auf einen Teller oder in eine Backform legen. Den eingewickelten Fisch mit einem Gewicht beschweren und 36 bis 48 Stunden im Kühlschrank aufbewahren, dabei regelmäßig wenden, um die Beizmischung neu zu verteilen. Nach dem Beizen fühlt sich der Fisch auf leichten Druck fest an. Die Folie öffnen, die Beizmischung vom Lachs abschaben und angesammelte Flüssigkeiten entsorgen. Wer es nicht ganz so salzig mag, spült den Fisch mit kaltem gefiltertem Wasser ab und tupft ihn trocken.

Den Gravlax zum Servieren mit einem scharfen Messer in einem 45-Grad-Winkel entgegen der Faser in dünne Scheiben schneiden und die Scheiben auf einen Servierteller legen. Der gebeizte Fisch hält normalerweise ein paar Tage im Kühlschrank, muss aber entsorgt werden, sobald er schlecht riecht.

TIPPS UND TRICKS Für die Zubereitung von Gravlax wird öliger Fisch, zum Beispiel Lachs, mit einer Mischung aus Salz und Zucker zum Entzug der Feuchtigkeit leicht gebeizt. Essenzielle Öle von Pfefferkörnern, Koriander und Zitrone dringen während des Beizens in den Fisch ein und würzen diesen Gravlax auf besonders aromatische Weise.

KAPITEL 5: **EIER + GEFLÜGEL**

Es gibt unzählige Möglichkeiten, Eier zu würzen. Natürlich mag ich gekochte Frühstückseier mit Salzflocken und schwarzem Pfeffer, aber manchmal ziehe ich eine Prise Zatar (Seite 264) oder gerösteten gemahlenen Kreuzkümmel und Koriander vor. Diese Gewürze heben sich leuchtend von dem warmen, flüssigen Eigelb ab. Weich gekochten Eiern, die in der Schale noch friedlich ihr Dasein fristen, verschaffe ich zuweilen mit knusprig gebratenen Pancettawürfeln einen Aromakick. Ein anderes Mal beträufle ich die hart gekochten Eier zum Frühstück großzügig mit grünem Chutney (Seite 277) und ein paar Tropfen gutem Olivenöl und knabbere dazu gebuttertes Röstbrot.

Auch Huhn und Pute zählen wie Eier zu den unglaublich vielseitigen Lebensmitteln. Bei uns zu Hause in Indien kam Huhn in großen Mengen auf den Tisch, aber den Truthahn lernte ich erst in den Vereinigten Staaten kennen. Ich erkannte schnell, dass die Rezepte für Huhn und Pute trotz der Unterschiede in Größe und Geschmack austauschbar und leicht anzupassen sind. Die meisten Rezepte in diesem Kapitel eignen sich somit gleichermaßen für die Zubereitung von sowohl Huhn als auch Pute. Gegrillte Hähnchen- oder Putenstücke zum Mittagessen müssen nicht langweilig sein. Geben Sie ein paar Tropfen Chiliöl oder geröstetes Sesamöl oder ein paar eingelegte Zitronen (Seite 274) dazu und packen Sie es dann zwischen zwei dicke Röstbrotscheiben.

Die Vögel sollten möglichst mit Haut zubereitet werden. Die Haut enthält viel Fett, das als Geschmacksverstärker dient. Außerdem schützt sie das Fleisch während des Bratens, und wem läuft bei dem Gedanken an die großartige Textur von knuspriger Haut nicht das Wasser im Mund zusammen (spontan fallen mir hier Brathähnchen oder Chicken Wings ein). In manchen Regionen Indiens betrachtet man die Haut von Federvieh traditionell als unrein und Sie werden feststellen, dass einige Marinaden (besonders solche auf Joghurt- oder Zitrusbasis) zutatenbedingt direkt in das Gewebe eindringen müssen.

Wann immer sich die Möglichkeit bietet, bereite ich das Huhn oder die Pute mit Knochen zu. Das trägt zu einer Geschmacksverbesserung bei, bewahrt die Feuchtigkeit und wertet optisch auf, denn ein knochenloses Stück Fleisch bietet oft einen trostlosen Anblick.

Beim Einkauf von Geflügel und Eiern achte ich sorgfältig auf meine Quellen und ich kann diese Methode nur empfehlen. Informieren Sie sich, wie die Hühner untergebracht sind, welches Futter sie bekommen und wie viele Stunden am Tag sie freien Auslauf haben. Nur mit umfangreichen Informationen können Sie ein guter Konsument und ein noch besserer Koch sein!

Frittata nach Bombay-Art

Fast jeden Sonntag brachte meine Mom gebutterte heiße Röstbrotscheiben, warmen Chai und Omeletts oder Rührei gewürzt mit Garam Masala auf den Tisch. Heute verwende ich Garam Masala zusammen mit Kurkuma und Chiliflocken zum Würzen meiner Frittatas. Als leckere Ergänzung eignen sich gehackte knusprige Speckstücke oder kurz gebratener Lauch.

6 Portionen

12 große Eier

100 g Kefir-Crème fraîche (Seite 260) oder gekaufte Crème fraîche

70 g rote Zwiebeln, fein gehackt

2 Frühlingszwiebeln, in feine Ringe geschnitten (weiße und grüne Teile)

2 Knoblauchzehen, in dünne Scheiben geschnitten

4 EL frische Korianderblätter

½ TL Garam Masala, selbst gemacht (Seite 263) oder gekauft

½ TL feines Meersalz

½ TL frisch gemahlener schwarzer Pfeffer

½ TL gemahlene Kurkuma

¼ TL getrocknete rote Chiliflocken

2 EL Ghee (Seite 268) oder Pflanzenöl

30 g Panir (Seite 260) oder Feta, zerbröselt

Einen Rost in das obere Drittel des Ofens einsetzen und den Backofen auf 180 °C vorheizen.

Eier, Crème fraîche, Zwiebeln, Frühlingszwiebeln, Knoblauch, Koriander, Garam Masala, Salz, Pfeffer, Kurkuma und Chiliflocken in einer großen Schüssel mit einem Schneebesen oder einer Gabel verquirlen; nicht zu stark quirlen.

Ghee in einer ofenfesten, zum Beispiel gusseisernen Pfanne (30,5 cm Durchmesser) bei mittelhoher Temperatur erhitzen, dabei die Pfanne leicht kippen, um das Fett gleichmäßig zu verteilen. Sobald das Ghee Blasen wirft, die Ei-Mischung in die Mitte der Pfanne gießen und die Pfanne schwenken, um die Mischung gleichmäßig zu verteilen. Etwa 5 Minuten ungestört stocken lassen, bis die Frittata am Boden und am Rand fest wird, an der Oberfläche aber noch leicht glibberig ist. Panir darüberstreuen und die Pfanne in den Ofen stellen. 20 bis 25 Minuten goldbraun backen. Warm servieren.

TIPPS UND TRICKS Ich gebe die Zwiebeln und Aromastoffe ungeröstet an die Eier, damit sie ihre Intensität und Bissfestigkeit bewahren. Als Fett verwende ich Ghee, weil seine geschmacksintensive, nussige Note gut mit dem Garam Masala harmoniert.

Ofen-Eier mit Artischockenherzen

Ofen-Eier beglücken das Auge und lassen sich vielseitiger verwenden als angenommen. Ich toppe damit eine unvorstellbare Menge herzhafter Speisen, so auch dieses zu jeder Tageszeit beliebte Gericht. Hier thronen die Eier auf einer schmackhaften Kombination aus Artischockenherzen und Brot und alle Zutaten wandern gleichzeitig in den Ofen. Dieses schnelle Mittagessen unter der Woche belohnt in mehrfacher Hinsicht.

2 bis 4 Portionen

- 2 EL Ghee (Seite 268), geschmolzen, plus extra zum Einfetten der Form
- 6 schwarze Pfefferkörner
- 2 ganze Nelken
- ¼ TL Bockshornkleesamen
- ⅛ TL gemahlene Muskatnuss
- 1 Dose (400 g) geviertelte Artischockenherzen in Wasser eingelegt, abgetropft
- 60 g altes Krustenbrot, z. B. Sauerteigbrot, in 12 mm dicke Würfel geschnitten
- 80 g geriebener Mozzarella
- 4 Knoblauchzehen, fein gehackt
- 2 EL Schalotte, fein gehackt
- 2 EL frischer Zitronensaft
- 1 EL frischer Schnittlauch, fein gehackt
- 1 Serrano-Chili, bei Bedarf entkernt, fein gehackt
- ½ TL feines Meersalz
- 4 große Eier

Backofen auf 190 °C vorheizen. Eine runde Kuchen- oder Springform (23 cm Durchmesser) mit Ghee einfetten.

Pfefferkörner, Nelken und Bockshornklee in einem Mörser oder einer Gewürzmühle zu einem feinen Pulver vermahlen. In eine große Schüssel umfüllen und Muskatnuss, 2 EL Ghee, Artischockenherzen, Brotwürfel, Mozzarella, Knoblauch, Schalotten, Zitronensaft, Schnittlauch, Serrano-Chili und Salz dazugeben. Abdecken und bei Raumtemperatur 30 Minuten ruhen lassen.

Die Brot-Artischocken-Mischung in der Kuchenform verteilen. Eier auf die Oberfläche aufschlagen und die Form in den Backofen stellen. 16 bis 18 Minuten backen, bis das Brot sich goldbraun färbt und die Eier die bevorzugte Konsistenz haben. (Für hart gekochte Eier geben Sie ein paar Minuten dazu.) Heiß servieren.

TIPPS UND TRICKS Diese einfache und bescheidene Mahlzeit steckt voller Aroma. Das Brot muss die Gewürze vollständig aufnehmen, deshalb ist die 30-minütige Ruhezeit vor der Zugabe der Eier unbedingt einzuhalten. Nelken, Bockshornklee, Muskatnuss, Knoblauch und Ghee verleihen allesamt komplexe Geschmacksnoten, während der Zitronensaft die Aromen auflockert und die Intensität durchbricht.

Eiersalat mit geröstetem Koriander

Wenn Sie mich fragen, was ich am liebsten zu einem Picknick oder auf einen Ausflug mitnehme, fallen mir spontan Sandwichs mit Eiersalat und eisgekühlte Flaschen Limonade ein. Ich habe mein Rezept für Eiersalat im Laufe der Zeit perfektioniert. Dieses hier ist nicht zu cremig und enthält die leichte Schärfe von Thai-Chili und scharfer Soße.

4 Portionen (450 g Eiersalat)

- 1 EL Koriandersamen
- 6 hart gekochte Eier (Seite 255), geschält und grob gehackt
- 60 g Mayonnaise
- 4 geröstete Knoblauchzehen (Seite 259), zerdrückt
- 1 Thai-Chili, entkernt und fein gehackt
- 2 EL frischer Schnittlauch, fein gehackt
- 1 EL Kapern, abgetropft
- 1 TL feines Meersalz
- ½ TL frisch gemahlener schwarzer Pfeffer
- 1 EL scharfe Soße (optional)
- 8 dicke Scheiben Vollkornbrot

Eine kleine Pfanne bei mittelhoher Temperatur erhitzen. Koriandersamen hineingeben und 30 bis 45 Sekunden rösten, bis sie aromatisch duften, dabei die Samen gelegentlich umrühren, um eine gleichmäßige Röstung zu erhalten. In einen Mörser oder eine Gewürzmühle umfüllen und zu einem groben Pulver vermahlen.

Korianderpulver in eine mittelgroße Schüssel umfüllen und Eier, Mayonnaise, Knoblauch, Chili, Schnittlauch, Kapern, Salz, Pfeffer und scharfe Soße (falls verwendet) dazugeben. Mit einem Kartoffelstampfer zerdrücken und gut vermengen. Abschmecken und bei Bedarf nachwürzen.

Den Eiersalat auf vier Brotscheiben aufteilen und gleichmäßig verstreichen. Jeweils mit einer weiteren Brotscheibe bedecken, nach Belieben halbieren und servieren.

TIPPS UND TRICKS Dieser Eiersalat enthält die salzige Essenz von Kapern und etwas scharfe Soße als Ausgleich für die cremige Textur der Eier und Mayonnaise. Aber es ist die Rauchigkeit der gemahlenen gerösteten Koriandersamen, die den Eiersalat zu etwas ganz Besonderem macht. Koriandersamen erhalten beim Rösten eine leicht rauchige Note, die das Aromaprofil dieses Salates um Längen aufwertet.

Gefüllte Eier mit cremigem Tahin und Zatar

Seit ich mit einem Südstaatler verheiratet bin, habe ich mehr gefüllte Eier zubereitet, als ich zählen kann. Allerdings immer unter einer Bedingung: Michael muss die Eier kochen und schälen und ich erledige den Rest. Das ist echte Teamarbeit! Die Zubereitung gefüllter Eier kann abschreckend wirken und zuweilen kompliziert sein, aber sie verzeihen auch jede Menge Fehler. Der eigenen Kreativität sind keine Grenzen gesetzt: Verteilen Sie die Füllung mit einer originellen Spritztülle auf dem Ei oder ganz banal mit einem Löffel. Michael ist ein großer Fan von Eiern und Hummus in jeder Form und seine Begeisterung hat mich zu diesem Rezept inspiriert. Am liebsten garniere ich die Eier mit indischem Senf, der mich geschmacklich an Meerrettich erinnert. Sie bekommen ihn in den meisten asiatischen Lebensmittelgeschäften oder auf dem Bauernmarkt.

4 bis 6 Portionen (12 gefüllte Eier)

6 hart gekochte Eier (Seite 255)

60 g griechischer Vollfett-Naturjoghurt

60 ml Walnussöl oder natives Olivenöl extra

2 EL Tahin

1 EL frischer Zitronensaft

1 TL Zatar, selbst gemacht (Seite 264) oder gekauft

½ TL feines Meersalz

½ TL gemahlener weißer Pfeffer

1 EL frischer Schnittlauch, fein gehackt

12 Blätter von jungem braunen Senf

Eier schälen und mit einem scharfen Messer längs halbieren. Eigelbe mit einem Teelöffel vorsichtig herausheben und in eine große Schüssel geben. Joghurt, Walnussöl, Tahin, Zitronensaft, Zatar, Salz und Pfeffer dazugeben. Die Zutaten 3 bis 4 Minuten zu einer luftig-cremigen, klumpenfreien Konsistenz pürieren. Abschmecken und bei Bedarf nachwürzen.

Die Eigelbmischung in einen Spritzbeutel mit großer Sterntülle füllen. Die Füllung in den Hohlraum der Eiweißhälften drücken. Mit frischem Schnittlauch und Senfblättern garnieren. Am besten schmecken gefüllte Eier am Tag der Zubereitung.

TIPPS UND TRICKS Die reichhaltige, cremige Füllung wird aufgewogen durch die Säure von Joghurt, Zitronensaft und Sumach sowie dem lebhaften Charakter von Zatar. Die Senfblätter geben den Eiern einen pfeffrigen Biss.

Brathähnchen mit scharfem grünen Chutney

Wenn ich am Wochenende Zeit habe, brate ich Hähnchen und das zahlt sich unter der anstrengenden Woche mehrfach aus. Von einem ganzen Huhn werden eine ganze Menge Menschen satt und da wir nur zu zweit sind, reicht es sogar mehrere Tage. Außerdem kann ein Brathähnchen unendlich viele Gerichte bereichern, darunter einen Salat (Seite 148), belegte Brote, Makkaroni-Käse-Auflauf usw. – es gibt unzählige Möglichkeiten. Für dieses raffinierte Brathähnchen reibe ich das Fleisch mit grünem Chutney ein und reiche das Chutney zusätzlich als Dip.

6 Portionen

1 ganzes Brathähnchen (2,3 kg)

375 g scharfes grünes Chutney (Seite 277)

Kosher Salz

480 ml natriumarme Hühnerbrühe

Das Hähnchen in einen großen Bräter oder eine Backform legen und mit Papiertüchern trockentupfen. Die Haut lockern, dafür mit den Fingern zwischen Haut und Fleisch entlangfahren. 125 g Chutney in das Fleisch einmassieren, dabei das Chutney möglichst gleichmäßig verteilen. Die Haut großzügig mit Salz einreiben. Den Bräter mit Frischhaltefolie abdecken und das Hähnchen mindestens 2 Stunden oder bevorzugt über Nacht im Kühlschrank marinieren.

Einen Rost in das obere Drittel des Ofens einsetzen und den Backofen auf 200 °C vorheizen. Die Frischhaltefolie vom Bräter abnehmen und Brühe hineingießen. Das Hähnchen mindestens 2 Stunden braten und alle 15 bis 20 Minuten mit der Brühe begießen, bis die Innentemperatur auf einem digitalen Küchenthermometer 74 °C anzeigt und die Haut sich goldbraun färbt. Aus dem Ofen nehmen und das Hähnchen auf einen Servierteller legen. Locker mit Folie abdecken und 10 Minuten ruhen lassen. (Angesammelte Flüssigkeit aus dem Bräter auffangen und für künftige Verwendung, z. B. als Suppe, abgedeckt im Kühlschrank oder Tiefkühler aufbewahren.)

Das Hähnchen warm servieren, dazu die restlichen 250 g grünes Chutney als Beilage zum Dippen reichen.

TIPPS UND TRICKS Ein ganzes Huhn kann mit fast jeder pikanten Würze oder Lieblingssoße aromatisiert werden. Der Trick besteht darin, die Soße zwischen die Haut und das Fleisch zu bringen, denn die Fettschicht in der Haut bewahrt die Feuchtigkeit des Hähnchens, während die in der Marinade enthaltenen Aromen (in diesem Fall das grüne Chutney) in das Fleisch eindringen. Die Kombination aus Gewürzen und Säure im Chutney unterstützt den Garprozess des Hähnchens und trägt gleichzeitig zu seiner Aromatisierung bei. Wenn Sie das Hähnchen mit Bratenfett und Brühe begießen, erhalten Sie ein zartes, saftiges und schmackhaftes Fleisch.

Hühnersalat mit Crème Fraîche

Ich peppe meinen Hühnersalat gerne mit scharfen, süßen und sauren Aromen auf. Der Salat schmeckt pur oder als Belag zwischen dicken Scheiben von Sauerteigbrot, die ich mit Röstknoblauch (Seite 259) oder scharfem grünen Chutney (Seite 277) und hochwertiger Sauerrahmbutter bestreiche. Ich verwende Zuckerrohrmelasse, die wir direkt vom Hof von Michaels Eltern beziehen. Als Ersatz tut es auch ungeschwefelte Melasse, die heller und süßer ist als die zu bittere reguläre Zuckerrohrmelasse.

4 Portionen (680 g Hühnersalat)

- 2 EL natives Olivenöl extra
- 2 Hühnerbrüste (insgesamt 340 g), ohne Knochen und ohne Haut
- Salz und gemahlener weißer Pfeffer
- ¼ TL Anardana (ganze Granatapfelkerne)
- ½ TL Koriandersamen
- 200 g Kefir-Crème fraîche (Seite 260)
- 240 g griechischer Naturjoghurt
- 1 EL frischer Zitronensaft
- 1 EL ungeschwefelte Melasse
- ¼ TL Cayennepfeffer
- 70 g Cashews, gehackt
- 2 EL getrocknete Heidelbeeren
- 1 Thai-Chili, bei Bedarf entkernt, fein gehackt
- 2 EL Schalotte, fein gehackt
- 2 EL Selleriekraut, in feine Streifen geschnitten (Julienne)
- 2 EL Karottenkraut, in feine Streifen geschnitten (Julienne)
- 8 Scheiben Sauerteigbrot, geröstet, zum Servieren
- Tabasco oder scharfe Lieblingssoße zum Servieren (optional)

Olivenöl in einer mittelgroßen Pfanne bei mittelhoher Temperatur erhitzen. Hühnerbrüste mit Papiertüchern trockentupfen und beidseitig salzen und pfeffern. Jede Seite 5 bis 6 Minuten braten, bis eine gleichmäßige Bräunung erzielt ist und die Innentemperatur auf einem digitalen Küchenthermometer 74 °C anzeigt. Hühnerbrüste auf einen Teller oder ein Schneidbrett legen, abdecken und vollständig abkühlen lassen. In 12 mm dicke Würfel schneiden und beiseitestellen. (Das Huhn kann 1 Tag im Voraus zubereitet und abgedeckt im Kühlschrank aufbewahrt werden.)

Eine kleine Pfanne bei mittelhoher Temperatur erhitzen. Anardana und Koriandersamen 30 bis 45 Sekunden rösten, bis sie aromatisch duften, dabei die

TIPPS UND TRICKS Geröstete Anardana und Koriandersamen schmecken rauchiger und nussiger und dieses Aroma wird durch das Fett im Joghurt und in der Crème fraîche intensiviert. Cashews, getrocknete Heidelbeeren und fein gehackte Chilis verschaffen einen Aromakick und Textur. Ich tausche die Rosinen hier durch getrocknete Heidelbeeren aus, weil sie mit ihrer leicht herben Note nicht ganz so süß sind. Wenn Sie anstatt der ungeschwefelten Melasse Granatapfelmelasse verwenden, erhält der Salat eine zusätzliche fruchtige Dimension.

Gewürze gelegentlich umrühren, um eine gleichmäßige Röstung zu erhalten. Vom Herd nehmen, in einen Mörser oder eine Gewürzmühle umfüllen und zu einem groben Pulver vermahlen. In eine große Schüssel umfüllen und Crème fraîche, Joghurt, Zitronensaft, Melasse, Cayennepfeffer und ¼ TL weißen Pfeffer dazugeben. Alle Zutaten gut verquirlen. Hühnerwürfel, Cashews, Heidelbeeren, Thai-Chili, Schalotte, Sellerie- und Karottenkraut und ½ TL Salz unterheben. Abschmecken und bei Bedarf nachwürzen. Mit Röstbrot servieren, dazu nach Belieben scharfe Soße als Beilage reichen.

Gebratene Putenkeule mit Zitrusmix und Wacholder

Als ich an einer Geschichte für meine Kolumne im *San Francisco Chronicle* arbeitete, stellte ich ein paar Recherchen über Wacholderbeeren an. Mich faszinierte die Erkenntnis, dass amerikanische Ureinwohner die Beeren für ihr pinienartiges, pfeffriges Aroma schätzten, das sie einer Speise verliehen. Seither nehme ich Wacholder zum Würzen der unterschiedlichsten Suppen und Eintöpfe und freue mich immer wieder über seine wundersame Wirkung bei Geflügel und Wildbret. Sparen Sie sich hier Ihr Geld für eine teure, raffinierte Bratensoße und verwenden Sie stattdessen Bratenflüssigkeit, die vielleicht sogar noch besser schmeckt.

2 PORTIONEN

- 2 große Orangen
- 240 ml natriumarme Hühnerbrühe
- Saft von 1 Zitrone
- 2 TL getrocknete Wacholderbeeren, gemahlen
- 1 TL Cayennepfeffer
- 1 TL Knoblauchpulver
- 1 TL feines Meersalz
- ½ TL frisch gemahlener schwarzer Pfeffer
- 85 g Kumquats (ca. 12 Stück), quer halbiert und entkernt
- 2 bis 3 Knoblauchknollen, quer halbiert
- 2 Putenkeulen (1,6 kg), mit Haut

Schale von einer Orange in eine mittelgroße Schüssel raspeln. Beide Orangen entsaften und den Saft in dieselbe Schüssel gießen. Brühe, Zitronensaft, Wacholderbeeren, Cayennepfeffer, Knoblauchpulver, Salz und Pfeffer dazugeben. In eine Backform (23 x 33 cm) umfüllen. Kumquats und Knoblauchknollen in die Flüssigkeit geben und Putenkeulen dazulegen. Die Form abdecken und 4 bis 6 Stunden im Kühlschrank aufbewahren und zwischendurch mit einem Löffel wiederholt die Marinade auf den Putenkeulen verteilen.

Backofen auf 180 °C vorheizen. Backform aufdecken und in den heißen Ofen stellen. Putenkeulen 1½ bis 2 Stunden rösten, bis die Haut sich goldbraun färbt und die Innentemperatur auf einem digitalen Küchenthermometer 82 °C anzeigt, zwischendurch die Putenkeulen wiederholt mit der Bratenflüssigkeit in der Form begießen. Heiß oder warm servieren.

TIPPS UND TRICKS Wacholder ist ein kräftiger Geschmacksträger und bereits eine kleine Menge reicht zum Aromatisieren aus. Hier dringen die Noten von Wacholder, Knoblauch und Zitrusfrüchten in das Fleisch ein. Beim Braten der Pute im Ofen kocht die Flüssigkeit in der Backform zu einer konzentrierten Brühe ein. Wenn Sie das Fleisch mit der Brühe begießen, erhält es zusätzliche Feuchtigkeit und Aroma.

Putenschenkel mit Kirsch-Fenchel-Barbecuesoße

Die besten Grillsoßen setzen sich aus einem sorgfältig ausgewogenen Mix fruchtiger, säuerlicher, süßer und scharfer Noten zusammen. Die Kombination aus sauren und süßen Kirschen harmoniert hier perfekt mit der gegrillten Pute, aber Sie können auch ein beliebiges anderes Fleisch verwenden. (Das Pulled Pork ist echt gemein.)

4 Portionen (480 ml Barbecuesosse)

- 230 g frische oder gefrorene Sauerkirschen, entkernt
- 230 g frische oder gefrorene Süßkirschen, entkernt
- 70 g Zwiebeln, gewürfelt
- 60 g würzige gelbe Senfkörner
- 2 EL Rotweinessig
- 4 schwarze Pfefferkörner
- ½ TL Fenchelsamen
- 1 TL gemahlener Kashmiri-Chili
- 100 g Jaggery (Block) oder Muscovadozucker
- ½ TL feines Meersalz
- 1,8 kg Putenschenkel, mit Haut und Knochen

Barbecuesoße zubereiten: Kirschen, Zwiebeln, Senfkörner, Essig, Pfefferkörner, Fenchelsamen und Chilipulver in einem Mixer oder einer Küchenmaschine auf hoher Stufe zu einer glatten Konsistenz pürieren. In einen schweren mittelgroßen Kochtopf umfüllen und Jaggery und Salz unterrühren. Unter gelegentlichem Rühren bei mittelhoher Temperatur kochen, bis der Jaggery vollständig aufgelöst ist und die Mischung anfängt zu brodeln. Vom Herd nehmen. Abschmecken und bei Bedarf nachwürzen. (Die abgekühlte Soße ist im Kühlschrank bis zu 1 Monat haltbar.)

Putenschenkel mit Papiertüchern trockentupfen. An mehreren Stellen mit einem kleinen Schälmesser anstechen. In einen großen wiederverschließbaren Plastikbeutel geben und 240 ml Barbecuesoße hineingießen, Reste der Soße zum Servieren aufbewahren. Den Beutel verschließen, das Fleisch mehrmals kneten und mindestens 6 Stunden oder bevorzugt über Nacht im Kühlschrank marinieren.

Am nächsten Tag den Grill auf hoher Stufe vorheizen. Den Grillrost leicht mit Öl bestreichen und die Putenschenkel direkt auf dem heißen Grill 15 bis 20 Minuten je Seite grillen, zwischendurch mit Resten der 240 ml Barbecuesoße aus dem Beutel bestreichen. Die Putenschenkel sind fertig, wenn die Innentemperatur auf einem digitalen Küchenthermometer 82 °C anzeigt. Auf einen Servierteller legen und 5 bis 10 Minuten ruhen lassen. Heiß servieren, dazu die beiseitegestellte Barbecuesoße als Beilage reichen.

TIPPS UND TRICKS Jaggery zählt zu den wenigen Zutaten, deren Unvollkommenheit und Unreinheit eine echte Geschmacksverbesserung bewirken. Sein komplexes Aroma zeichnet sich durch eine Kombination erdiger, mineralischer, leicht salziger und süßer Noten aus. Der Essig und die Kirschen liefern Säure, während die Fenchelsamen einen Hauch Wärme und eine lakritzartige Note verleihen. Bei der Zubereitung der Pute auf dem Grill röstet und karamellisiert der Zucker in der Soße, wodurch konzentrierte Aromen entstehen, die sich durch Tiefe und Komplexität auszeichnen.

Pute-Pilz-Pastetchen

Ich liebte diese Mini-Pasteten als Pausensnack an der High School und noch heute, über Ozeane und Kontinente hinweg, kann ich mich dafür begeistern. Jede Woche besorgte ich mir bei unserem goanischen Bäcker auf dem Weg zur High School ein oder zwei dieser lecker gewürzten „Patties" aus Hackfleisch. Leider konnte ich in Amerika nichts Gleichwertiges finden, deshalb habe ich ein Rezept für meine eigenen Pasteten entwickelt.

Ergibt 8 individuelle Pasteten

2 EL natives Olivenöl extra

70 g weiße Zwiebeln, fein gehackt

½ TL gemahlener Kashmiri-Chili

½ TL gemahlene Chipotle

1 Knoblauchzehe, fein gehackt

1 Thai-Chili, bei Bedarf entkernt, in feine Streifen geschnitten

90 g braune Champignons, in Scheiben geschnitten

455 g Putenhackfleisch

2 EL Kokos- oder Apfelessig

1 TL feines Meersalz

2 Blatt gefrorener Blätterteig, aufgetaut

1 großes Ei

1 EL Wasser

2 EL Schwarzkümmelsamen

Öl in einer großen Pfanne bei mittelhoher Temperatur erhitzen. Zwiebeln dazugeben und 4 bis 5 Minuten glasig anbraten. Kashmiri-Chili, Chipotle und Knoblauch dazugeben und 30 bis 45 Sekunden anbraten, bis die Zutaten aromatisch duften. Thai-Chili und Pilze dazugeben und weitere 2 bis 3 Minuten anbraten. Putenhackfleisch hineinbröseln und unter gelegentlichem Rühren 12 bis 15 Minuten anbraten, bis das Fleisch durchgegart ist. Essig und Salz unterrühren, auf höchster Stufe erhitzen und ungefähr weitere 5 Minuten kochen, bis die Flüssigkeit größtenteils verdampft ist. Abschmecken und bei Bedarf nachwürzen. Auf Raumtemperatur abkühlen lassen. (Die Füllung kann 1 Tag im Voraus zubereitet werden. Abdecken und im Kühlschrank aufbewahren.)

Fortsetzung folgt

TIPPS UND TRICKS Am liebsten garniere ich diese Pasteten mit Schwarzkümmelsamen, weil ihre knackige Konsistenz und ihr Aroma den reichhaltigen Teig schmackhaft ergänzen. Der Essig rückt die Gewürze in der Füllung in den Mittelpunkt und unterstützt mit seiner Säure den Marinierprozess des Fleisches während der Zubereitung auf dem Herd. Das Chipotlepulver sorgt für leichte Rauchigkeit.

Für die Zubereitung der Pastetchen zwei Backbleche mit Pergamentpapier auslegen. Eines der Bleche bereitstellen, das andere im Kühlschrank aufbewahren. Den Blätterteig auf einer sauberen und leicht bemehlten Arbeitsfläche ausrollen. Mit einer Ausstechform (10 cm Durchmesser) sechzehn Blätterteigkreise ausstechen. Vier der Kreise mittig mit jeweils 2 EL der abgekühlten Pute-Pilz-Mischung befüllen. Jeden Kreis am Rand leicht mit Wasser bestreichen, einen zweiten Blätterteigkreis darauflegen und die Ränder zum Versiegeln vorsichtig aneinanderdrücken. Die Ränder jeweils mit den Zinken einer Gabel falzen. Die gefüllten Pasteten vorsichtig auf das bereitgestellte Backblech legen. Das fertige Backblech in den Kühlschrank stellen und den Vorgang mit dem zweiten Backblech wiederholen. Nach der Zubereitung alle Pasteten 10 bis 12 Minuten tiefkühlen.

Backofen auf 180 °C vorheizen. Ei und 1 EL Wasser in einer kleinen Schüssel verquirlen. Jede Pastete an der Oberseite mit dem Eischaum bestreichen und mit einer Prise Schwarzkümmelsamen bestreuen. 10 Minuten im Kühlschrank ruhen lassen.

Die Pasteten 12 bis 15 Minuten goldbraun backen, dabei die Backbleche nach der Hälfte der Zeit durchtauschen. Heiß oder warm servieren.

RICHTIG WÜRZEN

Meine Herangehensweise

Nach meiner Ankunft in Amerika begann ich, in der Küche zu experimentieren und stellte fest, dass es trotz offensichtlicher Unterschiede bei den Zutaten und Methoden in der indischen und westlichen Küche dennoch starke Ähnlichkeiten gab. Bei der Zubereitung von Currys, Eintöpfen und Suppen röstete ich Aromastoffe wie Zwiebeln, Knoblauch und Ingwer zunächst in heißem Fett an, wie auch im Westen üblich, und fügte erst danach die Gewürze hinzu. Und ebenfalls wie im Westen gab ich frische Kräuter erst am Ende zum Abrunden dazu, manchmal unter Zusatz von ein paar Tropfen frischem Zitronen- oder Limettensaft.

Einen großen Unterschied erkannte ich beim Umgang mit Würzmitteln. Indische Köche geben tendenziell gegensätzlichen Aromen den Vorzug, während westliche Köche ähnliche Geschmacksnoten kombinieren. Ich probierte Zutaten aus, die mir fremd waren, und wandelte diese mithilfe der Methoden, die ich aus Indien kannte, ab. Frischen Tomatensalat reicherte ich mit gemahlenen und gerösteten Kreuzkümmel- und Koriandersamen an und die Tomaten beträufelte ich mit scharfem Chili-Öl, um eine Kombination von scharfen, salzigen, rauchigen und Umami-Noten zu erzeugen. Manchmal besprenkelte ich gegrillte Bananen mit roten Chiliflocken und Ahornsirup und servierte dazu Vanilleeis. Meine beiden unterschiedlichen Welten kamen durch Aroma und Geschmack zusammen.

Essenzielle Methoden

Im Folgenden beschreibe ich die von mir oft verwendeten Methoden.

MAHLEN

Dies ist eine der einfachsten und effizientesten Methoden, um ein Gewürz oder eine andere Zutat in ein Würzmittel zu verwandeln. Das Zerstoßen bricht die Struktur auf und setzt die Aromen frei. Die meisten trockenen und feuchten Zutaten verarbeite ich in einem robusten Mörser mit Stößel zu Pulver. (Getrocknete essbare Rosenblätter und Zimtstangen lassen sich effektiver mit einer Gewürz- oder Kaffeemühle vermahlen.) Wer mit einem Mörser ein feines Pulver erzielen möchte, gibt einen Abriebstoff in kleiner Menge dazu, z.B. Salz oder Zucker. Eine alternative Möglichkeit des Mahlens ganzer Gewürze, einschließlich Pfefferkörner und Kardamomsaat, besteht darin, die Gewürze in einen kleinen wiederverschließbaren Plastikbeutel zu füllen und mit einem schweren Gewicht wie einer gusseisernen Pfanne zu zerdrücken. Weil die Gewürze beim Mahlen in winzige Partikel aufbrechen, verkürzt sich deren Haltbarkeit und deshalb sollte immer nur die tatsächlich benötigte Menge gemahlen werden, damit die Gewürze ihre volle Wirkung entfalten können. Wenn ich gemahlene Gewürze und Kräuter in großen Mengen für ein Würzmittel wie scharfes grünes Chutney (Seite 277) benötige, nehme ich normalerweise einen Schnellmixer zur Hand, der die Arbeit innerhalb weniger Sekunden erledigt.

QUETSCHEN UND SCHNEIDEN

Kräuter und Gewürze eignen sich gut als Aromastoffe für Öle, sollten aber vorher gequetscht werden. Zum Quetschen von Kräutern reibe ich Stiele und Blätter behutsam zwischen meinen Handflächen oder ich biege die Kräuter in alle Richtungen, damit sie aufbrechen und ihr Aroma freisetzen. Weichere Zutaten wie Knoblauch oder Kardamom zerdrücke ich oft mit der flachen Seite eines Messers oder ich reibe die äußere Hüllschicht, bis sie sich gerade so weit öffnet, dass sich das Aroma entfalten kann.

RÖSTEN

Wenn ein Gewürz vor dem Mahlen geröstet wird, mildert das seinen bitteren Geschmack, zum Beispiel von Kreuzkümmel (im Bild ganz oben), oder es wertet sein Aromaprofil auf. Das Rösten ist außerdem eine gute Methode zum Auffrischen der Aromen getrockneter Gewürze, die schon seit einiger Zeit ihr Dasein im Vorrat fristen. Dafür braucht es nichts weiter als eine trockene Pfanne oder einen trockenen kleinen Kochtopf. Sie müssen nur die Pfanne bei mittelhoher Temperatur erhitzen, das Gewürz hineingeben und rösten, bis es anfängt, aromatisch zu duften und färbt, und dabei gelegentlich umrühren, um eine gleichmäßige Röstung zu erhalten. Der Röstvorgang muss aufmerksam überwacht werden, denn die Gewürze brennen schnell an. Je dunkler das Gewürz, desto schneller nimmt es die Hitze auf, weshalb schwarze Pfefferkörner schneller anbrennen als Koriandersamen. Sobald das Gewürz anfängt, aromatisch zu duften, nehmen Sie die Pfanne vom Herd und lassen Sie die warmen Gewürze auf einem Teller abkühlen. Geröstete Gewürze können ganz oder gemahlen verwendet werden. Auch Bockshornklee (im Bild Mitte oben), Fenchel (im Bild unten) und Koriander (im Bild Mitte unten) profitieren durch das Rösten, ebenso Duftreis (z. B. Basmati und Jasmin) und getrocknete Chilis (beobachten Sie diese aufmerksam, weil sie ganz schnell anbrennen).

Hitzebehandlung bzw. Tempern (*tadka* auf Hindi; im Bild gegenüberliegende Seite) ist eine andere Form des Röstens, die in der indischen Küche zum Einsatz kommt, um das Aroma eines Gewürzes zu mildern und eine Speise zu garnieren. (Nicht zu verwechseln mit dem Temperieren von Eiern oder Schokolade mit heißen Flüssigkeiten.) Zu diesem Zweck wird ein Gewürz in Öl oder Fett wie Kokosöl oder Ghee (Seite 268) in der Pfanne bei hoher Temperatur erhitzt. Mit steigender Temperatur dringt das Aroma des Gewürzes in das Öl ein. Das aromatisierte Öl wird dann mitsamt dem Gewürz auf die Speise geträufelt. Siehe beispielsweise Tandoori-Schwertfischsteaks (Seite 127).

EXTRAHIEREN

Extrahieren bezeichnet eine Methode, bei der mithilfe eines Lösungsmittels wie Wasser, Alkohol oder Öl das Aroma aus einem Inhaltsstoff herausgelöst wird. Durch unterschiedliche Temperaturen und Lösungsmittel lassen sich unterschiedliche Aromamoleküle aus den Zellen der Inhaltsstoffe extrahieren, was wiederum den Geschmack und das Aroma des Lösungsmittels beeinflusst. Als bekanntestes Beispiel dient Vanilleextrakt, der industriell hergestellt wird, indem die schmalen Vanilleschoten in heißem Alkohol ziehen. Eine weitere Möglichkeit des Aromatisierens einer Flüssigkeit ist der Aufguss von Teeblättern oder Gewürzen für Chai (Seite 264) mit heißem Wasser. Für das Rhabarber-Confit (Seite 278) wird Öl über mehrere Stunden bei niedriger Temperatur langsam im Ofen mit Rhabarber, Chilis und Knoblauch aromatisiert.

MÖRSERN UND STÖSSELN

Mörsern bedeutet das gleichzeitige Quetschen, Mahlen und Extrahieren einer Zutat. Mittels eines Holz- oder Metallstößels, der oft die Form eines Mörserstößels hat, wird eine Zutat in einem Lösungsmittel gerieben oder zerstoßen, um deren Aromamoleküle freizusetzen. Barkeeper stößeln für die Zubereitung von Cocktails oft frische Kräuter in Alkohol. Beim Aufbrechen der Zellen unter angewandtem Druck binden sich Aromamoleküle an den Alkohol im Getränk. Die Stärke des erforderlichen Drucks hängt ganz von dem Kraut ab. Manche Kräuter wie Minze und Basilikum erfordern nur einen leichten Druck und färben sich bei zu viel Druck schwarz. Dickere Kräuter wie Rosmarin und Salbei erfordern etwas mehr Druck, um ihre ganze Wirkung zu entfalten.

RÄUCHERN

Manchmal räuchere ich mein Essen, besonders beim Grillen. Beim Räuchern von Fleisch und Gemüse überzieht der Rauch von brennendem Holz das gewürzte Steak oft mit einer teerigen Molekülschicht, die das Steak vor Bakterien schützt und gleichzeitig für ein komplexes Aromenspektrum sorgt. Rohes Fleisch erfährt normalerweise eine Behandlung aus einer Kombination von Rauch und Hitze, während manche gekochten Lebensmittel wie Meeresfrüchte generell kalt geräuchert werden. Beim Kalträuchern befindet sich das Lebensmittel in einer separaten Kammer, die nur den Rauch des brennenden Holzes durchlässt, aber sonst vor Hitze schützt.

Am *Culinary Institute of America* in Greystone, Kalifornien, lernte ich einen Trick und verwende seither zu Hause keine Holzschnitzel mehr zum Grillen, sondern nur noch trockene Sägespäne, weil diese schneller brennt. Manche Köche ziehen es vor, Holzschnitzel vor dem Grillen in Wasser einzuweichen, damit das Holz nicht so schnell abbrennt. Diese Methode eignet sich am besten für Lebensmittel, die mehrere Stunden räuchern sollen.

PÖKELN, MARINIEREN UND EINREIBEN

Sowohl indische als auch westliche Köche nutzen Pökeln, Marinieren und Einreiben, um Fleisch, Geflügel und Meeresfrüchte zu würzen. Salz und Zucker (und manchmal Säure) in der Lake unterstützen den Würzprozess der Proteine durch Extraktion, Diffusion und/oder Osmose. Wenn Sie das Fleisch in kleinere und dünnere Stücke schneiden, vergrößert sich die Gesamtfläche, was den Konservierungs- oder Marinierprozess beschleunigt und somit den Zeitaufwand verringert.

Eine Lake setzt sich aus Flüssigkeit und Salz zusammen und wird oft durch Zucker und Gewürze oder Kräuter ergänzt. Die Lake versorgt das Fleisch mit zusätzlicher Flüssigkeit und macht es saftiger, aber auch schmackhafter, wenn Aromastoffe enthalten sind. Das Salz unterstützt teilweise den Auflöseprozess der Fleischproteine, wodurch die in der Lake enthaltenen Aromen in das Lebensmittel eindringen können.

Eine Marinade enthält generell eine Säure wie Essig, Joghurt oder Zitrussaft und verschiedene Würzmittel wie Salz, Gewürze und Kräuter. Die Säure einer Marinade verändert die Proteine im Fleischgewebe und ermöglicht den Aromamolekülen, in das Fleisch einzudringen. Außerdem unterstützt sie das Weichwerden des Fleisches, wodurch sich die Zubereitungszeit verkürzt. Indische und selbst orientalische Rezepte für Marinaden verlangen manchmal eine Papaya als Zutat. Papaya enthält ein Enzym namens Papain, das die Spaltung von Proteinen unterstützt und als Weichmacher dient. Beachten Sie, dass vorgeklopftes Fleisch nur kurz oder gar nicht marinieren sollte, weil es sonst eine unangenehme Textur bekommt.

Zu langer Kontakt mit Säure und Enzymen bewirkt eine zu starke Spaltung der Proteine im Fleischgewebe.

Eine Einreibung setzt sich aus einem Mix von Salz, Zucker und Gewürzen zusammen. Die Zutaten werden trocken, ohne Zusatz von Flüssigkeiten, verwendet und dienen dem oberflächlichen Aromatisieren von Fleisch. Einreibungen eignen sich zum Beizen von Lebensmitteln wie Gravlax (Seite 133) oder für gegrillte Rippchen oder andere Fleischstücke, die geräuchert werden.

BRÄUNEN

Das Bräunen, zum Beispiel das scharfe Anbraten eines Steaks in einer heißen Pfanne, gehört zu den vielgenutzten Methoden in der Küche, weil es einerseits den Geschmack verbessert und andererseits das Essen optisch aufwertet. Der Grund für den hervorragenden Geschmack von scharf angebratenem Steak findet sich unter anderem in der Maillard-Reaktion, in deren Verlauf die Zucker im Fleisch mit den Aminosäuren (als Bausteine der Proteine) reagieren. Die Maillard-Reaktion ist für jene Umami-Noten verantwortlich, die wir alle lieben: der Geschmack knisternder Blasen bei Naan-Brot und Pizzen (Seite 99), das einzigartige Nussaroma von Ghee (Seite 268) und die gebräunten Stücke von rotem Fleisch am Topfboden, die einen Rindereintopf so lecker machen (Seite 170).

Auch Lebensmittel mit hohem Zuckergehalt bräunen bei hohen Temperaturen, weil sie karamellisieren. Bei diesem Prozess durchläuft der Zucker eine physikalische und chemische Transformation, in deren Verlauf das charakteristische bittersüße Karamellaroma entsteht. Beispielsweise wird der Zucker für den Karamellkuchen mit Rumrosinen (Seite 220) in einem Kochtopf erhitzt, bis er schmilzt und einen dunkelbraunen Farbton annimmt. Bei den gegrillten Datteln und Rosinen (Seite 33) verbrennt der Zucker direkt in der Frucht und entwickelt ein bittersüßes Aroma sowie dunkelbraune Flecken. Der Prozess der Karamellisierung und die Maillard-Reaktion können während des Kochens gleichzeitig auftreten.

VOM REZEPT ZUM FERTIGEN GERICHT

Bei der Entwicklung eines neues Rezepts überlege ich mir zunächst die einzelnen Schritte der Aromatisierung der Zutaten. Wenn ich Zwiebeln und Knoblauch zuerst kurz anbrate, kann ich gleichzeitig meine Gewürze in das heiße Öl mischen. Oder ich röste die Gewürze zuletzt und gieße das aromatisierte Öl über das Gericht. Manchmal bringe ich einen heißen Bestandteil eines Gerichts mit einem kalten zusammen und würze beide separat. Beispielsweise werden die Pfirsiche für das gegrillte Pfirsichdessert auf Seite 200 zunächst bei hoher Hitze karamellisiert. Serviert werden sie dann warm mit einem Klecks kalter, mit Vanilleschoten aromatisierter Crème fraîche und ein paar Tropfen raumtemperiertem süßsauren Ahornsirup, der mit gerösteten Gewürzen durchtränkt ist.

Die meisten Rezepte in diesem Buch enthalten einen als TIPPS UND TRICKS bezeichneten Hinweis, in dem ich erkläre, warum ich mich für eine bestimmte Methode oder ein bestimmtes Gewürz entscheide. Sobald Sie mit meiner Vorgehensweise vertraut sind, schlage ich vor, dass Sie die hier enthaltenen Rezepte als Anleitung betrachten und so oft wie möglich selbst experimentieren.

KAPITEL 6: **FLEISCH**

Es reicht natürlich völlig aus, ein gutes Steak, Lammkarree oder Schweinekotelett mit einer großzügigen Prise Salz und frisch gemahlenem Pfeffer zu würzen, aber es gibt so viele andere Möglichkeiten, Fleisch zu aromatisieren. Reiben Sie es mit zerstoßenen Koriandersamen, Garam Masala und etwas getrockneter Orangenschale ein (siehe Seite 173). Verwenden Sie zum Braten nicht Olivenöl, sondern lieber Ghee oder Entenfett. Oder würzen Sie es mit Rauchsalzflocken und reichen Sie scharfes grünes Chutney (Seite 277) oder süß-rauchige Tahin-Soße (Seite 278) als Beilage.

Fleischstücke mit Knochen eignen sich hervorragend, um Brühen und Eintöpfe auf einfache Weise geschmacklich aufzuwerten. Für besondere Anlässe besorge ich auch mal hochwertiges Dry Aged Beef oder Lamm. Der Prozess des Dry Aging bzw. der Trockenreifung macht das Fleisch zart und weich und besonders schmackhaft. Das Fleisch wird über einen bestimmten Zeitraum der Luft ausgesetzt, die es austrocknet und seine Aromen konzentriert, während die natürlichen Enzyme im Gewebe das Protein spalten und das Fleisch weich machen.

Die Zugabe frischer oder getrockneter Kräuter bei der Zubereitung von Hackfleisch sorgt für geschmackliche Auflockerung. Sie können auch mit Schärfe experimentieren und verschiedene Sorten Chilis verwenden, z. B. *urfa-biber*-Flocken mit ihrem schokoladigen Aroma oder Chipotles mit ihrer rauchigen Note. Getrocknete Pilze bringen mehr Umami ins Essen und selbst Teeblätter oder Kaffee verschaffen ein intensiveres Geschmackserlebnis.

Beim Kauf von Fleisch treffe ich die gleichen bewussten Entscheidungen wie beim Kauf von Geflügel und Eiern. Unter der Woche besorge ich das Fleisch in Fachgeschäften bei vertrauenswürdigen Fleischern und am Wochenende kaufe ich es auf dem Bauernmarkt.

Würzhackbraten

Dieses kultige amerikanische Gericht hat seine Wurzeln in Europa. Hackbraten zählt zu meinen Lieblingsspeisen und ich mache ihn am liebsten selbst, weil er so wandlungsfähig ist. Außerdem hat er für mich eine emotionale Bedeutung, denn es war das erste Gericht, das Michael für mich kochte. Meine würzige Variante bietet einen Hauch Schärfe und ist leicht säuerlich mit einer unerwartet süßen Note.

Hackfleisch setzt beim Braten eine Menge Wasser frei, deshalb bevorzuge ich die Zubereitung des geformten Laibs direkt auf dem Backblech, weil so die Flüssigkeit während des Bratens verdampfen kann. Am besten geeignet, aber nicht zwingend erforderlich, ist eine spezielle Hackbratenform mit perforiertem Einsatz.

8 Portionen

Hackbraten

2 EL ungesalzene Butter
280 g Zwiebeln, fein gewürfelt
4 Knoblauchzehen, gerieben
1 Stück (2,5 cm) frischer Ingwer, geschält und geraspelt
1½ TL Garam Masala, selbst gemacht (Seite 263) oder gekauft
1 TL Korianderpulver
1 TL Cayennepfeffer
2 Äpfel der Sorte Granny Smith, geschält und geraspelt
40 g gebündelte frische Minze, gehackt
40 g gebündelte frische glatte Petersilie, gehackt
70 g trockenes Paniermehl
1½ TL feines Meersalz
1 TL frisch gemahlener schwarzer Pfeffer
910 g Rinderhackfleisch (15 Prozent Fett)
1½ EL Worcestersoße
2 große Eier, leicht geschlagen

Glasur

65 g Ketchup
1 EL Granatapfelmelasse
1 EL Jaggery oder Muscovadozucker
1 TL Amchoor
½ TL Cayennepfeffer
½ TL feines Meersalz

Fortsetzung folgt

TIPPS UND TRICKS Dieser Hackbraten weist unterschiedliche Geschmacksebenen auf. Garam Masala and Cayennepfeffer versorgen das Fleisch mit Schärfe, die Granny-Smith-Äpfel verleihen eine süß-herbe Note und die Worcestersoße kitzelt das Umami heraus. Granatapfelmelasse gibt der Glasur eine saure Kontur, während Jaggery und Amchoor (gemahlene getrocknete unreife Mango) für ein fruchtiges Aroma sorgen, das hervorragend mit dem gewürzten Rindfleisch harmoniert.

Hackbraten zubereiten: Butter in einem großen Kochtopf bei mittelhoher Temperatur schmelzen. Zwiebeln 4 bis 5 Minuten glasig braten. Knoblauch, Ingwer, Garam Masala, Koriander und Cayennepfeffer dazugeben und unter beständigem Rühren 30 bis 45 Sekunden rösten, bis die Zutaten aromatisch duften. Vom Herd nehmen, in eine große Schüssel umfüllen und 10 Minuten abkühlen lassen. Geraspelte Äpfel ausdrücken und den Saft entsorgen. Äpfel, Minze, Petersilie, Paniermehl, Salz und schwarzen Pfeffer zu der Zwiebelmischung in die Schüssel geben und mit einem großen Holzlöffel oder einem Gummispatel vorsichtig vermengen. Rinderhackfleisch, Worcestersoße und Eier dazugeben und gut verrühren. Den Laib von Hand formen und auf ein mit Alufolie ausgelegtes Backblech oder in eine Kastenform (23 cm) mit perforiertem Einsatz legen. Abdecken und 30 Minuten im Kühlschrank ruhen lassen.

Glasur zubereiten: Alle Zutaten in einem kleinen Kochtopf vermengen. Bei hoher Temperatur unter beständigem Rühren zum Kochen bringen und dann vom Herd nehmen.

Backofen auf 200 °C vorheizen. Den Hackbraten 1 Stunde im Ofen backen. Die Bratenoberfläche mit der Glasur bestreichen und den Braten weitere 25 bis 30 Minuten im Ofen backen oder bis die Temperatur auf einem digitalen Küchenthermometer 71 °C anzeigt und der Braten leicht druckfest ist. Mindestens 10 Minuten ruhen lassen und heiß oder warm servieren.

Rindereintopf mit Verjus

Warmer Rindereintopf mit zartem Fleisch, das förmlich auf der Zunge zergeht, ist Balsam für die Seele, aber das ist längst kein Grund, nicht auch ein aufregendes Geschmackserlebnis daraus zu machen. Hier nimmt das Rindfleisch ein mit Zimt, Knoblauch und der fruchtigen Säure von Verjus, Granatapfelmelasse und trockenem Rotwein aromatisiertes Bad. Dieses Rezept ist meine Ode an die kalifornische Weinregion.

4 Portionen

- 570 g Perlzwiebeln
- 60 ml natives Olivenöl extra
- 910 g Rinderkamm, in 2,5 cm dicke Würfel geschnitten
- 2 EL Knoblauch, fein gehackt
- 2 Lorbeerblätter, frisch oder getrocknet
- 1 Stange (5 cm) Zimt
- 1 EL Tomatenmark
- 2 EL Verjus Rouge (roter Verjus)
- 2 EL Granatapfelmelasse
- 240 ml trockener Rotwein, z. B. Pinot Noir
- 1 TL feines Meersalz
- ½ TL frisch gemahlener schwarzer Pfeffer
- Gekochter Reis (Seite 256) oder Naan (Seite 94) zum Servieren (optional)

Wasser in einen mittelgroßen Kochtopf gießen und sprudelnd aufkochen. Eine mittelgroße Schüssel mit Eiswasser füllen. Von den Perlzwiebeln mit einem Schälmesser die Wurzelansätze entfernen und die Zwiebeln 30 Sekunden in das kochende Wasser eintauchen. Die Zwiebeln mit einem Schaumlöffel herausnehmen und in das Eiswasser legen, um den Kochvorgang zu unterbrechen. Die Zwiebeln abtropfen lassen und auf ein sauberes Küchentuch oder Papiertücher legen und trockentupfen. Die Stielenden der Zwiebeln abzwicken und die Außenhaut abziehen.

Olivenöl in einem großen, schweren gusseisernen Topf (Dutch Oven) bei mittelhoher Temperatur erhitzen. Die Zwiebeln dazugeben und 5 bis 6 Minuten goldgelb anbraten. Die Zwiebeln mit einem Schaumlöffel herausnehmen und auf Papiertüchern abtropfen lassen.

Das Fleisch mit Papiertüchern trockentupfen. Die Hitze auf hohe Temperatur erhöhen und die Fleischwürfel in den gusseisernen Topf legen. Das Rindfleisch 4 bis 5 Minuten rundherum dunkelbraun anbraten. Knoblauch,

TIPPS UND TRICKS Beim Anbraten von Rindfleisch und Zwiebeln in ganz heißem Öl findet die chemische Maillard-Reaktion statt und die entstehenden aromatischen Verbindungen verleihen dem Eintopf Intensität und Geschmack. Zudem begünstigt das Öl die Freisetzung der aromatischen Noten von Lorbeerblättern, Zimt und Knoblauch. Während der Eintopf dann langsam vor sich hin köchelt, spaltet die kombinierte Säure von Granatapfelmelasse, Verjus und Rotwein das Kollagen des Fleisches und macht es auf diese Weise weich und zart.

Lorbeerblätter und Zimtstange dazugeben und 30 bis 45 Sekunden rösten, bis die Zutaten aromatisch duften. Tomatenmark unterrühren und weitere 30 Sekunden rösten. Verjus, Granatapfelmelasse und Rotwein dazugeben, sprudelnd aufkochen und angebräunte Stücke vom Topfboden kratzen. Die Hitze auf mittlere bis niedrige Temperatur reduzieren, Salz und Pfeffer dazugeben und den Topf abdecken. Etwa 1 Stunde köcheln lassen, bis das Fleisch weich ist, dabei gelegentlich umrühren. Abschmecken und bei Bedarf nachwürzen. Die gebräunten Perlzwiebeln unterrühren und weitere 10 Minuten köcheln lassen. Heiß oder warm servieren und nach Belieben Reis oder Naan als Beilage reichen. (Ganze Gewürze können vor dem Servieren abgeschöpft werden, aber ich ziehe es vor, sie nicht herauszunehmen.)

Steak mit Orangenschale und Koriander

Ich bezeichne diese Gewürzkombination als meine Hausmischung, weil ich immer darauf zugreife, wenn ich ein Steak brate. Bisher ist es keinem Gast gelungen, mein Geheimnis zu lüften, weshalb dieses Gericht von einer besonderen Mystik umgeben ist.

4 Portionen

2 EL getrocknete Orangenschale

2 EL Garam Masala, selbst gemacht (Seite 263) oder gekauft

1 EL Koriandersamen

2½ TL Kosher Salz

2 T-Bone Steaks, 2,5 cm dick (je 680 bis 910 g)

2 bis 4 EL Ghee (Seite 268), geschmolzen

Orangenschale, Garam Masala und Koriander im Mörser zerstoßen. Salz unterrühren.

Steaks mit Papiertüchern trockentupfen und jede Seite großzügig mit dem Gewürz einreiben. Mit Frischhaltefolie abdecken und mindestens 6 Stunden oder bevorzugt über Nacht im Kühlschrank marinieren.

Für die Zubereitung den Grill auf hoher Stufe vorheizen und den Rost leicht mit Öl bestreichen. Die Steaks auf jeder Seite mit ca. 1 EL Ghee beträufeln. Auf den heißen Grill legen, den Deckel schließen und die Steaks grillen, bis die gewünschte Garstufe erreicht ist: 3 bis 4 Minuten je Seite (49 °C auf einem digitalen Küchenthermometer) für stark blutig oder 5 bis 6 Minuten je Seite (54 °C auf einem digitalen Küchenthermometer) für blutig. Falls die Zubereitung alternativ in einer Grillpfanne erfolgt, 2 EL Ghee bei hoher Temperatur erhitzen, bis es raucht und die Steaks nacheinander braten. Die Steaks auf einen Teller legen, locker mit Folie abdecken und vor dem Servieren 5 Minuten ruhen lassen.

TIPPS UND TRICKS Rotes Fleisch liegt oft schwer im Magen, deshalb wähle ich Gewürze, die aromatisch auflockern. Getrocknete Orangenschale und Garam Masala bringen Farbe ins Spiel. Kosher Salz entzieht dem Steak auf großartige Weise Flüssigkeit, wodurch eine ganz außergewöhnliche Kruste entsteht.

Lammhack-Kartoffeltaler mit Sambal Oelek

Kartoffeltaler sind kleine Momente der Freude. Es gibt keine bessere Methode, Fleisch und Kartoffeln miteinander zu kombinieren als in dieser goanischen Spezialität. Zuerst durchdringt die Gabel einen Mantel aus knusprig gebratener Panade, um dann in eine Schicht cremig gestampfter Kartoffeln einzutauchen und letztlich auf saftiges, gewürztes Hackfleisch zu stoßen. Reste dieser Mahlzeit schmecken gut zum Frühstück. Dafür gebe ich auf jeden Taler ein Spiegelei und einen großen Löffel scharfes grünes Chutney (Seite 277). Sambal Oelek, ein indonesisches Würzmittel auf Chili-Basis, ist in vielen Supermärkten und den meisten asiatischen Lebensmittelgeschäften erhältlich.

6 Portionen

- 2 EL natives Olivenöl extra
- 140 g rote Zwiebeln, fein gehackt
- 1 EL Knoblauch, fein gehackt
- 1 Stück (2,5 cm) frischer Ingwer, geschält und geraspelt
- 455 g Lammhackfleisch
- 1½ TL feines Meersalz
- 2 EL Apfelessig
- 1½ EL Sambal Oelek
- 2 EL frischer Koriander, gehackt
- 910 g mehligkochende Kartoffeln
- ½ TL frisch gemahlener schwarzer Pfeffer
- 1 großes Ei
- 280 g trockenes Paniermehl
- 60 ml Pflanzenöl

Olivenöl in einer abgedeckten großen Pfanne bei mittelhoher Temperatur erhitzen. Zwiebeln dazugeben und 4 bis 5 Minuten glasig braten. Knoblauch und Ingwer unterrühren und 30 bis 45 Sekunden rösten, bis die Zutaten aromatisch duften. Lammhackfleisch zerbröselt in die Pfanne geben. Das Fleisch 5 bis 6 Minuten braun anbraten. ½ TL Salz, Essig und Sambal Oelek dazugeben und vorsichtig verrühren. Abdecken und 10 bis 12 Minuten kochen, bis die Flüssigkeit größtenteils verdampft ist. Vom Herd nehmen und auf Raumtemperatur abkühlen lassen. Koriander unterrühren und bei Bedarf nachwürzen. (Die Lammfüllung kann 1 Tag im Voraus zubereitet und abgedeckt im Kühlschrank aufbewahrt werden.)

Fortsetzung folgt

TIPPS UND TRICKS Wenn Sie sich nichts aus Lamm oder überhaupt rotem Fleisch machen, verwenden Sie stattdessen Hähnchen- oder Putenhackfleisch. Nach traditioneller goanischer Methode wird das Fleisch für dieses Gericht mit einer Kombination aus Gewürzen und Kokosessig aromatisiert. Für eine maximale Wirkung der Aromen gebe ich zusätzlich Sambal Oelek und Apfelessig dazu.

Während das Lamm kocht, Kartoffeln abschrubben und in einen großen Suppentopf legen. Reichlich kaltes Wasser dazugießen, sodass es die Kartoffeln mit 2,5 cm Überstand bedeckt. Sprudelnd aufkochen, die Hitze auf mittlere bis niedrige Temperatur reduzieren und abdecken. Die Kartoffeln 20 bis 25 Minuten köcheln lassen, bis sie vollständig gar sind. Das Wasser vorsichtig abgießen und die Kartoffeln auf Raumtemperatur abkühlen lassen. (Die Kartoffeln können 1 Tag im Voraus zubereitet und abgedeckt im Kühlschrank aufbewahrt werden.)

Kartoffeln schälen und mit einem Kartoffelstampfer oder einer Gabel (oder einer Kartoffelpresse für eine glattere Textur) zerdrücken, bis keine Klumpen mehr zu sehen sind. Mit 1 TL Salz und Pfeffer würzen. Abschmecken und bei Bedarf nachwürzen.

Für die Zubereitung der Taler jeweils 3 bis 4 großzügige Esslöffel Kartoffelpüree zwischen den Handflächen zu einer Scheibe formen. 1½ bis 2 EL Lammfüllung in die Mitte geben und den Rand des Kartoffeltalers umklappen, sodass ein Bratling mit 4 bis 5 cm Durchmesser entsteht. Auf ein Blatt Pergamentpapier legen und den Vorgang wiederholen, bis das Kartoffelpüree und das Fleisch aufgebraucht sind.

Das Ei in einer kleinen Schüssel verquirlen. Das Paniermehl auf einem Backblech verteilen. Mit einem Backpinsel den Bratling mit dem Ei bestreichen und gleichmäßig panieren, dabei überschüssiges Paniermehl abschütteln. Den Vorgang mit den restlichen Bratlingen wiederholen.

1 bis 2 EL Pflanzenöl in einer antihaftbeschichteten oder gusseisernen Pfanne bei mittlerer bis niedriger Temperatur erhitzen. Die Bratlinge portionsweise 4 bis 5 Minuten auf jeder Seite goldbraun braten und bei Bedarf mehr Öl dazugeben. Auf Papiertüchern abtropfen lassen. Heiß oder warm servieren.

Lammkoteletts mit roten Linsen

Zwei der beliebtesten Proteinquellen in der indischen Küche sind Ziege oder Lamm und Linsen. So überrascht es kaum, dass diese Zutaten in ganz Indien zusammen in verschiedenen Gerichten auftauchen, angefangen beim parsischen *dhansak* bis hin zu *dal gosht*, das überwiegend in Nordindien auf den Tisch kommt. Die Tradition hat mich zu diesem Rezept inspiriert, bei dem Lammkoteletts (als guter Ersatz für Ziege) in einem würzigen Eintopf auf roten Linsen thronen. Die ideale Beilage ist eine Schüssel Reis.

4 PORTIONEN

Linsen

100 g rote Linsen, von Steinen befreit

2 EL Pflanzenöl

70 g weiße Zwiebeln, fein gewürfelt

2 Knoblauchzehen, fein gehackt

1 EL frischer Ingwer, geschält und geraspelt

2 getrocknete ganze Kashmiri-Chilis

½ TL gemahlener Kreuzkümmel

½ TL frisch gemahlener schwarzer Pfeffer

½ TL gemahlene Kurkuma

1 TL getrockneter Thymian

1 TL getrockneter Oregano

1 große Tomate, gewürfelt

1 TL feines Meersalz

480 ml Wasser

Lammkoteletts

4 Koteletts vom Lammrücken (insgesamt ca. 1,4 kg)

1 TL gemahlener Kashmiri-Chili

1 TL feines Meersalz

1 TL frisch gemahlener schwarzer Pfeffer

4 EL natives Olivenöl extra

Fortsetzung folgt

TIPPS UND TRICKS Dieses Rezept beschreibt den von mir als „umgekehrten *tadka*" bezeichneten Prozess. Traditionelle Dals und andere Eintöpfe werden in der indischen Küche nach der Zubereitung mit einem gewürzten heißen Öl oder *tadka* (siehe Seite 159) beträufelt. Hier jedoch koche ich die Gewürze, getrockneten Kräuter und Linsen zusammen in einem Topf.

Linsen zubereiten: Linsen in einem Feinsieb unter laufendem kaltem Wasser abspülen. Öl in einem mittelgroßen Kochtopf bei mittelhoher Temperatur erhitzen. Zwiebeln dazugeben und 4 bis 5 Minuten glasig anbraten. Knoblauch und Ingwer dazugeben und unter Rühren 30 bis 45 Sekunden rösten, bis die Zutaten aromatisch duften. Chilis, Kreuzkümmel, schwarzen Pfeffer, Kurkuma, Thymian und Oregano unterrühren und weitere 30 Sekunden rösten. Tomate dazugeben und unter gelegentlichem Rühren 2 Minuten kochen. Linsen, Salz und Wasser dazugeben. Die Hitze erhöhen und bei hoher Temperatur sprudelnd aufkochen. Die Hitze reduzieren und abgedeckt 35 bis 40 Minuten köcheln lassen, bis die Linsen weich und gar sind. Abschmecken und bei Bedarf nachwürzen. Die Linsen in eine Servierschüssel umfüllen, locker mit Alufolie abdecken und warmhalten.

Lammkoteletts zubereiten: Koteletts mit Papiertüchern trockentupfen. Gemahlenen Chili, Salz, Pfeffer und 2 EL Olivenöl in einer kleinen Schüssel verrühren und die Koteletts damit bestreichen. Abdecken und 30 Minuten im Kühlschrank marinieren. 2 EL Olivenöl in einer antihaftbeschichteten oder gusseisernen Pfanne bei mittelhoher Temperatur erhitzen. Die Lammkoteletts in die heiße Pfanne legen und auf jeder Seite braun anbraten, bis die Innentemperatur auf einem digitalen Küchenthermometer 63 °C für stark blutig, 71 °C für blutig oder 77 °C für ganz durch anzeigt. Die Koteletts aus der Pfanne nehmen, auf den Linseneintopf legen und warm servieren. (Die Chilis können vor dem Servieren entfernt werden, aber ich ziehe es vor, sie nicht herauszunehmen.)

Gebratene Lammkeule

Wenn ich von der Vorliebe der Inder für rotes Fleisch, besonders Ziege, erzähle, blicke ich immer in überraschte Gesichter. *Raan* ist der wohl schillerndste Beweis für diese Vorliebe. Das Wort *raan* bezieht sich auf die Hinterbeine einer Ziege und das Fleisch wird durch die in einer Marinade auf Buttermilch- oder Joghurtbasis enthaltene Säure weich gemacht und anschließend langsam gegart, bis es quasi vom Knochen fällt. In meiner Variante dieses klassischen Gerichts verwende ich keine Ziege sondern Lamm, das fast überall erhältlich ist und sich leichter zubereiten lässt – und eine Nuss-Weißwein-Mischung. Zu diesem reichhaltigen Lammbraten reiche ich gekochten Reis (Seite 256) oder Naan (Seite 94), einen Gurkensalat (Seite 59) und etwas Naturjoghurt als Beilage.

4 Portionen

2,3 kg Lammkeule mit Knochen

240 g Vollfett-Naturjoghurt, plus extra zum Servieren

Saft von 1 Zitrone

70 g Mandeln

70 g Pistazien, geschält

1 Stück (7,5 cm) frischer Ingwer, geschält

10 Knoblauchzehen, geschält

8 ganze Nelken

Saat von 10 grünen Kardamomkapseln, zerstoßen

5 Wacholderbeeren

1 TL schwarze Pfefferkörner

2 TL gemahlene Kurkuma

2 EL Honig

2¼ TL Kosher Salz

240 ml Weißwein

2 EL Ghee (Seite 268), geschmolzen

2 EL frische Minzeblätter

Das Lamm mit Papiertüchern trockentupfen. Überschüssiges Fett abschneiden und entsorgen. Das Fleisch mit einem scharfen Messer an mehreren Stellen flach anritzen. Das Lamm in einen großen wiederverschließbaren Beutel geben und beiseitestellen.

Fortsetzung folgt

TIPPS UND TRICKS Nüsse veredeln mit ihrem hohen Fettgehalt die gewürzte Joghurtmarinade und wirken als Geschmacksverstärker. Durch das lange Marinieren und anschließende Schmoren des Lamms wird das Fleisch unglaublich zart und außergewöhnlich saftig.

Joghurt, Zitronensaft, Nüsse, Ingwer, Knoblauch, Nelken, Kardamom, Wacholder, Pfefferkörner, Kurkuma, Honig und Salz in einem Mixer auf hoher Stufe zu einer glatten Paste pürieren. Die Paste in den Beutel füllen, die Luft herausdrücken und den Beutel verschließen. Die Paste gleichmäßig in das Lamm massieren und mindestens 12 Stunden oder bevorzugt 24 Stunden im Kühlschrank marinieren.

Für die Zubereitung des Lamms den Backofen auf 180 °C vorheizen. Einen großen Bräter leicht mit Pflanzenöl einfetten. Das Lamm in den Bräter legen und den Wein dazugießen. Den Bräter locker mit Alufolie abdecken und das Lamm 1 Stunde braten. Die Folie abnehmen und den Bräter weitere 30 Minuten in den Ofen stellen, dabei das Lamm alle 10 Minuten mit dem Pfannensud begießen. Die Hitze auf 220 °C erhöhen und das Lamm weitere 8 bis 10 Minuten braun braten, bis die Innentemperatur auf einem digitalen Küchenthermometer 63 °C für stark blutig, 71 °C für blutig oder 77 °C für ganz durch anzeigt. Das Lamm aus dem Ofen nehmen, mit Alufolie abdecken und 10 Minuten ruhen lassen. Das heiße Lamm auf einem Servierteller anrichten, geschmolzenes Ghee darüberträufeln und mit Minzeblätter garnieren.

Gegrillte Schweinekoteletts mit Chat Masala

Dieses Rezept ist unverschämt einfach in der Zubereitung. Chat Masala wird überwiegend von Streetfood-Verkäufern in Bombay zum Würzen vegetarischer Gerichte verwendet, aber genauso gut passt es zu gegrilltem Schwein. Die rauchigen Aromen von Chat Masala und dem Fleisch harmonieren gut mit den säuerlich scharf-süßen Noten der übrigen hier enthaltenen Zutaten.

2 PORTIONEN

Kapern und Piquillo-Paprika

140 g geröstete Pimientos del Piquillo, abgetropft

60 g Kapern, abgetropft

3 EL Schalotte, fein gehackt

2 EL frische glatte Petersilie

1 Serrano-Chili, bei Bedarf entkernt, fein gehackt

2 EL Verjus Blanc (weißer Verjus)

1 EL natives Olivenöl extra

½ TL frisch gemahlener schwarzer Pfeffer

Feines Meersalz (optional)

Schweinekoteletts

2 Schweinekoteletts mit Knochen, Centercut (Medaillons), 4 cm dick (insgesamt ca. 1,2 kg)

2 EL feines Meersalz

480 ml kaltes Wasser

1 EL Chat Masala (Seite 263)

½ TL frisch gemahlener schwarzer Pfeffer

2 EL natives Olivenöl extra

Kapern und Pequillo-Paprika zubereiten: Alle Zutaten bis auf das Salz in einer mittelgroßen Schüssel vermengen. Abschmecken und bei Bedarf salzen. Vor dem Servieren mindestens 30 Minuten im Kühlschrank ziehen lassen.

Schweinekoteletts zubereiten: Schweinekoteletts in einen großen wiederverschließbaren Beutel geben. Wasser mit Salz verrühren, in den Beutel gießen und den Beutel verschließen. Das Schwein mindestens 1 Stunde im Kühlschrank in der Salzlake einlegen. Die Salzlake entsorgen und die Schweinekoteletts mit Papiertüchern trockentupfen. Chat Masala und schwarzen Pfeffer

TIPPS UND TRICKS Bei Kontakt mit dem heißen Grill dringen die rauchigen Noten des Chat Masala in das Fleisch ein. Das fruchtige Relish aus Kapern und Piquillo-Paprika liefert mit seiner Säure, Salzigkeit und Schärfe einen perfekten Kontrast zu den Schweinekoteletts.

in einer kleinen Schüssel vermengen und in das Fleisch einmassieren. Weitere 30 Minuten im Kühlschrank marinieren.

In der Zwischenzeit den Grill vorheizen und den Rost mit Öl bestreichen. Die Schweinekoteletts auf beiden Seiten mit 2 EL Olivenöl beträufeln und jede Seite 3 bis 5 Minuten grillen, bis die Innentemperatur auf einem digitalen Küchenthermometer 57 °C anzeigt. Falls die Zubereitung alternativ in einer Grillpfanne erfolgt, die Pfanne bei mittelhoher Temperatur erhitzen, Olivenöl dazugeben und die Koteletts braten. Kapern und Piquillo-Paprika als Beilage reichen.

Pulled-Pork-Tacos mit Apfel-Chili-Krautsalat

Vor ein paar Jahren, als Michael und ich den großen Schritt wagten und von Washington, D. C. über Land unserem neuen Domizil in San Francisco entgegenfuhren, aßen wir unterwegs bei Straßenhändlern in Südkalifornien die besten Tacos, die wir je hatten. Ihre Perfektion und ihr volles Aroma haben mich zu diesen Pulled-Pork-Tacos inspiriert, einer ausgewogenen Kombination von Schärfe und Säure in Verbindung mit der erdigen Süße von Jaggery.

4 Portionen (ergibt 210 g Krautsalat)

Pulled Pork

1,4 kg Schweineschulter ohne Knochen
1 mittelgroße Zwiebel, geschält und geviertelt
480 ml Weißwein
50 g Jaggery
60 ml Apfelessig
2 EL Amchoor
1½ TL Kashmiri-Chilipulver
6 schwarze Pfefferkörner
5 ganze Nelken
2 Lorbeerblätter
Saat von 10 grünen Kardamomkapseln, zerstoßen
1 Sternaniskapsel
1 Stück (5 cm) frischer Ingwer, geschält

Apfel-Chili-Krautsalat

2 große Äpfel der Sorte Granny Smith
60 ml Apfelessig
1 EL frischer Zitronensaft
2 EL frische Korianderblätter
2 EL frische Minzeblätter
1 Serrano-Chili, bei Bedarf entkernt, in feine Streifen geschnitten
½ TL gemahlener weißer Pfeffer
½ TL feines Meersalz

8 bis 12 Mais- oder Weizenmehltortillas
1 oder 2 Limetten, geviertelt, zum Servieren

TIPPS UND TRICKS Schwein harmoniert ausgezeichnet mit süßen und sauren Aromen, besonders solchen mit einem fruchtigeren Profil. Hier sorgen Amchoor (gemahlene, getrocknete unreife Mango), Apfelessig und Weißwein für säuerliche Noten, während der Jaggery erdige Süße verleiht. Durch das langsame Schmoren der Schweineschulter in dem mit Gewürzen durchtränkten säuerlichen Wein und Essig wird das Fleisch weich und zart und absorbiert gleichzeitig die Aromen der Flüssigkeit. Minziger Apfel und Serrano-Chili geben den Tacos einen Frischekick.

Pulled Pork zubereiten: Backofen auf 200 °C vorheizen. Überschüssiges Fett vom Schwein abschneiden und entsorgen. Fleisch in einen mittelgroßen Feuertopf (Dutch Oven) legen. Die übrigen Zutaten in einen Mixer geben und auf hoher Stufe zu einer glatten Konsistenz pürieren. Über das Schwein gießen. Den Deckel des Topfes mit zwei oder drei Blatt Alufolie umwickeln, dabei den Rand fest zusammendrücken, damit der Deckel beim Aufsetzen auf den Topf wie eine Dichtung wirkt. Den Topf mit dem Deckel verschließen. Das Schwein 2½ bis 3 Stunden im Ofen schmoren, bis es zart und gar ist und auseinanderfällt. Aus dem Ofen nehmen und 1 bis 2 Stunden abkühlen lassen. Das Schwein über Nacht im Topf im Kühlschrank aufbewahren.

Krautsalat zubereiten: Äpfel entkernen, schälen und raspeln, überschüssige Flüssigkeit herausdrücken und entsorgen und die Äpfelraspel in eine mittelgroße Schüssel geben. Die übrigen Zutaten hinzufügen, gut verrühren, abschmecken und bei Bedarf nachwürzen. Mit Frischhaltefolie abdecken und vor dem Servieren 30 Minuten im Kühlschrank ziehen lassen.

Für die Zubereitung der Tacos das erstarrte Fett vom Schwein und der Oberfläche der Flüssigkeit abschöpfen und entsorgen. Bei mittelhoher Temperatur auf dem Herd aufwärmen. Tortillas auf einer heißen Pfanne oder direkt über einer Gasflamme erwärmen. Zum Servieren jeweils 1 bis 2 großzügige Esslöffel Pulled Pork in eine warme Tortilla füllen und 1 TL Krautsalat dazugeben. Als Imbiss oder volle Mahlzeit servieren und Limetten zum Beträufeln als Beilage reichen.

Selbst gemachte Chorizo nach goanischer Art

Die goanische Gemeinde in Indien ist zu Recht stolz auf ihre goanische Wurst bzw. goanische *chouriço*, wie sie manchmal genannt wird. Zu diesem Zweck werden fette Stücke vom Schwein zusammen mit Gewürzen und *feni* gekocht. Feni ist ein einheimischer Landschnaps ähnlich Moonshine, der durch natürliche Fermentation des Saftes der Kokospalme oder der Frucht des Cashewbaums entsteht. Diese Mischung wird dann in eine Hülle gestopft und mehrere Tage gepökelt. Die würzige Wurst schmeckt kurz gebraten mit Gemüse oder als Naan-Füllung (Michaels Lieblingszubereitung) und wird sogar zum Aromatisieren von Reis verwendet. Da goanische Wurst und Feni in den USA so gut wie nicht erhältlich sind, habe ich ein einfacheres Rezept mit Kokosessig entwickelt. Der Kokosessig kann auch durch Apfelessig ersetzt werden.

Ergibt 455 g

---

1 TL schwarze Pfefferkörner

½ TL Kreuzkümmelsamen

3 ganze Nelken

455 g Schweinehackfleisch (vorzugsweise mit Fett)

60 ml Kokosessig

2 Knoblauchzehen, fein gehackt

1 Stück (2,5 cm) frischer Ingwer, geschält und geraspelt

1 EL getrockneter Oregano

1 EL gemahlener Kashmiri-Chili

1 TL Cayennepfeffer

1 TL Jaggery oder brauner Zucker

1 TL feines Meersalz

¼ TL gemahlener Zimt

Schwarze Pfefferkörner, Kreuzkümmelsamen und Nelken in einem Mörser oder einer Gewürzmühle vermahlen und in eine große Schüssel umfüllen. Die übrigen Zutaten dazugeben und mit einer Gabel gut vermengen. Zu einer Rolle formen, in Wachspapier oder Pergamentpapier einwickeln und mindestens 1 Stunde oder bevorzugt über Nacht im Kühlschrank fest werden lassen.

Stücke von der *chouriço* nach Bedarf abschneiden. In einer Pfanne bei mittelhoher Temperatur etwa 10 Minuten braten, bis die Innentemperatur auf einem digitalen Küchenthermometer 73 °C anzeigt. In Frischhaltefolie eingewickelt sind Reste der *chouriço* in einem wiederverschließbaren Plastikbeutel bis zu 1 Monat im Tiefkühler haltbar.

TIPPS UND TRICKS Kokosessig ist die wichtigste Zutat in diesem Rezept, denn er intensiviert die Würze des Fleisches und pökelt es zugleich. Gemahlener Kashmiri-Chili gibt der Wurst ihre dunkelrote Farbe, während Cayennepfeffer Schärfe verleiht. Bei der Herstellung von Würsten wie dieser *chouriço* verzichte ich auf das Rösten der Gewürze vor dem Mahlen, weil die Säure des Essigs ihre Aromen effektiv freisetzt.

KAPITEL 7: **SÜSSSPEISEN**

Wäre da nicht meine große Liebe zu Desserts, hätte ich nie meine hauptberufliche Anstellung gekündigt, um in einer Patisserie zu arbeiten. Mein Hang zu Süßem entwickelte sich bereits in jungen Jahren, denn bei unserem täglichen Teeritual um vier Uhr nachmittags gab es immer auch eine Art Snack oder Dessert, normalerweise einen Pudding oder ein Stück Kuchen.

Inder hegen eine Vorliebe für Süßes. Die Familie meines Dads bevorzugt eher traditionelle indische Desserts, die überwiegend auf Milchbasis beruhen, während die Familie meiner Mutter größtenteils goanische, portugiesische und westliche Süßspeisen mit Eiern zubereitet. Jedes Jahr zu Weihnachten und Ostern verbringen meine Mom und die Frauen in ihrer Familie Tage damit, Leckereien aus Marzipan sowie Kekse und Kuchen zu zaubern, um damit Nachbarn, Freunde und die Familie zu beglücken.

Ich mag schnörkellose Desserts mit kräftigen Aromen und überraschenden Texturen. Wenn ich vor der Wahl stehe, entscheide ich mich oft für eine Süßspeise mit Früchten der Saison. Teil des Vergnügens ist der Belohnungsaufschub – das monatelange Warten auf frische reife Pfirsiche oder die nächste Melonensaison, um mich dann von meiner Inspiration leiten zu lassen.

Gewürze können ein Dessert zu einem besonderen Erlebnis machen. Ein Großteil der Gewürze, die wir in herzhaften Gerichten verwenden, passt auch an süße Speisen. Scherzend bezeichne ich den grünen Kardamom immer als die indische Vanille, weil wir damit fast jedes erdenkliche Dessert würzen. Und mit schwarzem Pfeffer lässt sich der Geschmack reichhaltiger, schokoladiger Haselnusskekse (Seite 203) intensivieren. Gewürze eignen sich zudem zum Aromatisieren heißer Flüssigkeiten wie Milch für die Zubereitung von Eis (Seite 199).

Obst enthält reichlich Zucker, der unter dem Grill oder im Ofen karamellisiert und einem Dessert oder Kuchen Komplexität verleiht. Als Beispiel siehe die gegrillten Pfirsiche auf Seite 200 oder den Karamellkuchen mit Rumrosinen auf Seite 220. Die Kombination aromatischer Fette wie Ghee mit schmackhaften Blüten wie Holunderblüten oder Lavendel kommt in einem Kuchen (Seite 215) perfekt zur Geltung. Frische Kräuter können das Aroma vieler Desserts unterstreichen und für ein erfrischendes Finale sorgen, zum Beispiel das Shiso in meinem Himbeer-Sorbet (Seite 196).

Vollkorn hat ein ganz eigenes, einzigartiges Aroma und eine dezente Süße, deshalb entscheide ich mich bei der Zubereitung von Kuchen und Desserts oft für doppelgriffiges Vollkornmehl. Dieses Mehl enthält zwar reichlich Ballaststoffe, aber weniger Gluten als normales Vollkornmehl, weil es von hellem Weizen abstammt. In einem Kuchen sorgt es für eine feine Krume.

Schließlich gibt es auch bei Zucker geschmackliche Unterschiede. Wegen seines kräftigen, erdigen Geschmacks verwende ich in diesem Buch überwiegend Jaggery (siehe Seite 253). Und die dünne Schicht Kokosblütenzucker als Garnitur veredelt den Ghee-Kuchen (Seite 215) auf überraschende und äußerst schmackhafte Weise.

Wassermelonen-Holunderblüten-Granita

Ich glaube, Mutter Natur hat uns die köstlichen Wassermelonen nur geschenkt, damit wir die heißen Sommermonate überstehen können. Diese Wassermelonen-Granita mit ihrer flockigen Textur erstrahlt in einem kräftigen Farbton und die Zugabe kondensierter Kokosmilch sowie ein floraler Hauch Holunderblüten bringen die Granita in eine neue Geschmacksebene. Kondensierte Kokosmilch gibt es in den meisten Supermärkten und asiatischen Lebensmittelgeschäften.

6 bis 8 Portionen

- 910 g kernlose Wassermelone am Stück
- 50 g Zucker
- 60 ml frischer Limettensaft
- 2 EL Holunderlikör
- 120 ml kondensierte Kokosmilch

Wassermelone in große Stücke schneiden und in einen Mixer geben. Zucker, Limettensaft und Holunderlikör dazugeben und zu einer glatten Konsistenz pürieren. Durch ein Feinsieb in eine Schüssel passieren. Rückstände im Sieb entsorgen und die Flüssigkeit in eine Metallbackform oder einen Bräter gießen. Mit Alufolie abdecken und 1 Stunde tiefkühlen. Die Form aus dem Tiefkühler nehmen und den Inhalt mit einer Gabel verrühren, um die Eiskristalle aufzubrechen, die sich beim Gefrieren der Flüssigkeit bilden. Abdecken und die Form erneut 1 Stunde tiefkühlen. Die Form aus dem Tiefkühler nehmen und die Eiskristalle noch einmal mit der Gabel durchziehen und für eine weitere Stunde in den Tiefkühler stellen. Diesen Vorgang zweimal wiederholen. (Die Tiefkühlzeit für die Granita beträgt insgesamt 5 Stunden.) Die Granita noch einmal grob aufbrechen, sodass flockige Kristalle entstehen, dann mit Frischhaltefolie abdecken und bis zum Servieren tiefkühlen. Zum Servieren die Granita in Gläser oder Schüsseln schaben und jeweils mit einem großzügigen Esslöffel kondensierter Kokosmilch beträufeln. Reste der Granita sind in einem luftdichten Behälter bis zu 1 Woche im Tiefkühler haltbar. Jeweils vor dem Servieren die Kristalle mit einer Gabel auflockern.

TIPPS UND TRICKS Wassermelone schmeckt zuweilen leicht fad, doch frischer Limettensaft verschafft Auflockerung und gibt der Frucht zusätzliche Intensität. Holunderlikör wirkt im Hintergrund und verleiht eine florale Note, während die kondensierte Kokosmilch für optische und strukturelle Kontraste sowie ein tropisches Aroma sorgt.

Himbeer-Shiso-Sorbet

Vor ein paar Jahren in Washington, D. C. besuchte uns meine Mom zum ersten Mal und wir fuhren mit ihr auf eine Selbstpflückerfarm zur Himbeerernte. Angestachelt durch die Konkurrenz anderer Pflücker und die gute alte Gier war unsere Ausbeute am Ende des Tages größer, als wir je zu essen in der Lage sein würden. Also blieb uns nichts anderes übrig, als die überschüssigen Beeren einzufrieren und später zu einem Himbeer-Sorbet zu verarbeiten.

Ergibt 480 ml

200 g Zucker
240 ml Wasser
20 grüne Shiso- bzw. Perilla-Blätter
480 g frische Himbeeren
1½ EL frischer Zitronensaft

Ein Feinsieb mit einem Seihtuch auslegen und beiseitestellen.

Zucker und Wasser in einem kleinen Kochtopf siedend aufkochen, bis der Zucker sich unter Rühren auflöst. Den Zuckersirup vom Herd nehmen. Shiso-Blätter dazugeben und mit einem Stößel oder Holzlöffel im Sirup zerdrücken. Abdecken und 2 Stunden bei Raumtemperatur ziehen lassen. Die Blätter entsorgen. Den Sirup in einen Mixer umfüllen, Himbeeren und Zitronensaft dazugeben und gut pürieren. Die Sorbetbasis durch das mit dem Seihtuch ausgelegte Feinsieb in eine Schüssel passieren und Samenreste im Sieb entsorgen. Im Kühlschrank aufbewahren oder in einen wiederverschließbaren Plastikbeutel umfüllen und in eine mit Eiswasser gefüllte Schüssel tauchen, bis die Sorbetbasis auf einem digitalen Küchenthermometer eine Temperatur von 5 °C erreicht.

Die Sorbetbasis in eine Eismaschine umfüllen und nach Anweisung des Herstellers anrühren. Mit einem Löffel in einen luftdichten Gefrierbehälter umfüllen und mindestens 6 Stunden im Tiefkühler gefrieren. Zum Servieren das Sorbet etwa 5 Minuten bei Raumtemperatur akklimatisieren lassen, dann Kugeln formen. Sorbetreste sind bis zu 1 Woche im Tiefkühler haltbar.

TIPPS UND TRICKS Die Shiso- bzw. Perilla-Pflanze gehört zur Familie der Minzen und kommt häufig in der japanischen Küche zum Einsatz. Es gibt grüne und rote Varianten und beide erinnern geschmacklich an grüne Minze. Die grüne Variante hat zusätzlich eine leichte Zimtnote und die rote schmeckt leicht nach Anis. Wenn die Blätter zerdrückt werden und anschließend in heißem Zuckersirup ziehen, nimmt das Sorbet das Aroma vollständig auf.

Jaggery-Eiscreme

Jaggery ist ein typischer Süßstoff der indischen Küche und wird durch das Verdampfen von Zuckerrohr oder Dattelpalmensaft gewonnen. Dabei entsteht ein krümeliger Zucker mit einem Hauch von Melassen und einem leicht salzigen Aroma. Es gibt ihn in verschiedenen Brauntönen, wobei ich für dieses Eis die hellere goldbraune Variante vorziehe, um die Goldtöne des Safrans zu bewahren.

6 bis 8 Portionen

Saat von 2 grünen Kardamomkapseln, zerstoßen
120 ml Vollmilch
600 ml Schlagsahne
130 g Jaggery (Block)
¼ TL Safranfäden
6 Eigelbe

Kardamomsaat in einem Mörser oder einer Gewürzmühle vermahlen. In einen mittelgroßen Kochtopf umfüllen und Milch, Schlagsahne, Jaggery und Safranfäden dazugeben. Bei niedriger Temperatur 4 bis 5 Minuten erhitzen, bis der Jaggery vollständig aufgelöst ist. Vom Herd nehmen.

Eigelbe in einer kleinen Schüssel verquirlen. Eigelbe in den Kochtopf geben und schnell unter die Zutaten schlagen, bis alles gut vermengt ist. Bei niedriger Hitze unter ständigem Rühren köcheln lassen, bis die Mischung zu einer puddingartigen Konsistenz eindickt und an der Rückseite eines Holzlöffels haften bleibt. (Wenn mit einem Finger eine Linie durch die Puddingschicht an der Löffelrückseite gezogen wird, sollte diese nicht verwischen.) Unter ständigem Rühren weiterköcheln, bis die Mischung auf einem digitalen Küchenthermometer eine Temperatur von 85 °C erreicht. Vom Herd nehmen. Die Eisbasis durch ein Feinsieb in eine mittelgroße Schüssel passieren, um Klumpen aufzufangen. Aufgefangene Safranfäden wieder in die Eisbasis geben. In einen großen wiederverschließbaren Plastikbeutel umfüllen. Den Beutel verschließen und in eine mit Eiswasser gefüllte große Schüssel tauchen und etwa 30 Minuten ruhen lassen, bis die Eisbasis vollständig abgekühlt ist.

Die Eisbasis in eine Eismaschine umfüllen und nach Anweisung des Herstellers anrühren. Das Eis in einen luftdichten Gefrierbehälter schaben, ein angepasstes Stück Pergamentpapier auf die Oberfläche der Eiscreme drücken und mindestens 2 bis 4 Stunden im Tiefkühler fest werden lassen. Vor dem Servieren das Eis etwa 5 Minuten bei Raumtemperatur leicht weich werden lassen. Eisreste sind bis zu 5 Tage im Tiefkühler haltbar.

TIPPS UND TRICKS Jaggery ist ein unraffinierter Süßstoff. Er steckt voller Mineralien und schmeckt deshalb erdig mit einem Hauch von Melasse. Als Aromastoffe für die Eiercreme eignen sich grüner Kardamom und Safran, wobei der Safran gleichzeitig einen hübschen goldgelben Farbton verleiht. Grüner Kardamom gilt als kühlendes Gewürz und in gefrorenen Süßspeisen entfaltet er sein Aroma noch wirkungsvoller. Lassen Sie sich nicht dazu verleiten, zu viele Safranfäden zu verwenden, denn sie können geschmacklich schnell dominieren.

Gegrillte Pfirsiche mit würzigem Ahornsirup

Nach meiner Ankunft in Amerika verdrängten saftige Pfirsiche aus dem Süden die indische Mango von dem besonderen Platz in meinem Herzen, den ich für sie reserviert hatte. Ich bevorzuge gelbe Pfirsiche gegenüber den weißen, weil sie etwas säuerlicher sind und besser mit Gewürzen harmonieren. Der würzige süßsaure Ahornsirup, mit dem ich diese gegrillten Pfirsiche überziehe, passt außerdem gut zu Hühnernuggets mit knuspriger Curryblattpanade (Seite 48).

6 PORTIONEN

Würziger Ahornessigsirup
240 ml Ahornsirup
60 ml Apfelessig
1 TL bunter Pfeffer
1 TL Fenchelsamen
1 TL Koriandersamen

Vanille-Crème fraîche
1 Vanilleschote
200 g Kefir-Crème fraîche (Seite 260)
30 g Puderzucker

Pfirsiche
6 feste, reife gelbe Pfirsiche, halbiert und ohne Stein
55 g ungesalzene Butter, geschmolzen

Sirup zubereiten: Ahornsirup und Essig in einer kleinen Schüssel vermengen. Beiseitestellen. Eine kleine Pfanne bei hoher Temperatur erhitzen und Pfefferkörner, Fenchelsamen und Koriandersamen hineingeben. Die Gewürze 30 bis 45 Sekunden rösten, bis sie aromatisch durften, dabei gelegentlich umrühren, um eine gleichmäßige Röstung zu erhalten. Vom Herd nehmen und die Samen in einen Mörser umfüllen. Behutsam zu grobem Pulver zerstoßen und in den Ahornessigsirup unterrühren. Mit Frischhaltefolie abdecken und mindestens 2 Stunden oder bevorzugt über Nacht im Kühlschrank ziehen lassen.

Crème fraîche zubereiten: Vanilleschote längs halbieren und die Samen in eine kleine Schüssel kratzen. Crème fraîche und Puderzucker dazugeben und die Zutaten verquirlen. Mit Frischhaltefolie abdecken und bis zur weiteren Verwendung im Kühlschrank aufbewahren.

TIPPS UND TRICKS Dieses Rezept bezieht seine Inspiration von den Aromen des amerikanischen Südens und Indiens und bietet interessante geschmackliche und temperaturbedingte Kontraste. Pfirsiche mit einer dünnen Schicht Butter werden unter dem Grill heiß und knusprig, während der Löffel Crème fraîche sich samtig und kühl dagegen absetzt. Der süßsaure Sirup liefert spritzigen Genuss und wird untermalt von einer warmen Infusion gemischter Gewürze.

Pfirsiche grillen: Einen Rost in das obere Drittel des Backofens einsetzen und den Grill vorheizen. Die Pfirsichhälften auf der Fruchtfleischseite mit der geschmolzen Butter bestreichen und mit der Hautseite nach unten in eine Backform oder auf ein Backblech legen. Die Pfirsiche 5 bis 6 Minuten grillen, bis sie an der Oberfläche karamellisieren und der Saft zu brodeln beginnt, dabei nicht aus den Augen lassen, damit sie nicht verbrennen. Auf eine Servierplatte legen.

Jede Pfirsichhälfte mit etwas gekühlter Crème fraîche garnieren und großzügig würzigen Ahornessigsirup darüberträufeln. Sofort servieren.

Würzige Schoko-Haselnusskekse

Anfang des achtzehnten Jahrhunderts fand in der Schweiz (ACHTUNG: eigentlich in Turin, Italien; Schweizer Zuckerbäcker haben dort ihr Handwerk gelernt!) eine Hochzeit statt und seither ist die Welt wie verändert. Ich spreche von dem heiligen Bund zwischen Schokolade und Haselnüssen, die zusammen zu einer sogenannten *gianduja* gemahlen werden. Dieses Vorgehen beruht auf einer wirtschaftlichen Notwendigkeit, als Kakao teuer war und Haselnüsse als Lückenfüller dienten. Eine Warnung vorweg: Diese Kekse machen süchtig!

ERGIBT 1 DUTZEND KEKSE

165 g Haselnussmehl

200 g Jaggery (Block) oder Muscovadozucker

1½ TL Backpulver

½ TL Natron

½ TL frisch gemahlener schwarzer Pfeffer

¼ TL feines Meersalz

1 großes Ei, leicht geschlagen

2 EL ungesalzene Butter, geschmolzen

1 TL Haselnuss-Extrakt oder Vanille-Extrakt

75 g bittersüße Schokolade (70 % Kakao), gehackt

55 g kristallisierter Ingwer, gehackt

Haselnussmehl, Jaggery, Backpulver, Natron, schwarzen Pfeffer und Salz in einer großen Schüssel verquirlen. Ei, geschmolzene Butter, Haselnuss-Extrakt, Schokolade und Ingwer dazugeben und mit einem großen Holzlöffel verrühren, bis der Teig bindet. Die Hände leicht mit Öl einfetten, damit der Teig nicht daran haftet. Den Teig in zwölf gleiche Teile aufteilen und zu Kugeln formen. Diese zu Talern mit 5 cm Durchmesser platt drücken. Die Taler auf ein mit Backpapier ausgelegtes Backblech legen. Das gesamte Backblech fest mit Frischhaltefolie umwickeln und mindestens 10 Minuten oder bevorzugt 2 Stunden im Tiefkühler aufbewahren.

Zum Backen der Kekse den Backofen auf 180 °C vorheizen. Ein zweites Backblech mit Pergamentpapier auslegen. Das Backblech aus dem Tiefkühler nehmen und die Hälfte der Teigtaler auf das zweite Blech legen. Die Taler auf beiden Backblechen verteilen und eines der Bleche in den Kühlschrank stellen. Die Bleche nacheinander in den Ofen schieben und die Kekse jeweils 12 bis 15 Minuten goldbraun backen. Vollständig auf Gitterrosten abkühlen lassen. Die Kekse sind in einem luftdichten Behälter bis zu 4 Tage bei Raumtemperatur haltbar.

TIPPS UND TRICKS Schwarzer Pfeffer und Ingwer sorgen für einen würzigen Schärfekick, der den Geschmack der Schokolade intensiviert. Für mehr Schärfe kann die Pfeffermenge verdoppelt werden. Der Haselnuss-Extrakt verstärkt das Haselnussaroma des Nussmehls. Der Keks, der dabei herauskommt, schmeckt einfach unwiderstehlich.

Süßkartoffel-Bebinca

Bebinca ist das ultimative goanische Dessert: ein Eier-Kokosmilch-Pudding, der sich auf unterschiedliche Weise zubereiten lässt. Meine Großmutter Lucy bezeichnete ihre Version als „Bebinca-Attrappe", weil sie mit Süßkartoffelpüree angereichert und mit frisch geriebener Muskatnuss aromatisiert war. Ich mache diese Bebinca zu Thanksgiving, aber tatsächlich schmeckt sie zu jeder Jahreszeit.

8 bis 9 Portionen (ergibt eine *Bebinca* mit 23 cm Durchmesser)

- 2 bis 3 große Süßkartoffeln (insgesamt 565 g)
- 6 EL (85 g) Butter, geschmolzen, plus extra für die Backform
- 6 große Eier
- 200 g Jaggery oder Muscovadozucker
- 60 ml Ahornsirup
- 1 TL frisch gemahlene Muskatnuss
- ½ TL gemahlene Kurkuma
- ¼ TL feines Meersalz
- 1 Dose (400 ml) Vollfett-Kokosmilch
- 140 g Weizenmehl (Type 550)

Backofen auf 200 °C vorheizen. Süßkartoffeln abspülen und vom Schmutz befreien, mit Papiertüchern trockentupfen und mehrmals mit einer Gabel einstechen, sodass Dampf entweichen kann. Kartoffeln in eine Backform oder auf ein mit Alufolie ausgelegtes Backblech legen. 35 bis 45 Minuten rösten, bis sie komplett weich sind. Vollständig abkühlen lassen. Süßkartoffeln schälen, die Schalen entsorgen und das Fruchtfleisch in einer Küchenmaschine pürieren. 400 g abwiegen und beiseitestellen, den Rest für andere Zwecke aufbewahren. (Süßkartoffeln können 1 Tag im Voraus zubereitet und in einem luftdichten Behälter im Kühlschrank aufbewahrt werden.) Die Ofentemperatur auf 180 °C reduzieren.

Den Boden einer runden Kuchenform (23 cm) mit 5 cm hohem Rand mit Pergamentpapier auslegen und leicht mit Butter einfetten. Die Form auf ein Backblech stellen. Das abgekühlte Püree der gerösteten Süßkartoffeln, Eier, Jaggery, Ahornsirup, 6 EL (85 g) Butter, Muskatnuss, Kurkuma und Salz in einer großen Schüssel zu einer glatten Konsistenz verquirlen. Kokosmilch und Mehl unterquirlen, bis das Mehl ohne Klumpen glatt eingearbeitet ist.

Fortsetzung folgt

TIPPS UND TRICKS Für diese Süßspeise verwende ich Süßkartoffeln mit orangefarbenem Fruchtfleisch (gut geeignet sind die Sorten Garnet und Jewel). Zusätzlich verstärkt Kurkuma den Orangeton. (Aus diesem Grund eignet sich das Gewürz auch für Kürbis- und Süßkartoffelfüllungen.) Frisch gemahlene Muskatnuss gibt dem Dessert eine zarte, aber unmissverständlich süße Note.

Teig in die vorbereitete Kuchenform umfüllen und die Form auf dem Backblech in den Ofen schieben. 55 bis 60 Minuten backen, dabei das Backblech nach der Hälfte der Zeit einmal drehen. Der Pudding sollte in der Mitte druckfest sein mit einer leicht goldbraunen Färbung am Rand. Aus dem Ofen nehmen und auf einem Gitterrost vollständig in der Form abkühlen lassen. Die Form mit Frischhaltefolie umwickeln und den Pudding mindestens 6 Stunden oder bevorzugt über Nacht im Kühlschrank fest werden lassen.

Nach der Kühlzeit den Rand der *bebinca* mit einem scharfen Messer von der Form lösen, die Form auf ein mit Backpapier ausgelegtes Backblech stürzen und leicht auf den Boden klopfen, sodass die *bebinca* sich aus der Form löst. Das Pergamentpapier von der Oberfläche abziehen. Umgekehrt auf eine Servierplatte stürzen und die zweite Lage Pergamentpapier abziehen.

Die gekühlte *bebinca* mit einem scharfen gezackten Messer in Stücke schneiden und servieren. In Frischhaltefolie eingewickelt sind Reste der *bebinca* in einem luftdichten Behälter bis zu 1 Woche im Kühlschrank haltbar.

Apfel- und Masala-Chai-Kuchen

Diesen bäuerlichen Kuchen mit vielen weichen Apfelstücken und einer einfachen Puderzuckergarnitur habe ich erstmals zu Beginn meines Blogs *A Brown Table* vor ein paar Jahren gebacken. Wie der Titel Masala Chai besagt, muss der Kuchen natürlich Tee enthalten und dafür mische ich gemahlene Darjeeling-Teeblätter direkt in das Mehl.

8 BIS 9 PORTIONEN (ERGIBT EINEN KUCHEN MIT 23 CM DURCHMESSER)

- 165 g ungesalzene Butter, Raumtemperatur, gewürfelt, plus extra zum Einfetten der Kuchenform
- 2 EL Teeblätter der Sorte Darjeeling
- 280 g Weizenmehl (Type 550)
- 2 TL Backpulver
- ¼ TL Natron
- 1½ TL Chai Masala (Seite 264)
- ¼ TL feines Meersalz
- 2 große Äpfel der Sorte Fuji oder Granny Smith, entkernt, geschält und gewürfelt
- 200 g brauner Zucker (Block)
- 4 große Eier, Raumtemperatur
- 60 g Puderzucker

Eine runde Backform (23 cm) mit Butter einfetten und den Boden mit Pergamentpapier auslegen. Backofen auf 180 °C vorheizen.

Teeblätter im Mörser zu einem feinen Pulver vermahlen. Gemahlene Teeblätter, Mehl, Backpulver, Natron, Chai Masala und Salz in einer großen Schüssel verquirlen. Äpfel in eine mittlere Schüssel geben und mit 2 EL Mehlmischung gründlich vermengen.

165 g Butter und braunen Zucker in der Schüssel eines Standmixers mit dem Flachschläger auf mittelhoher Stufe 2 bis 3 Minuten zu einer cremigen, luftig-leichten Konsistenz schlagen. Die Eier nacheinander dazugeben und jedes Ei einzeln unterquirlen. Die Geschwindigkeit auf mittlere bis niedrige Stufe reduzieren, die Mehlmischung dazugeben und 1 bis 1½ Minuten verquirlen, bis das Mehl ohne Klumpen glatt eingearbeitet ist. Die Schüssel aus dem Standmixer nehmen und die Äpfel unterheben.

Fortsetzung folgt

TIPPS UND TRICKS Wenn die Teeblätter vor der Zugabe an den Kuchenteig gemahlen werden, kann ihr Aroma sich ungehindert im Kuchen entfalten. Während des Backens reagiert das Natron mit den Tanninen im Tee und mildert vorhandene Bitterstoffe. Dieser einfache Kuchen steckt voller Aroma, verwenden Sie als Gewürz jedoch nur frisch zubereitetes Chai Masala.

Den Teig in die vorbereitete Form umfüllen und mit einer gekröpften Palette glatt streichen. 55 bis 60 Minuten goldbraun backen, bis der Kuchen druckfest ist und an einem mittig eingesteckten Stäbchen kein Teig mehr haftet, dabei die Form nach der Hälfte der Backzeit einmal drehen. Auf einem Gitterrost 5 Minuten in der Form abkühlen lassen. Den Kuchen mit einem Messer vom Rand der Form lösen. Aus der Form nehmen und auf dem Gitterrost vollständig abkühlen lassen. Den Kuchen vor dem Servieren mit Puderzucker bestäuben. Der Kuchen hält sich in einem luftdichten Behälter bei Raumtemperatur 2 bis 3 Tage, dafür den Behälter zum Absorbieren von Feuchtigkeit mit einem sauberen Küchentuch auslegen.

Dattel- und Tamarindenkuchen

Zu diesem Kuchen hat mich ein süßes Chutney aus Datteln und Tamarinde inspiriert, das normalerweise als Dip zu Samosas und anderen gebratenen Snacks gereicht wird. Am liebsten bestäube ich diesen Kuchen mit Puderzucker oder beträufele ihn mit etwas Kefir-Crème fraîche (Seite 260).

8 BIS 9 PORTIONEN (ERGIBT EINEN KUCHEN MIT 21,5 CM DURCHMESSER)

90 g saures Tamarindenfruchtfleisch oder Tamarindenpaste

240 ml kochendes Wasser

280 g Weizenmehl (Type 550)

2 TL gemahlener Ingwer

½ TL frisch gemahlener schwarzer Pfeffer

1½ TL Backpulver

½ TL Natron

¼ TL feines Meersalz

16 Medjool-Datteln (Königsdatteln), ohne Kern, fein gehackt

60 g Walnüsse, gehackt, plus 6 Walnusshälften

180 ml plus 1 TL natives Olivenöl extra

150 g Jaggery (Block) oder Muscovadozucker

2 große Eier, Raumtemperatur

120 g Puderzucker

Tamarinde in eine mittelgroße hitzebeständige Schüssel geben, mit kochendem Wasser übergießen und die Tamarinde mit einem Löffel nach unten drücken, sodass sie vollständig mit Wasser bedeckt ist. Mit Frischhaltefolie abdecken und mindestens 1 Stunde ruhen lassen. Das Fruchtfleisch massieren und ausdrücken, um es aufzuweichen. Durch ein Feinsieb in eine Schüssel drücken und Rückstände im Sieb entsorgen. 240 g Fruchtfleisch für dieses Rezept abwiegen. 2 EL Fruchtfleisch in einer kleinen Schüssel für die Zubereitung der Glasur beiseitestellen.

Backofen auf 180 °C vorheizen. Eine Kastenform (21,5 x 11 cm) mit Butter einfetten und den Boden mit Pergamentpapier auslegen.

Mehl, Ingwer, Pfeffer, Backpulver, Natron und Salz in einer großen Schüssel verquirlen. Datteln in eine kleine Schüssel geben. Walnüsse und 2 EL trockene Mehlmischung dazugeben und gründlich vermengen.

180 ml Olivenöl und Jaggery in einem Mixer auf hoher Stufe ein paar Sekunden mit der Pulse-Funktion bearbeiten, bis das Öl vollständig emulgiert.

TIPPS UND TRICKS Ein Schnellmixer ist ein großartiges Gerät für die Zubereitung olivenölhaltiger Kuchen, denn er kann Luft schnell aufschlagen und die Flüssigkeiten im Teig emulgieren, sodass eine feine Kuchenkrume entsteht. Als Kontrast zu der Tamarinde und den Datteln im Teig wird dieser Kuchen zunächst mit Ingwer und schwarzem Pfeffer gewürzt und mit Jaggery gesüßt und erhält abschließend für fruchtige Frische eine Glasur aus Tamarinde. Ich verwende lieber die saure Tamarinde, die es in asiatischen Supermärkten gibt, als die süßere mexikanische Variante, weil ihr kräftigeres Aroma beim Backen besser zur Geltung kommt.

Ein Ei dazugeben und 3 bis 4 Sekunden untermengen. Den Vorgang mit dem zweiten Ei wiederholen.

Die trockenen Zutaten in der Schüssel mittig mit einer Mulde versehen und die Ei-Mischung in die Mulde gießen. Die trockenen Zutaten unter die Ei-Mischung quirlen, bis das Mehl ohne Klumpen glatt eingearbeitet ist. Dann die Datteln und Walnüsse unterheben.

Den Teig mit einem Löffel in die vorbereitete Kastenform umfüllen. Die Walnusshälften entlang der Mittellinie des Kuchens aufreihen. 55 bis 60 Minuten backen, bis der Kuchen mittig druckfest ist und am Teststäbchen kein Teig mehr haftet, dabei die Form nach der Hälfte der Backzeit einmal drehen. Auf einem Gitterrost etwa 10 Minuten in der Form abkühlen lassen, dann den Kuchen mit einem Messer vom Rand der Form lösen. Aus der Form nehmen und auf einem Gitterrost vollständig abkühlen lassen.

1 TL Olivenöl in die kleine Schüssel mit der beiseitegestellten Tamarinde geben. Puderzucker hineinsieben und die Zutaten zu einer vollständig glatten Konsistenz verquirlen. Den Kuchen mit der Glasur bestreichen und die Glasur vor dem Servieren 1 Stunde fest werden lassen.

Ghee-Holunderblüten-Kuchen

Die Inder, besonders im Norden, verwenden Ghee in der Küche für fast alles, einschließlich Desserts. Wir braten sogar Nüsse und Rosinen in Ghee und garnieren damit *kheer* (einen Reispudding). Holunderblütensirup verleiht diesem hocharomatischen Kuchen eine florale Note. Servieren Sie dazu eine Portion gesüßte Crème fraîche (Seite 200) und frische Beeren.

8 BIS 9 PORTIONEN (ERGIBT EINEN KUCHEN MIT 23 CM DURCHMESSER)

200 g Ghee (Seite 268), geschmolzen, plus extra zum Einfetten der Form

3 EL Jaggery oder Muscovadozucker

280 g Weizenmehl (Type 550)

2 TL Backpulver

½ TL feines Meersalz

200 g Zucker

4 große Eier, Raumtemperatur

120 ml fettarme Milch (2 Prozent), Raumtemperatur

120 ml Holunderblütensirup

Backofen auf 180 °C vorheizen. Eine runde Kuchenform (23 cm) mit etwas geschmolzenem Ghee einfetten und mit Pergamentpapier auslegen. Das Pergamentpapier ebenfalls leicht mit Ghee bestreichen. Den Boden und Rand der Form gleichmäßig mit Jaggery besprenkeln, dabei die Form drehen.

Mehl, Backpulver und Salz in einer mittelgroßen Schüssel verquirlen. 200 g Ghee und Zucker in einer großen Schüssel zu einem homogenen dünnen Brei verquirlen. Die Eier nacheinander gründlich unterquirlen. Die Hälfte der trockenen Zutaten dazugeben und zu einer homogenen Konsistenz verquirlen. Milch und die übrigen trockenen Zutaten unterquirlen, bis der Teig glatt und das Mehl ohne Klumpen eingearbeitet ist. Den Teig in die vorbereitete Form umfüllen und die Teigoberfläche mit einer kleinen gekröpften Palette glatt streichen.

45 bis 50 Minuten backen, dabei die Form nach der Hälfte der Zeit einmal drehen. Den Kuchen aus dem Ofen nehmen und auf einem Gitterrost 5 Minuten in der Form abkühlen lassen. Den Kuchen mit einem Messer vom Rand der Form lösen. Auf einen Servierteller stürzen und leicht auf den Boden der Form klopfen, sodass der Kuchen sich aus der Form löst. Weitere 5 Minuten abkühlen lassen und dann vorsichtig das Pergamentpapier abziehen. Auf Raumtemperatur abkühlen lassen. Den Kuchen großzügig mit Holunderblütensirup bestreichen und vor dem Servieren zum Absorbieren der Flüssigkeit weitere 10 Minuten ruhen lassen. In Pergamentpapier und Alufolie eingewickelt sind Kuchenreste bis zu 4 Tage bei Raumtemperatur haltbar.

TIPPS UND TRICKS Ghee entsteht, wenn Wasser in Butter verdampft und das Milcheiweiß karamellisiert. Die Aromastoffe des Butterfetts und Jaggery dringen beim Backen in den Kuchen ein. Für einen leicht beschwipsten Kuchen kann der Sirup durch Holunderlikör ersetzt werden. Auch ½ TL gemahlener Kardamom am Teig sorgt für Abwechslung.

Gestürzter Maismehlkuchen mit Orange und Fenchel

Im Winter und zu Beginn des Frühjahrs wird auf dem Bauernmarkt in Lake Merritt, Oakland, eine große Auswahl feinster Orangen angeboten, darunter Valencia, Blut- und Navel-Orangen, Satsumas und mehr. Es gibt kaum eine bessere Methode der Präsentation so lieblicher Orangen wie in diesem gestürzten Kuchen, der mit Fenchel aromatisiert und leicht karamellisiert ist.

Bei der Zubereitung von Kuchen mit Schrot oder einem groben Mehl wie Maismehl wende ich einen Trick an, den mir meine Großmutter beibrachte: Ich weiche den Kuchenteig über Nacht im Kühlschrank ein, damit er möglichst viel Flüssigkeit absorbiert. Auf diese Weise erhält der Kuchen eine ganz weiche Krume.

12 PORTIONEN (ERGIBT EINEN KUCHEN MIT 30,5 CM DURCHMESSER)

345 g ungesalzene Butter, Raumtemperatur, plus 4 EL (55 g), geschmolzen, zum Einfetten der Backform

1 TL Fenchelsamen

3 EL plus 300 g Zucker

2 Blutorangen, ungeschält

1 Valencia-Orange, ungeschält

280 g feines Maismehl

280 g Weizenmehl (Type 550) oder doppelgriffiges Vollkornmehl

1 EL Backpulver

1 EL Orangenschale, gerieben

1 TL gemahlener Fenchel

¼ TL feines Meersalz

6 große Eier, Raumtemperatur

180 ml frischer Mandarinen- oder Orangensaft (Sorte nach Belieben)

Mit einem Backpinsel eine runde Kuchenform (30,5 cm) großzügig mit der Hälfte der geschmolzenen Butter einfetten. Die Form mit einem rundgeschnittenen Bogen Pergamentpapier auslegen und das Papier mit der restlichen geschmolzenen Butter bestreichen. Den Boden der Form mit ganzen Fenchelsamen und 3 EL Zucker bedecken. Die Orangen mit einem scharfen Messer oder einer Küchenreibe mit Hobel in 4 mm dicke Scheiben schneiden. Die Orangenscheiben möglichst flächendeckend auf dem Zucker und den Fenchelsamen verteilen.

Fortsetzung folgt

TIPPS UND TRICKS Gestürzte Kuchen haben unzählige Vorteile. Orangenscheiben, Fenchelsamen und Zucker liegen hier am Boden der Form und auf diese Weise kann der Zucker durch die Hitze der Form karamellisieren und die Fenchelsamen werden geröstet. Beim Backen nimmt der Kuchen diese Aromen auf. Gleichzeitig verleiht die karamellisierte Frucht ein glamouröses Aussehen und eine Lage konzentrierter Süße.

Maismehl, Weizenmehl, Backpulver, Orangenschale, gemahlenen Fenchel und Salz in einer großen Schüssel verquirlen. 345 g Butter und 300 g Zucker in der Schüssel eines Standmixers mit dem Flachschlägel auf mittelhoher Stufe 4 bis 5 Minuten zu einer cremigen, luftig-schaumigen Konsistenz schlagen. Die Eier nacheinander dazugeben und jedes Ei einzeln unterquirlen. Die Geschwindigkeit des Mixers auf mittlere bis niedrige Stufe reduzieren, die Hälfte der trockenen Zutaten dazugeben und 1 bis 1½ Minuten gut verquirlen. Den Mandarinensaft unterquirlen, dann die übrigen trockenen Zutaten dazugeben und das Mehl ohne Klumpen gründlich einarbeiten. Den Teig in die vorbereitete Form umfüllen. Die Oberfläche des Teigs mit Frischhaltefolie abdecken und mindestens 8 Stunden oder bevorzugt über Nacht im Kühlschrank ruhen lassen.

Für die Zubereitung den Backofen auf 180 °C vorheizen. Den Kuchen 55 bis 60 Minuten backen, bis die Mitte fest ist, aber noch leicht nachgibt, und an einem mittig eingesteckten Stäbchen kein Teig mehr haftet, dabei die Form nach der Hälfte der Backzeit einmal drehen.

Die Form auf einen Gitterrost stellen und 10 Minuten abkühlen lassen. Den Kuchen mit einem Messer vom Rand der Form lösen und auf einen Teller stürzen. Weitere 10 bis 12 Minuten abkühlen lassen, dann leicht auf den Boden der Form klopfen, sodass der Kuchen sich aus der Form löst. Das Pergamentpapier abziehen und vollständig abkühlen lassen. Den Kuchen zum Servieren mit einem scharfen, gezackten Messer anschneiden.

Karamellkuchen mit Rumrosinen

Viele indische Katholiken sind stolz auf ihren Obstkuchen. Tatsächlich kann ich mich nicht entsinnen, jemals eine Hochzeit oder ein Weihnachten ohne Obstkuchen verbracht zu haben. Kaum ist Weihnachten im Dezember vorbei, machen sich die Leute geschäftig an die Arbeit, Rosinen in großen Gläsern mit Old Monk (einem indischen gewürzten Rum, den es auch in Amerika gibt) für das nächste Weihnachtsfest einzulegen. Dieses Rezept stammt von meiner Großmutter, ich habe es nur ein wenig abgewandelt.

12 BIS 14 PORTIONEN (ERGIBT 2,1 L NAPFKUCHEN)

210 g gemischte Rosinen

360 ml gewürzter Rum

1 EL ungesalzene Butter, geschmolzen, plus 220 g bei Raumtemperatur

715 g Zucker

120 ml Wasser

¼ TL Weinstein

500 g Weizenmehl (Type 550)

1½ TL Backpulver

½ TL feines Meersalz

110 g kandierter Ingwer, gehackt

100 g getrocknete Aprikosen oder Ananas, gehackt

50 g Cashews, gehackt

5 große Eier, Raumtemperatur

Rosinen in ein sauberes, steriles Glas (1,5 l) mit Deckel oder einen großen wiederverschließbaren Plastikbeutel einfüllen. Rum in einem kleinen Kochtopf bei niedriger Temperatur bis kurz vor den Siedpunkt erhitzen und über die Rosinen gießen. Den Beutel oder das Glas verschließen. Mindestens 12 Stunden, aber höchstens 1 Monat an einem kühlen dunklen Ort ziehen lassen. Das Glas oder den Beutel gelegentlich schütteln, um die Rosinen aufzulockern.

Backofen auf 150 °C vorheizen. Eine Gugelhupfform (2,1 l) mit 1 EL geschmolzener Butter ausstreichen, dabei auch die Ausbuchtungen in der Form nicht vergessen. Die Form mit 2 EL Zucker ausstreuen und schwenken, um den Zucker gleichmäßig zu verteilen.

200 g Zucker, 60 ml Wasser und Weinstein in einem kleinen Kochtopf mit schwerem Boden bei mittelhoher Temperatur erhitzen und den Zucker verrühren, bis er sich auflöst. Den brodelnden Zucker unter ständigem Rühren weitere 8 bis 10 Minuten kochen, bis er sich dunkelbraun färbt. Vom Herd

TIPPS UND TRICKS Nehmen Sie als Aromastoff für den Kuchen einen hochwertigen gewürzten Rum, der Ihnen wirklich schmeckt. Das Karamell gibt dem Kuchen eine bittersüße Note und einen bernsteinfarbenen Ton. Je dunkler der Zucker im Topf kocht, desto kräftiger färbt sich der Kuchen.

nehmen, 60 ml Wasser unterrühren, bis ein dicker Sirup entsteht und dann etwa 30 Minuten abkühlen lassen. Falls die Mischung zu fest ist, 2 EL Wasser unterrühren.

Mehl, Backpulver und Salz in einer großen Schüssel verquirlen. 70 g in eine mittelgroße Schüssel umfüllen. Die eingeweichten Rosinen abgießen, dabei den Rum in einer kleinen Schüssel auffangen und beiseitestellen. Rosinen, Ingwer, Aprikosen, Cashews und die umgefüllte Mehlmischung (70 g) in einer zweiten kleinen Schüssel gründlich verrühren.

220 g Butter und 500 g Zucker in der Schüssel eine Standmixers mit dem Flachschlägel auf mittelhoher Stufe 3 bis 4 Minuten zu einer cremigen, luftig-schaumigen Konsistenz schlagen. Die Geschwindigkeit des Mixers auf niedrige Stufe reduzieren und langsam das warme Karamell am Schüsselrand in einem dünnen Strahl in die Schüssel laufen lassen. Gut verquirlen. Nacheinander die Eier dazugeben und jedes Ei einzeln unterquirlen, bis es gut eingearbeitet ist, jedoch nicht zu stark quirlen. Die trockenen Zutaten halbieren und nacheinander dazugeben und portionsweise unterquirlen, bis das Mehl ohne Klumpen glatt eingearbeitet ist. Die Schüssel aus dem Standmixer nehmen und die mehlbedeckten getrockneten Früchte und Nüsse unterheben.

Den Teig in die vorbereitete Kuchenform umfüllen und etwa 2½ bis 3 Stunden backen, dabei die Form während des Backens einmal drehen. Der Kuchen ist fertig, wenn an einem mittig eingesteckten Stäbchen kein Teig mehr haftet oder die Innentemperatur 99 °C beträgt. Den Kuchen aus dem Ofen nehmen und auf einem Gitterrost 5 Minuten in der Form abkühlen lassen. Manchmal steht der Kuchen am Rand von der Form ab. Falls es nicht so ist, den Rand durch leichtes Ruckeln mit einem Buttermesser von der Form lösen. Den Kuchen in der Form auf einen Gitterrost stürzen und 5 bis 10 Minuten ruhen lassen. Leicht auf den Rand und den Boden der Form klopfen und die Form abheben. Den Kuchen nach 15 Minuten mit dem aufgefangenen Rum vom Abseihen der Rosinen bestreichen. Vor dem Servieren vollständig abkühlen lassen. Luftdicht in Frischhaltefolie eingewickelt sind Kuchenreste bis zu 1 Woche bei Raumtemperatur und bis zu 3 Wochen im Kühlschrank haltbar. (Vor dem Servieren den Kuchen erneut mit etwas Rum beträufeln.)

KAPITEL 8: **GETRÄNKE**

Dieses Kapitel enthält Rezepte einiger meiner Lieblingsgetränke mit und ohne Alkohol. Bei der Zubereitung eines Getränks sollte im Vorwege feststehen, wann und wie es serviert wird: zum Essen, nach dem Essen, als Dessert-Ersatz oder einfach als Muntermacher zwischendurch. Getränke auf Joghurtbasis, zum Beispiel ein Lassi (Seite 232), unterstützen die Verdauung und verschaffen dem Körper nach einem scharfen Essen Entspannung. Andere Getränke, zum Beispiel ein Eiskaffee mit Kardamom (Seite 239), liefern Energie und stimulieren die Sinne.

Für meine Großmutter gehörte es dazu, ein üppiges Mahl im Kreis der Familie oder im Rahmen einer Festlichkeit mit einem Glas Portwein zu beschließen. Auch auf katholischen Hochzeiten in Indien galt Portwein als Getränk der Wahl und wurde zum Hochzeitskuchen gereicht. Ich trinke zum Essen gerne ein Glas roten oder weißen Port und manchmal ein Glas Champagner.

Alkohol ist ein großartiges Lösungsmittel. Beispielsweise lassen sich mit Gin die Aromen und Geschmacksnoten von Ananas und Serrano-Chilis (Seite 243) extrahieren. Auf ähnliche Weise funktioniert Weinbrand mit buntem Pfeffer und Kardamom für einen leckeren Bellini (Seite 240).

Für die Zubereitung der meisten Getränke in diesem Kapitel braucht es nichts weiter als einen Mixer und einen Mörser. Und Zeit. Lesen Sie das ausgewählte Rezept zunächst gründlich durch, denn manchmal muss die Herstellung eines wesentlichen Extrakts oder Konzentrats Stunden oder sogar Tage im Voraus erfolgen.

Zweierlei Limonade

Im Sommer trinken wir immer unglaubliche Mengen Limonade. Mit einem einfachen Zitronensirup als Basis kann diese Limonade zwei ganz unterschiedliche Richtungen einschlagen: einerseits floral mit Orangenblüten, andererseits aromatisiert mit geröstetem Kreuzkümmel. Wer wie ich spritzige Limonade bevorzugt, verdünnt das Konzentrat mit gekühltem Sodawasser.

Orangenblütenlimonade

6 PORTIONEN

Zitronensirup

200 g Zucker

240 ml Wasser

240 ml frischer Zitronensaft

2 EL Orangenblütenwasser

720 ml gekühltes Sodawasser oder Wasser

Frische junge Minzeblätter oder Orangenblüten (oder beides) als Garnitur (optional)

Zitronensirup zubereiten: Zucker und Wasser in einem mittelgroßen Kochtopf vermengen, bei mittelhoher Temperatur leicht aufkochen und den Zucker verrühren, bis er sich auflöst. Vom Herd nehmen und bei Raumtemperatur abkühlen lassen. Zitronensaft unterrühren.

Für die Zubereitung der Limonade das Orangenblütenwasser unter den Zitronensirup rühren, sodass ein Konzentrat entsteht. Zum Servieren sechs hohe Gläser mit Eis füllen. 120 ml Zitronensirup-Orangenblütenkonzentrat in jedes Glas geben, mit 120 ml Sodawasser oder gekühltem Wasser auffüllen und umrühren. Nach Belieben mit Minzeblättern oder Orangenblüten oder beidem garnieren. Konzentratreste sind in einem luftdichten Behälter bis zu 1 Woche im Kühlschrank haltbar.

Fortsetzung folgt

TIPPS UND TRICKS Zitronensirup bietet größtmögliche Flexibilität. Wenn Ihnen der Sinn nach einer leicht aromatisierten Erfrischung steht, wählen Sie die Limonade mit Orangenblütenwasser, denn ihr süßer floraler Duft ist einfach unwiderstehlich. Die Version mit geröstetem Kreuzkümmel schmeckt intensiver und erdiger – für ein Getränk mit einer warmen Gewürznote und einer dezenten Rauchigkeit.

Limonade mit geröstetem Kreuzkümmel

6 PORTIONEN

Zitronensirup (siehe Seite 225)

1½ EL Kreuzkümmelsamen

720 ml gekühltes Sodawasser oder Wasser

Zitronenscheiben oder frische junge Minzeblätter (oder beides) als Garnitur (optional)

Zitronensirup zubereiten und beiseitestellen. Eine kleine, trockene Pfanne bei hoher Temperatur erhitzen und Kreuzkümmelsamen hineingeben. Die Samen 30 bis 45 Sekunden rösten, bis sie aromatisch duften, dabei gelegentlich umrühren, um eine gleichmäßige Röstung zu erhalten. Die heißen Samen in einen Mörser oder eine Gewürzmühle umfüllen und zu einem feinen Pulver vermahlen. Das geröstete Kreuzkümmelpulver schnell mit dem Zitronensirup vermengen. Abgedeckt 5 Minuten ruhen lassen.

Zum Servieren sechs hohe Gläser mit Eis füllen. 120 ml Kreuzkümmel-Zitronensirup in jedes Glas geben, mit 120 ml Sodawasser oder gekühltem Wasser auffüllen und umrühren. Nach Belieben mit Zitronenscheiben oder Minzeblätter oder beidem garnieren. Sirupreste sind in einem luftdichten Behälter bis zu 1 Woche im Kühlschrank haltbar.

Ingwer-Tamarinden-Limonade

In Indien serviert man Limettenlimo, Limonaden und frischen Zuckerrohrsaft gewöhnlich mit Ingwer, aber auch Tamarinde passt sehr gut. Servieren Sie das Getränk kalt und rühren Sie es vor dem Genuss gründlich um.

In diesem Rezept verwende ich Tamarindenfruchtfleisch, das große Samen enthält, die entfernt werden müssen. Widerstehen Sie der Versuchung, auf Tamarindenkonzentrat zurückzugreifen. Natürlich ist es praktisch in der Handhabung, denn es enthält keine Samen, aber geschmacklich kommt es nicht einmal annähernd an frisches Fruchtfleisch heran.

8 PORTIONEN

600 ml Wasser

70 g saures Tamarindenfruchtfleisch oder Tamarindenpaste

225 g frischer Ingwer, vorzugsweise jung

200 g Zucker

1 l gekühltes Sodawasser aus der Flasche oder 960 ml kaltes Wasser

360 ml Wasser aufkochen. Tamarindenfruchtfleisch in eine hitzebeständige nicht reaktive Schüssel geben und mit dem kochenden Wasser übergießen. Abdecken und etwa 1 Stunde ruhen lassen, bis sich das Fruchtfleisch weich und schwammig anfühlt. Den Tamarindenblock mit einem kleinen Kartoffelstampfer oder sauberen Händen massieren und quetschen, bis er aufweicht. Durch ein Feinsieb in eine mittelgroße Schüssel abseihen, dabei das Fruchtfleisch mit einem großen Löffel durch das Sieb drücken. Samen und andere Rückstände im Sieb entsorgen. Tamarindenextrakt ist in einem luftdichten Behälter bis zu 4 Tage im Kühlschrank haltbar.

Ingwer abspülen und behutsam abschrubben, um Schmutz zu entfernen. Bei jungem Ingwer muss die dünne Haut nicht entfernt werden, ansonsten schälen. In dünne Scheiben schneiden. Ingwer, Zucker und 240 ml Wasser in einem mittelgroßen Kochtopf vermengen. Bei mittelhoher Temperatur aufkochen und den Kochtopf sofort vom Herd nehmen. Abdecken und 10 Minuten quellen lassen. Den Ingwersirup durch ein Feinsieb abseihen und die Ingwerscheiben entsorgen.

Tamarindenextrakt und Ingwersirup in einem großen Krug vermengen. Acht hohe Gläser mit Eis füllen. 120 ml Tamarinden-Ingwersirup in jedes Glas geben, mit 120 ml Sodawasser oder kaltem Wasser auffüllen und umrühren. Reste des Tamarinden-Ingwersirups sind in einem luftdichten Behälter bis zu 1 Woche im Kühlschrank haltbar.

TIPPS UND TRICKS Diese Jungbrunnenkur schafft eine harmonische Verbindung der milden Schärfe von jungem Ingwer mit der herben Note der Tamarinde. Das Getränk erfrischt in den wärmeren Monaten des Jahres. Junger Ingwer hat eine dünne Außenhaut und muss deshalb nicht geschält werden. Ich empfehle die Verwendung südasiatischer Tamarinde, weil sie wesentlich säuerlicher ist als die mexikanische Variante. Es gibt sie normalerweise in asiatischen und indischen Supermärkten.

Rhabarber-Scharbat mit Rosenwasser und Kardamom

Das Wort *sharbat* kommt aus dem Persischen und steht für ein süß-fruchtiges, zuweilen blumiges Getränk, das in Indien, im Nahen Osten und in Teilen Afrikas weit verbreitet ist. Es wird normalerweise gekühlt serviert. Als ich für meine Kolumne im *San Francisco Chronicle* einmal ein Dessert kreierte und Rhabarberpüree übrig hatte, kam mir die Idee zu diesem Scharbat. Das leuchtende Rot des Pürees und die unwiderstehlichen Aromen von Kardamom und Rosenwasser überzeugten mich, dass es eine großartige Scharbat-Grundlage abgeben würde.

4 PORTIONEN

570 g Rhabarberstängel

Saat von 5 grünen Kardamomkapseln, zerstoßen

200 g Zucker

240 ml Wasser

½ TL Rosenwasser

480 ml gekühltes Wasser zum Servieren

Backofen auf 190 °C vorheizen. Von den Rhabarberstängeln die Enden abschneiden und entsorgen und die Stängel quer in 2,5 cm große Stücke schneiden. Den Rhabarber auf ein Backblech legen, mit Kardamom und anschließend mit 100 g Zucker bestreuen. Gründlich vermengen. Den Rhabarber 12 bis 15 Minuten rösten, bis der Zucker karamellisiert und sich dunkelbraun färbt und der Rhabarber weich wird und der Saft Blasen wirft. Das Blech aus dem Ofen nehmen und den Rhabarber etwa 10 Minuten abkühlen lassen. Den Rhabarber mit einer Silikonpalette vom Blech in einen mittelgroßen Behälter (1 l Fassungsvermögen oder größer) mit dicht schließendem Deckel kratzen. Ohne Abdeckung beiseitestellen.

In der Zwischenzeit den Einfachsirup zubereiten. 100 g Zucker und 240 ml Wasser in einem kleinen Kochtopf vermengen und bei mittelhoher Temperatur sprudelnd aufkochen. Vom Herd nehmen und über die Rhabarbermischung gießen. Rosenwasser unterrühren, den Behälter abdecken und mindestens 6 Stunden oder bevorzugt über Nacht im Kühlschrank ziehen lassen. Mehrere Lagen Seihtücher in ein Feinsieb legen und das Rhabarberkonzentrat in eine Schüssel abseihen. Mit einem Holzlöffel ausdrücken, um möglichst viel Fruchtflüssigkeit herauszupressen.

Zum Servieren vier hohe Gläser mit Eis füllen. 120 ml Rhabarberkonzentrat in jedes Glas geben, mit 120 ml gekühltem Wasser auffüllen und umrühren. Konzentratreste sind in einem luftdichten Behälter bis zu 1 Woche im Kühlschrank haltbar.

TIPPS UND TRICKS Das Rösten von Rhabarber mit Zucker und Kardamom spaltet die im Rhabarber enthaltene Oxalsäure, setzt eine milde Karamellnote frei und intensiviert den roten Farbton der Frucht. Rosenwasser ist hocharomatisch, aber auch flüchtig, deshalb gebe ich es erst gegen Ende dazu, damit es seine Wirkung nicht verliert.

Salziges Estragon-Lassi

Ein Lassi bietet die perfekte Erfrischung an einem heißen Sommertag. Indische Restaurants haben das süße Mango-Lassi bekannt gemacht, aber auch salzige Lassis bzw. *chaas* verdienen gleichermaßen Beachtung. Dieses Lassi mit frischem Estragon hinterlässt mit jedem Schluck ein angenehmes, cremiges Mundgefühl.

2 PORTIONEN

½ TL Kreuzkümmelsamen
240 g Vollfett-Naturjoghurt
240 ml gekühltes Wasser
3 g gebündelte frische Estragonblätter
½ TL Meersalz

Eine kleine, trockene Pfanne bei hoher Temperatur erhitzen und Kreuzkümmelsamen dazugeben. Die Samen 30 bis 45 Sekunden rösten, bis sie aromatisch duften, dabei gelegentlich umrühren, um eine gleichmäßige Röstung zu erhalten. Die Samen in einen Mörser oder eine Gewürzmühle umfüllen und zu einem groben Pulver vermahlen.

Joghurt, Wasser, Estragon und Salz in einem Mixer zu einer glatten Masse pürieren. Abschmecken und bei Bedarf nachwürzen. Auf zwei Gläser aufteilen und mit dem gemahlenen gerösteten Kreuzkümmel garnieren. Kalt servieren.

TIPPS UND TRICKS Fast alle frischen Kräuter eignen sich für die Zubereitung eines salzigen Lassis. Neben Estragon mag ich das Lassi auch mit Basilikum und Koriander und besonders mit Kräutern aus der Familie der Minzen. Sie können auch einen Serrano-Chili unter den Joghurt mischen. Denken Sie aber daran, vorher die Samenkörner zu entfernen, um die Schärfe bei Bedarf etwas zu mildern. Die Konsistenz des Lassis sollte nicht zu dick sein, deshalb wird traditionell eher Wasser als Milch verwendet. Aus genau diesem Grund sollten Sie auch keinen griechischen Joghurt nehmen.

Safran-Kardamom-Milch

Meine Mom schickte mich als Kind immer zur Molkerei, um Joghurt zu kaufen. In Großstädten wie Bombay gab es selbst in den 90er Jahren keine Supermärkte, sondern nur lokale Händler, die ihre Waren in eigenen Fachgeschäften verkauften. Ich verabscheute den Weg dorthin, mochte aber das Glas mit süß-würziger cremiger Mandelmilch, das der Händler mir zu trinken gab. Und ich sah gerne zu, wenn er Stücke vom Joghurt schnitt. Der Joghurt erinnerte mich an einen großen, weichen Pudding und der Händler bewahrte ihn in einem großen Metallgefäß auf.

2 PORTIONEN

- 280 g ganze Mandelkerne
- 480 ml Wasser
- 480 ml gekühlte Vollmilch
- 2 EL Honig oder 3 EL Ahornsirup, oder mehr nach Bedarf
- Saat von 3 grünen Kardamomkapseln, zerstoßen
- ½ TL Safranfäden, plus 6 bis 8 Fäden als Garnitur

Mandeln und Wasser in einer kleinen Schüssel vermengen. Abgedeckt über Nacht ruhen lassen. Das Wasser abgießen und nach Belieben die Haut von den Mandeln reiben. (Für Hinweise zum vollständigen Entfernen der Haut siehe TIPPS UND TRICKS.) Mandeln in einen Mixer umfüllen und Milch, Honig, Kardamomsaat und ½ TL Safranfäden dazugeben und zu einer glatten Konsistenz pürieren. Abschmecken und nach Belieben mehr Honig für mehr Süße dazugeben. Die Milch nach Belieben durch ein Sieb abseihen. Zum Servieren zwei hohe Gläser mit Eis füllen und die Nussmilch auf beide Gläser aufteilen. Jedes Glas mit 3 oder 4 Safranfäden garnieren.

TIPPS UND TRICKS Nüsse werden durch das Einweichen in Wasser cremiger und ihre Haut löst sich leichter ab. Zum vollständigen Entfernen der Haut die eingeweichten Nüsse abtropfen lassen und in eine hitzebeständige Schüssel umfüllen. Dann mit 480 ml kochendem Wasser übergießen und 4 Minuten beiseitestellen. Gut abtropfen lassen und die Häute abreiben.

Gemahlene Mandeln unterstützen den Eindickungsprozess der Milch und verleihen außerdem eine leichte Süße. Kardamom kann in Desserts und Getränken eine kühlende Funktion übernehmen, was nicht wirklich überrascht, denn das Gewürz ist besonders in Ländern mit außergewöhnlich heißen Sommern beliebt. Eine winzige Menge Safran zeigt in diesem Getränk eine große Wirkung. Der blumige Charakter lässt sich mit ein oder zwei Tropfen Rosenwasser intensivieren und frische Rosenblütenblätter dienen als Garnitur.

Gewürzter Mango-Milchshake

Im Garten der Vorfahren meines Großvaters in Goa standen zwei stattliche Mangobäume. Jeden Sommer, zu einer Zeit als die Mangos reif, saftig und süß von den Bäumen hingen, verbrachte die ganze Familie dort ein paar gemeinsame Wochen. Indische Mangos schmecken am besten pur oder in Kombination mit nur wenigen Zutaten. Meine Lieblingssorte ist Alphonso. Sie ist faserarm und hat keine ausgeprägt kreidige Note. Falls Alphonso nicht erhältlich ist, sind Ataulfo- bzw. Champagner-Mangos ein guter Ersatz.

4 PORTIONEN

2 reife Mangos (je 480 g)
½ TL gemahlener Zimt
Saat von 1 grünen Kardamomkapsel, zerstoßen
2 EL Ahornsirup, oder mehr nach Bedarf
480 ml gekühlte Vollmilch oder Mandelmilch
70 g ungesalzene Cashews
Ein paar Safranfäden als Garnitur (optional)

Mangos schälen, die Kerne entsorgen und das Fruchtfleisch würfeln. In einem Mixer mit den übrigen Zutaten, außer dem Safran, auf hoher Stufe zu einer glatten Konsistenz pürieren. Abschmecken und nach Belieben mehr Ahornsirup für mehr Süße dazugeben.

Zum Servieren vier Gläser mit etwas zerstoßenem Eis füllen. Mit dem Milchshake aufgießen und nach Belieben mit Safran garnieren.

TIPPS UND TRICKS Der Erfolg dieses Milchshakes steht und fällt mit den Mangos. Wichtig ist, dass sie reif sind. Eine reife Mango verströmt einen intensiven Duft. Kardamom und Zimt sind hocharomatische Gewürze, die den Gaumen mit ihren kühlenden und wärmenden Aromen verwöhnen und gut mit Mangos und anderen süßen Früchten harmonieren. Cashews machen ein Getränk reichhaltiger und cremiger.

Eiskaffee mit Kokosmilch und Kardamom

Hier kommt eine einfache Methode, um ein Glas Eiskaffee mit minimalem Aufwand maximal aufzupeppen. Sie können nach Belieben süßen.

1 Portion

Saat von 1 grünen Kardamomkapsel, zerstoßen
120 ml stark aufgebrühter Kaffee, gekühlt
60 ml Kokosmilch

Kardamomsaat in einem Mörser oder einer Gewürzmühle zu Pulver vermahlen. In einen Cocktailshaker umfüllen und Kaffee dazugießen. Ein paar Sekunden schütteln. Eis in ein hohes Glas geben und mit Kaffee aufgießen. Kokosmilch langsam hineinlaufen lassen und sofort servieren.

TIPPS UND TRICKS Alternativ können Sie die gemahlene Kardamomsaat unter die gemahlenen Kaffeebohnen mischen und beides zusammen aufbrühen. Das heiße Wasser entzieht dem Gewürz einen Großteil seiner essenziellen und aromatischen Öle. Grüner Kardamom steckt voller Aroma und zu feinem Pulver gemahlen verteilt er sich leicht und gibt dem Getränk in Sekundenschnelle seine charakteristische blumige Note.

Bellini mit Kardamom und buntem Pfeffer

Beim Brunch im Kreis der Familie und Freunde serviere ich als Gastgeber normalerweise indisch-inspirierte Versionen meiner Lieblingscocktails auf Champagnerbasis wie diesen Bellini, dessen Aromen mich an Bombay erinnern.

4 Portionen

Aromatisierte Pfirsiche

4 reife gelbe Pfirsiche (insgesamt 570 g), geschält, entsteint und geviertelt

120 ml Weinbrand

½ TL bunte Pfefferkörner

4 ganze grüne Kardamomkapseln

50 g Jaggery

750 ml (1 Flasche) gekühlter Rosé-Champagner zum Servieren

Pfirsiche zubereiten: 2 Pfirsiche in einen Mixer geben, Weinbrand dazugießen und gut pürieren. In ein sauberes Einmachglas mit dicht schließendem Deckel umfüllen. Pfefferkörner und ganze Kardamomkapseln in einem Mörser behutsam zerstoßen und in das Einmachglas umfüllen. Die übrigen 2 Pfirsiche in das Einmachglas geben. Dicht verschließen und ein paar mal schütteln. Über Nacht im Kühlschrank ziehen lassen.

Vor dem Servieren den Jaggery zu einem feinen Pulver zerstoßen (siehe Seite 253) und jeweils 1 EL in vier leere Champagnerkelche geben. Jeden Kelch mit einem Pfirsichstück und 1 bis 2 Pfefferkörner aus dem Einmachglas und anschließend 60 ml Pfirsichpüree auffüllen. Mit Champagner aufgießen und sofort servieren.

TIPPS UND TRICKS Vor dem Einlegen der Gewürze in Weinbrand ist es besser, die Pfefferkörner leicht zu zerstoßen und den Kardamom aufzubrechen, um den Extraktionsprozess möglichst effizient zu gestalten. Als Süßstoff habe ich mich hier für Jaggery entschieden, weil er dem Bellini eine erdige Mineralität verleiht. Ein guter Ersatz für bunte Pfefferkörner ist schwarzer Tellicherry-Pfeffer, der nicht ganz so scharf ist wie normale schwarze Pfefferkörner, aber ein intensiveres Aroma aufweist.

Ananas-Serrano-Gin

Dieser sonnige, fruchtige Cocktail passt zu jedem Essen und ist eines der aufregendsten Getränke, das ich meinen Gästen im Sommer serviere. Der Serrano-Chili gibt hier nur eine milde Schärfe an das Getränk ab, sodass das Chili-Aroma neben der Piniennote des Gins zwar herauszuschmecken ist, der Schärfekick jedoch gänzlich fehlt.

6 PORTIONEN

1 reife Ananas (ca. 680 g)

2 ganze Serrano-Chilis, plus 1 Serrano-Chili, in feine Streifen geschnitten, als Garnitur (optional)

240 ml Gin

100 g Zucker

360 ml gekühltes Wasser

Den Strunk der Ananas herausdrehen und den oberen Blütenansatz sowie den Boden der Ananas abschneiden (alle abgeschnittenen Teile entsorgen). Die Ananas hochkant aufstellen und mit einem scharfen Messer die stachlige Schale in langen Abwärtsstreifen abschneiden. Die Augen (braune harte, stachlige Stellen) mit einem Schälmesser entfernen. 455 g Ananas in grobe Stücke schneiden und in einen Mixer geben. (Reste der Ananas für andere Zwecke abgedeckt im Kühlschrank aufbewahren.) Die Ananas gut pürieren und in ein sauberes Glas (960 ml) mit Schraubverschluss umfüllen. 2 ganze Serrano-Chilis längs aufschlitzen und zu der Ananas geben. Gin dazugießen und Zucker hinzugeben. Das Glas verschließen und mehrmals schütteln, um den Zucker aufzulösen. 1 bis 2 Tage im Kühlschrank ziehen lassen, sodass der Alkohol die Aromen extrahieren kann.

Für die abschließende Zubereitung drei oder vier Lagen Seihtücher in ein Sieb legen und anfeuchten. Das Ananas-Chili-Gin-Konzentrat in ein anderes Glas oder einen großen Messbecher durch das Sieb abseihen und die Seihtücher ausdrücken, um die in dem Fruchtfleisch festsitzende Flüssigkeit aufzufangen. Zum Servieren sechs hohe Gläser mit Eis füllen. 120 ml Konzentrat in jedes Glas geben, mit 60 ml gekühltem Wasser auffüllen und umrühren. Mit ein paar Streifen Serrano-Chili garnieren. (Reste des Konzentrats sind in einem dicht verschlossenen Glas bis zu 1 Woche im Kühlschrank haltbar.)

TIPPS UND TRICKS Wenn die Ananas vor der Zugabe des Gins püriert wird, können die tropischen Aromen und die zauberhaften hellgelben Pigmente der Frucht besser extrahieren. Da ich eine milde Variante dieses Getränks vorziehe, schlitze ich die pfeffrig-scharfen Serrano-Chilis einfach längs auf und lasse sie gemeinsam mit der Frucht in dem Gin ziehen, anstatt die Chilis zusammen mit der Ananas zu pürieren. Auf diese Weise entfaltet sich mit jedem Schluck eine dezent-raffinierte Chilinote. Da für einen klassischen Gin Wacholderbeeren mit einer Auswahl verschiedener Gewürze, die sich je nach Hersteller unterscheiden, in Alkohol eingelegt werden, empfehle ich, verschiedene Marken zu probieren, um einen passenden Gin zu finden.

Moscow Mule mit Granatapfel

Meine erste Begegnung mit einem Moscow Mule fand in Hamburger Mary's statt, einer Bar in Cincinnati, die ich an den Wochenenden mit meinen Hochschulfreunden frequentierte. Ich hatte ein Faible für diesen Cocktail, den die Bar in einer eigenen Version mit frischem Ingwer und einem mit Limetten aromatisierten Wodka auflegte. Im Laufe der Jahre nahm ich eigene Änderungen vor. Jeden Herbst serviere ich diese Granatapfelvariante, die auch an Thanksgiving immer auf meiner Speisekarte steht.

1 PORTION

60 ml geschmacksneutraler Wodka

4 EL (60 ml) frischer Granatapfelsaft

½ TL Granatapfelmelasse

1 EL (15 ml) frischer Limettensaft

1 EL (15 ml) Ahornsirup

180 ml hochwertiges Ginger Beer

¼ TL gemahlene Anardana

1 Limettenschale als Garnitur

Einen Kupferbecher mit Eis füllen. Wodka, Granatapfelsaft, Melasse, Limettensaft und Ahornsirup in einem Rührglas vermengen und gründlich verrühren. Ginger Beer unterrühren und in den eisgefüllten Becher umfüllen. Mit Anardana und Limettenschale garnieren und sofort servieren.

TIPPS UND TRICKS Granatäpfel gehören in den meisten Ländern des Mittelmeerraums, im Nahen Osten und in Indien zu den Grundnahrungsmitteln. Die leuchtend rubinrote Frucht umschließt juwelenartige Kapseln, die einen süßsäuerlichen Saft in winzigen Mengen enthalten. Dieser Saft harmoniert hervorragend mit dem scharfen Ingwer und der frischen Limettennote des Cocktails. Das Melasse-Aroma peppe ich zusätzlich mit einer Prise Anardanapulver (getrocknete Granatapfelkerne) auf. Wahrscheinlich fragen Sie sich, ob ein Kupferbecher zum Servieren unbedingt erforderlich ist. Natürlich geht es auch ohne, aber das Kupfer leitet die Temperatur zuverlässig und ein kalter Becher vermittelt mit jedem Schluck ein angenehmes Gänsehautgefühl.

Eistee mit karamellisierten Feigen und Bourbon

Es gibt eine Reihe von Lebensmitteln, die ich bevorzuge und dazu gehören frische Feigen, ein guter Bourbon-Whiskey und Chai Masala. Dieses Getränk ist also meine Ode an das fröhliche Trio in einem Cocktail. Sobald die Feigen Saison haben, stelle ich frischen Feigenextrakt her und bewahre diesen in großen Gläsern in meinem Vorrat auf. Auf diese Weise kann ich jederzeit einen Bourbon-Eistee zubereiten. Im Laufe der Zeit absorbieren die Feigen den Bourbon. Sobald der Extrakt aufgebraucht ist, verkoche ich die übrig gebliebene Frucht zu Marmelade oder Feigenbutter.

4 Portionen

Karamellisierter Feigen- und Bourbon-Extrakt

280 g frische Feigen, geviertelt

1 EL Zucker

480 ml Bourbon

2 EL (30 ml) Ahornsirup

Bourbon-Eistee

4 Schwarzteebeutel, z. B. Orange Pekoe oder Darjeeling

1 TL Chai Masala (Seite 264)

480 ml kochendes Wasser

4 Streifen Zitronenschale (je 7,5 cm) als Garnitur (optional)

Extrakt zubereiten: Grill vorheizen. Feigen auf ein umrandetes Backblech legen und mit Zucker bestreuen. 5 bis 6 Minuten grillen, bis der Saft zu brodeln beginnt und karamellisiert. (Aufmerksam beobachten, damit die Feigen nicht anbrennen.) Aus dem Ofen nehmen und die Frucht in ein sauberes Glas mit Schraubverschluss umfüllen. Etwa 180 ml Bourbon auf das Backblech gießen, festgeklebte Feigenreste vorsichtig mit einem Holzlöffel vom Boden lösen und das Blech mit Alufolie abdecken. 20 bis 30 Minuten ruhen lassen, bis sich alle am Blech haftenden karamellisierten Stücke auflösen. Den Bourbon und die gelösten Fruchtreste zu den Feigen in das Glas gießen. 300 ml Bourbon und Ahornsirup dazugeben. Die Feigen im Glas mit einem Stößel, Kartoffelstampfer oder Holzlöffel zerdrücken. Den Schraubdeckel fest aufsetzen und mehrere Male schütteln. Den Extrakt vor der ersten Verwendung 1 Woche im Kühlschrank ziehen lassen.

Bourbon-Eistee zubereiten: Vier Gläser kühlen. Teebeutel und Chai Masala in eine hitzebeständige Schüssel oder eine Teekanne geben. Mit kochendem Wasser übergießen und den Tee und die Gewürze 5 bis 6 Minuten ziehen lassen. Teebeutel entsorgen. Den Gewürztee in einen großen Krug umfüllen und 480 ml Feigen-Bourbon-Extrakt unterrühren. Gut verrühren und abschmecken und nach Belieben mehr Ahornsirup für mehr Süße dazugeben. Die gekühlten Gläser mit Eis füllen, Eistee dazugießen und jeweils mit einem Streifen Zitronenschale garnieren.

TIPPS UND TRICKS Feigen sind stark zuckerhaltig und dieser Zucker verbrennt beim Karamellisieren unter dem Grill und intensiviert die Karamellaromen. Beim Einlegen der Feigen in Whiskey unterstützt der Bourbon die Extraktion jener Aromen. Dieses Getränk ist ein perfektes Beispiel für die gelungene Alchemie, die beim Servieren der wärmeren Noten von Bourbon, karamellisierten Feigen, Chai Masala und Tee gekühlt auf Eis eintritt.

※ KAPITEL 9: **GRUNDNAHRUNGSMITTEL**

Ich glaube fest daran, dass eine Person immer so reich ist wie der Vorrat in ihrer Küche und damit meine ich die Auswahl an Würzmitteln, die aus einem langweiligen Essen eine grandiose Mahlzeit machen. Die Vorräte sind das Waffenarsenal eines Kochs. Sie bergen endlose Möglichkeiten, einer beliebigen Speise beliebige Aromen und Texturen zu verleihen. Ein paar Tropfen Knoblauch-Sesamöl (Seite 259) auf dem Gemüse vor dem Rösten im Backofen oder eine Prise Garam Masala (Seite 263) auf Fisch oder Huhn vor der Zubereitung bewirkt bereits eine Menge. Es gibt so viele verschiedene Wege, in der eigenen Küche die Reise in die Welt der Gewürze anzutreten.

Durch meine Eltern lernte ich, die Macht der Vorräte wertzuschätzen. Auf ihren Regalen und in der Kühlschranktür stapelten sich Masalas (Gewürzmischungen), eingelegtes Gemüse, Würzmittel und Soßen. Wir konnten jeden Tag ein gekochtes Ei essen und es schmeckte nie langweilig, weil wir es immer wieder anders würzten.

Tamarinde

Tamarinde ist eine tropische Frucht und eine typische Zutat in den Küchen Afrikas, Asiens und Mexikos. Manche Produzenten kennzeichnen ihr Tamarindenprodukt als „sauer asiatisch" oder „süß mexikanisch", was sich auf den Zeitpunkt der Ernte bezieht. Je länger die Frucht reift, desto süßer wird sie. Ich verwende normalerweise die saure Variante und süße dann nach Bedarf.

Auf dem Markt steht die Tamarinde in vier unterschiedlichen Formen zur Verfügung: die ganze Fruchtschote (oben links); das feuchte, kernlose Stück Fruchtfleisch, das manche Produzenten als „Paste" oder „Mark" bezeichnen (oben rechts); der getrocknete Block Fruchtfleisch mit Kernen (unten links); und das Flüssigkonzentrat, das dunkel gefärbt ist und eine sirupartige Textur aufweist (unten rechts). Das trockene Fruchtfleisch und die feuchte Paste sind im Prinzip austauschbar und für die Rezepte in diesem Buch am besten geeignet. Vermeiden Sie das Flüssigkonzentrat, denn es wurde eingekocht und schmeckt nicht mehr nach Tamarinde. (Ich finde es irgendwie schal.) Es ist recht einfach und keineswegs zeitaufwendig, die ganze Frucht oder das kernlose Fruchtfleisch in

der eigenen Küche zu verarbeiten. Bei der ganzen Frucht sollte zunächst ein Großteil der Schote entfernt werden, bevor sie dann entsprechend der Anweisung im Rezept in kochendem Wasser aufgeweicht und zum Auffangen der Reste der Schale abgesiebt wird.

Tamarinde zubereiten

Diese Methode dient dem Extrahieren von Tamarinden-paste. Ich extrahiere normalerweise nur einmal mit heißem Wasser, aber es gibt Köche, die eine zweite Extraktion durchführen, je nachdem, wie viel Fruchtfleisch beim ersten Mal extrahiert wurde.

ERGIBT 300 ML/360 G

---

8 bis 12 ganze Tamarindenfruchtschoten
oder
260 g kernlose Tamarindenpaste am Stück
480 ml kochendes Wasser

Die brüchige Außenschale der Frucht vorsichtig mit den Fingern aufbrechen und größtenteils entsorgen. Alle vorhandenen langen, klebrigen Fasern entsorgen. Dann die extrahierte Frucht in eine hitzebeständige nicht reaktive Schüssel geben. Alternativ das kernlose Fruchtfleisch, das vorab gesäubert wurde, in eine hitzebeständige nicht reaktive Schüssel geben. Das Fruchtfleisch mit kochendem Wasser übergießen, verrühren und zum Aufweichen 1 Stunde bei Raumtemperatur ruhen lassen. Das aufgeweichte Fruchtfleisch mit einem kleinen Kartoffelstampfer zerdrücken oder mit den Fingern kneten, um es aufzulockern. Das Tamarindenfruchtfleisch durch ein Feinsieb in eine Schüssel passieren und mit einem großen Löffel fest auspressen, um möglichst viel Fruchtfleisch herauszulösen. Rückstände im Sieb entsorgen und das Extrakt zum Kochen verwenden. Tamarindenextrakt ähnelt in seiner Konsistenz einem dicken toffeefarbenen Püree und ist in einem luftdichten Plastikbehälter bis zu 1 Woche im Kühlschrank oder in wiederverschließbaren Beuteln bis zu 3 Wochen im Tiefkühler haltbar.

Jaggery

Jaggery ist eine unraffinierte Form von Zucker und wird entweder beim Verdampfen von Zuckerrohrsaft oder Dattelpalmensaft gewonnen. Es gibt ihn in verschiedenen Farbtönen, von hell bis dunkel goldbraun. Außerdem ist er in unzähligen Formen erhältlich, beispielsweise als Block oder als Granulat, das sich leichter abwiegen lässt. Der Block ist jedoch weich genug, um die gewünschte Menge mit einem großen Messer abzuschneiden. Geben Sie das Stück Jaggery dann in einen wiederverschließbaren Beutel und zerstoßen Sie es behutsam mit einem Nudelholz oder einer schweren Pfanne. Jaggery ist ein unraffinierter Süßstoff und enthält demzufolge eine Menge Mineralien und Salze, die ihn hygroskopisch reagieren lassen (d. h. er absorbiert Feuchtigkeit aus der Luft). Bewahren Sie Jaggery deshalb immer in einem luftdichten Behälter auf.

Eier

An den meisten Tagen besteht meine Proteinquelle aus einem oder zwei Eiern. Dieses sättigende und einfach zuzubereitende Lebensmittel lässt sich auf millionenfach unterschiedliche Weise verspeisen und würzen.

Hart gekochte Eier

Ich bewahre immer ein paar hart gekochte Eier im Kühlschrank auf. Meine Mom schält die hart gekochten Eier normalerweise unter fließendem Wasser, um sich beim Herausnehmen aus dem Topf nicht die Finger zu verbrennen. Gefüllte Eier (Seite 144) stillen als leichter Snack den kleinen Hunger. Gut schmeckt auch ein Eiersalat (Seite 143) oder eine Suppe mit Eiern (Seite 76).

ERGIBT 6 HART GEKOCHTE EIER

6 große Eier

Eine große Schüssel mit Eis und reichlich kaltem Wasser füllen. Eier in einen mittelgroßen Kochtopf legen und mit ausreichend Wasser auffüllen, sodass es 2,5 cm über den Eiern steht. Bei mittlerer bis niedriger Hitze bis kurz vor den Siedepunkt aufkochen und sofort vom Herd nehmen. Einen Deckel aufsetzen und 5 Minuten ruhen lassen. Die Eier mit einem Schaumlöffel herausnehmen und zum Abschrecken und Unterbrechen des Kochvorgangs in das Eisbad legen. 5 Minuten abkühlen lassen. Die Eier unter fließendem Wasser schälen. Reste von geschälten hart gekochten Eiern zusammen mit feuchten Papiertücher zum Ableiten der Feuchtigkeit in einem Behälter aufbewahren. In der Schale sind die Eier in einem luftdichten Behälter bis zu 1 Woche im Kühlschrank haltbar.

Knusprige Ghee-Spiegeleier

Die Änderung von nur einer Zutat kann das Aroma einer Speise wie einem einfachen Spiegelei drastisch verändern. Natürlich können Sie wie gewohnt mit Salz und Pfeffer würzen, aber ich empfehle eine Prise Garam Masala (Seite 263) oder Speck-Guajillo-Salz (Seite 267).

ERGIBT 1 SPIEGELEI

1 EL Ghee (Seite 268), plus extra nach Bedarf

1 großes Ei

Meersalz und frisch gemahlener schwarzer Pfeffer

Ghee in einer kleinen Edelstahl- oder gusseisernen Pfanne bei mittelhoher Temperatur erhitzen, dabei die Pfanne schwenken, um das Ghee gleichmäßig zu verteilen. Die Hitze auf niedrige Temperatur reduzieren. Das Ei in eine kleine Schüssel aufschlagen, in die Pfanne gleiten lassen und etwa 1½ Minuten braten, bis das Eiweiß stockt und der Rand knusprig wird. Wenn das Eiweiß auf dem Eigelb ebenfalls stocken soll, die Pfanne während der Zubereitung mit einem Deckel abdecken. Das Spiegelei auf einem Teller anrichten. Leicht salzen und pfeffern und sofort servieren.

Reis

Bei Reis entscheide ich mich normalerweise für Basmati. Seine langen Reiskörner haben ein ansprechendes blumiges Aroma. Allerdings gilt für die Zubereitung von Basmatireis Folgendes: Kaufen Sie lange gelagerten Reis (das Alter steht normalerweise auf der Verpackung), weil sich das Aroma mit zunehmender Reisreife verbessert. Geben Sie beim Kochen kein Salz oder Öl ins Wasser, weil der Reis dadurch sein Aroma verliert. (Es gibt eine Ausnahme für die Zubereitung von Pilaw.) Wenn Sie den Reis leicht einfärben und zusätzlich aromatisieren möchten, geben Sie eine Prise Safran oder Kurkuma dazu. Waschen Sie den Reis in einem Feinsieb unter fließendem kaltem Wasser, damit die Reiskörner beim Kochen nicht zusammenkleben. Ein guter Tipp ist auch das Einweichen der Reiskörner vorab, um die Kochzeit zu verringern.

Einfacher Reis

Reis gibt es in unterschiedlichen Formen und Farben und mit unterschiedlichem Stärke- und Proteingehalt. Für mehr Erfolg passe ich die Zubereitungsmethode immer an die gewählte Sorte an. Die hier vorgestellte Methode, bei der der Reis das Wasser absorbiert, eignet sich hervorragend für die Zubereitung von langkörnigem Basmatireis.

2 PORTIONEN

200 g Basmati-Reis
960 ml Wasser

Den Reis von Steinchen und anderen Unreinheiten befreien. Den Reis in ein Feinsieb geben und unter fließendem kaltem Wasser abspülen, bis das Wasser klar abläuft. In eine mittelgroße Schüssel umfüllen, mit 480 ml Wasser bedecken und 1 bis 1½ Stunden einweichen lassen. Das Wasser abgießen. Den Reis in einen mittelgroßen Kochtopf oder einen kleinen Feuertopf (Dutch Oven) mit Deckel geben und 480 ml Wasser dazugießen. Bei mittelhoher Temperatur sprudelnd aufkochen. Die Hitze reduzieren, den Deckel aufsetzen und 10 bis 12 Minuten köcheln lassen, bis das Wassers größtenteils verdampft ist. Vom Herd nehmen und weitere 5 Minuten abgedeckt ruhen lassen. Den Reis unmittelbar vor dem Servieren mit einer Gabel auflockern.

Einfaches Pilaw

Zu diesem hocharomatischen Pilaw passt so ziemlich alles, selbst eine Beilage aus einfachem Naturjoghurt. Ausgezeichnet schmeckt es aber als Begleiter zu Lammkoteletts (Seite 178) oder Rosenkohl (Seite 105).

2 PORTIONEN

200 g Basmati-Reis
960 ml Wasser
1 EL Ghee (Seite 268)
2 grüne Kardamomkapseln
1 schwarze Kardamomkapsel
1 TL Kreuzkümmelsamen
3 oder 4 ganze Nelken
1 Lorbeerblatt, frisch oder getrocknet

Den Reis von Steinchen und anderen Unreinheiten befreien. Den Reis in ein Feinsieb geben und unter fließendem kaltem Wasser abspülen. In eine mittelgroße Schüssel umfüllen, mit 480 ml Wasser bedecken und 1 bis 1½ Stunden einweichen lassen.

Ghee in einem mittelgroßen Kochtopf oder einem kleinen Feuertopf (Dutch Oven) bei mittelhoher Temperatur erhitzen. Kardamomkapseln in einem Mörser mit dem Stößel aufbrechen und zusammen mit Kreuzkümmel, Nelken und Lorbeerblatt in den Topf geben. Die Gewürze 30 bis 45 Sekunden rösten, bis sie aromatisch duften. Den eingeweichten Reis abgießen und in den Kochtopf geben. Die Reiskörner 1 bis 1½ Minuten braten, bis sie vollständig mit Ghee bedeckt sind. 480 ml Wasser dazugeben und sprudelnd aufkochen. Die Hitze reduzieren, den Deckel auf die Pfanne setzen und 10 bis 12 Minuten sanft köcheln lassen, bis das Wasser größtenteils verdampft ist. Den Reis mit einer Gabel auflockern und servieren. (Ganze Gewürze können zu diesem Zeitpunkt entfernt werden, aber ich ziehe es vor, sie nicht herauszunehmen.) Reste sind in einem luftdichten Behälter bis zu 1 Woche im Kühlschrank haltbar. Gekochter Reis lässt sich mit 2 EL Wasser je 120 g Reis bei niedriger Hitze in einem Kochtopf auf dem Herd oder in der Mikrowelle aufwärmen.

Knoblauch

Knoblauch ist ein starkes Würzmittel und kann roh oder zum Abschwächen der Schärfe auch gekocht verwendet werden. In frischen Zubereitungen verwende ich aufgrund seines intensiven, kräftigen Geschmacks normalerweise nur wenig Knoblauch. Fein gehackter oder klein geschnittener Knoblauch darf nur wenige Sekunden rösten, da er schnell anbrennt und dann bitter und unangenehm schmeckt.

Röstknoblauch

Röstknoblauch ist die perfekte Würze für einfach alles, und wenn Sie alle zwei Wochen ein paar dieser süßen gerösteten Knollen zubereiten, haben Sie immer welche zur Hand. Sie können damit Baguettescheiben bestreichen, Soßen würzen oder Vinaigrettes und Dips wie Röstknoblauch in Sesamöl (Rezept folgt) aromatisieren.

Ergibt 1 geröstete Knoblauchknolle

1 große Knoblauchknolle
2 TL natives Olivenöl extra
¼ TL feines Meersalz

Backofen auf 200 °C vorheizen. Die äußere Papierschicht des Knoblauchs abziehen und entsorgen und das obere Viertel der Knolle abschneiden. Den Knoblauch auf ein ausreichend großes Blatt Alufolie legen, in das er eingewickelt werden kann. Mit Olivenöl einreiben oder bestreichen und mit Salz bestreuen. In die Folie einwickeln und etwa 1 Stunde rösten, bis die Zehen sich beim Anstich mit einem Messer weich und gar anfühlen. Aus dem Ofen nehmen und etwa 45 Minuten bis 1 Stunde abkühlen lassen und auswickeln. Für die Verwendung die Zehen aus ihren Häuten drücken. Röstknoblauch ist in einem luftdichten Behälter bis zu 2 Wochen im Kühlschrank haltbar.

Röstknoblauch in Sesamöl

Am liebsten gebe ich ein paar Zehen des Röstknoblauchs an Sesamöl und bestreue das Öl mit Salzflocken. Verwenden Sie dieses Öl als Dip für Brote oder zum Aromatisieren von Fisch und Fleisch. Es passt auch hervorragend als Würze an einen kalten Soba-Nudelsalat.

Ergibt 185 g

1 Röstknoblauch (sie nebenstehendes Rezept)
1½ TL Meersalzflocken
120 ml geröstetes Sesamöl, plus extra nach Bedarf

Die abgekühlte Röstknoblauchknolle in ein sauberes, trockenes Einmachglas mit dicht schließendem Deckel (250 ml) legen. Den Knoblauch mit Salz bestreuen und das Sesamöl daraufgießen. Den Knoblauch vorsichtig umrühren, damit eingeschlossene Luftblasen entweichen können. Die Knolle muss vollständig mit Öl bedeckt sein, notfalls mehr Öl dazugeben. Das Glas verschließen und vor der ersten Verwendung 1 Woche im Kühlschrank aufbewahren. Aromatisiertes Öl ist bis zu 1 Monat im Kühlschrank haltbar.

Molkereiprodukte

Molkereiprodukte kommen in der nordindischen Küche regelmäßig zum Einsatz. Aufgrund ihrer großartigen beruhigenden und kühlenden Eigenschaften werden sie oft unter scharfe und würzige Zubereitungen gemengt. Hier stelle ich zwei Produkte vor, die ich meistens vorrätig halte.

Panir

Dieser Käse ist leicht herzustellen und der einzige Käse, der in der indischen Küche verwendet wird. Er besteht aus nur zwei Zutaten: Milch und eine Säure, zum Beispiel Zitronensaft. Ich verwende ausschließlich fetthaltige Milch, weil die Quarkmasse sich sonst nicht verfestigt. Panir verfügt nicht über die schmelzenden Eigenschaften anderer Käsesorten und behält deshalb beim Erhitzen seine Form. Bröseln Sie ihn als Garnitur über Salate oder geben Sie ihn stückweise an Eintöpfe oder rösten Sie Panirwürfel zusammen mit Gemüse für einen Salat (siehe Seite 64).

ERGIBT 510 G

3,8 l Vollmilch oder fettarme Milch
60 ml frischer Zitronensaft oder Apfelessig, plus extra nach Bedarf

Ein großes Sieb mehrlagig mit Seihtüchern, Mulltüchern oder anderen durchlässigen weißen Tüchern auslegen. Milch in einem großen Topf bei mittlerer Hitze unter ständigem Rühren sprudelnd aufkochen und abgesetzte Milch vom Boden kratzen, damit sie nicht anbrennt. Zitronensaft unterrühren. Dadurch gerinnt die Milch und trennt sich (falls die Milch nicht vollständig gerinnt, etwas mehr Zitronensaft dazugeben). Knapp 30 Sekunden weiterköcheln und vorsichtig umrühren, damit die großen Klumpen nicht auseinanderbrechen. Vom Herd nehmen und die Molke mit dem Käse durch das ausgekleidete Sieb abgießen. Das Sieb 15 bis 20 Sekunden unter fließendes kaltes Wasser halten, um Zitronensaftreste herauszuspülen. Die Tücher am Rand fassen, zusammenbinden und möglichst viel Flüssigkeit herauspressen.

Den Stiel eines Holzlöffels durch den Tuchknoten stecken und die Tücher über dem Sieb abhängen lassen. Den Käse 1 Stunde bei Raumtemperatur abtropfen lassen. Zum Formen des Panirs den abgetropften Käse im Tuch auf einen flachen Teller legen. Den Käse mit einem schweren Gegenstand, zum Beispiel einem Feuertopf, beschweren. Überschüssiges Wasser 30 bis 45 Minuten auspressen, dann dürfte der Käse druckfest sein. Den Panir aus dem Tuch nehmen und bei Bedarf Stücke abschneiden. In Frischhaltefolie eingewickelt ist Panir in einem luftdichten Behälter bis zu 5 Tage im Kühlschrank haltbar.

Kefir-Crème fraîche

Crème fraîche gilt als luxuriöse Zutat. Die Crème hat eine samtartige glatte Textur und einen leicht süßsäuerlichen Geschmack. Sie verfügt über ein weit interessanteres Aromaprofil als Schlagsahne, weshalb ich sie oft in süßen und herzhaften Gerichten verwende.

Viele Leute nehmen zum Fermentieren von Rahm Buttermilch, aber ich bevorzuge Kefir. Kefir enthält neben Laktobazillen zusätzlich Hefe und in Kombination mit dem Rahm entsteht eine seidigere, eher puddingartige Konsistenz mit einem volleren Aroma.

ERGIBT 200 G

1 EL vollfetter Kefir
240 ml Schlagsahne

Kefir und Schlagsahne in ein steriles Einmachglas mit dicht schließendem Deckel (480 ml) einfüllen. Gründlich mit einem Löffel verrühren und mit einem sauberen Seihtuch abdecken. Mindestens 24 Stunden an einem warmen Ort, vorzugsweise bei 22 °C, eindicken lassen. Das Seihtuch entfernen und das Glas verschließen. Vor dem Servieren 48 Stunden im Kühlschrank lagern. Die Crème ist bis zu 2 Wochen im Kühlschrank haltbar.

Gewürzmischungen

In meiner Küche findet sich immer ein Vorrat dieser hier vorgestellten Gewürzmischungen (Masalas). Bereiten Sie gemahlene Gewürzmischungen am besten portionsweise zu und brauchen Sie sie innerhalb weniger Monate auf, weil die Gewürze schnell ihre Wirkung verlieren.

Garam Masala

Die meisten Familien auf dem indischen Subkontinent bewahren einen Vorrat an Garam Masala in ihren Küchen auf, allerdings unterscheidet sich das Mischverhältnis der enthaltenen Gewürze je nach Region. Verwenden Sie diese Mischung als pikantes Universalwürzmittel und schwitzen Sie es zu Beginn des Kochvorgangs leicht in heißem Öl an (Seite 159) oder geben Sie es zu einem späteren Zeitpunkt während des Kochens dazu.

ERGIBT 25 G

- 2 EL Kreuzkümmelsamen
- 2 EL Koriandersamen
- 1 EL schwarze Pfefferkörner
- 2 getrocknete Lorbeerblätter
- 1 Stange (5 cm) Zimt
- 12 ganze Nelken
- 1 TL ganze schwarze Kardamomkapseln
- 1 TL ganze grüne Kardamomkapseln
- 1 TL Muskatnuss, frisch gerieben
- ½ TL Muskatblüte, gemahlen

Eine kleine, trockene Edelstahl- oder gusseiserne Pfanne bei mittelhoher Temperatur erhitzen. Die Hitze auf mittlere bis niedrige Temperatur reduzieren und Kreuzkümmelsamen, Koriandersamen, Pfefferkörner, Lorbeerblätter, Zimtstange, Nelken sowie schwarze und grüne Kardamomkapseln dazugeben. 30 bis 45 Sekunden behutsam rösten, bis die Gewürze aromatisch duften, dabei die Pfanne wiederholt schwenken. Die Gewürze dürfen nicht anbrennen; angebrannte Gewürze entsorgen und noch einmal von vorne beginnen.

Die gerösteten Gewürze in einen Mörser oder eine Gewürzmühle umfüllen. Muskatnuss und Muskatblüte dazugeben und zu einem feinen Pulver vermahlen. Die Gewürzmischung ist in einem luftdichten Behälter bis zu 6 Monate an einem kühlen dunklen Ort haltbar.

Chat Masala

Diese Mischung passt sowohl an herzhafte als auch süße Zubereitungen, schmeckt aber in leicht säuerlichen Gerichten besonders gut, weil sie diese geschmacklich verbessert. *Kala namak*, ein in der indischen Küche verwendetes Schwarzsalz, bereichert traditionell Gerichte, die diese Gewürzmischung enthalten. Erhältlich ist das Salz am Stück oder in gemahlener Form in den meisten asiatischen und indischen Supermärkten. Verwenden Sie ¼ TL gemahlenes *kala namak* je 1 TL Chat Masala.

ERGIBT 25 G

- 2 TL Ajowan
- 2 TL Kreuzkümmelsamen
- 2 TL Koriandersamen
- 4 getrocknete Kashmiri-Chilis
- 4 ganze Nelken
- 1 TL getrocknete Minze
- 1 TL gemahlener Ingwer
- 1 TL Amchoor
- 1 Prise Asafoetida
- 1 TL schwarze Pfefferkörner

Ajowan, Kreuzkümmel und Koriandersamen in einer kleinen, trockenen Edelstahl- oder gusseisernen Pfanne 30 bis 45 Sekunden rösten, bis die Zutaten aromatisch duften, dabei die Gewürze gelegentlich umrühren, um eine gleichmäßige Röstung zu erhalten.

Die gerösteten Gewürze in einen Mörser oder eine Gewürzmühle umfüllen. Die übrigen Zutaten dazugeben und zu einem feinen Pulver vermahlen. Die Gewürzmischung ist in einem luftdichten Behälter bis zu 1 Monat an einem kühlen dunklen Ort haltbar.

Meine Zatarmischung

Zatar ist ein orientalisches Würzmittel. Ich verwende es oft zum Würzen von frisch zubereitetem Hummus, gerösteten Gemüse oder gegrilltem Fleisch am Spieß. Manchmal gebe ich es auch an heißes Ghee und beträufele damit dampfenden Reis in einer Schüssel.

Ergibt 50 g

2 EL weiße Sesamsamen
1 EL getrockneter Oregano
1 EL getrockneter Thymian
1 EL gemahlener Sumach
1 EL gemahlener Kreuzkümmel
1 EL rote Chiliflocken
1 TL frisch gemahlener schwarzer Pfeffer

Alle Zutaten in einer kleinen Schüssel gründlich vermengen. In einen luftdichten Behälter umfüllen und abdecken. Die Mischung ist bis zu 4 Monate an einem kühlen dunklen Ort haltbar.

Chai Masala

Chai ist Hindi und bedeutet „Tee". In den meisten indischen Familien gibt es abends, wenn die Leute von der Arbeit nach Hause kommen, heißen Tee und dazu Snacks und Süßspeisen. Die Inder trinken ihren Chai auf unterschiedlichste und wunderbare Weise: Das eine Mal lassen sie die Teeblätter pur und das andere Mal vermischt mit einer Masala (Gewürzmischung) in heißem Wasser ziehen. Manche Inder geben getrocknete Kräuter wie Minze oder heiliges Basilikum (*tulsi*) oder ein paar Safranfäden dazu. Meine Mom bevorzugt ihren Teeaufguss mit 1 TL frisch geriebenem Ingwer je Tasse und gelegentlich mit einer zerstoßenen grünen Kardamomkapsel.

Ergibt 25 g

Saat von 10 grünen Kardamomkapseln, zerstoßen
Saat von 1 ganzen schwarzen Kardamomkapsel
6 schwarze Pfefferkörner
4 ganze Nelken
1 Stange (2,5 cm) Zimt
1 EL gemahlener Ingwer

Kardamomsaat, Pfefferkörner, Nelken und Zimtstange in einem Mörser oder einer Kräutermühle vermahlen. In einen luftdichten Behälter umfüllen, Ingwer unterrühren und abdecken. Das Masala ist bis zu 1 Monat an einem kühlen dunklen Ort haltbar.

Masala Chai

Masala Chai lautet die Bezeichnung für einen Tee, der mit einer Masala (Gewürzmischung) aufgebrüht wird. Hier ist mein Grundrezept für die Zubereitung von Masala Chai. Geben Sie nach der Zubereitung des Tees Milch oder Süßstoff in beliebiger Menge dazu. (Geschmacklich ziehe ich Ahornsirup oder braunen Zucker vor.) Traditionell kommt Milch in den Tee, aber es geht auch ohne. Die Inder kühlen ihren Tee, indem sie ihn so lange von einem Glas ins nächste gießen, bis er eine trinkbare Temperatur erreicht.

2 Portionen

480 ml Wasser
1 TL Chai Masala (siehe vorstehendes Rezept)
2 TL schwarze Teeblätter, z. B. Darjeeling oder Assam
60 ml heiße Milch
Ahornsirup oder brauner Zucker zum Servieren (optional)

Wasser und Masala in einem mittelgroßen Kochtopf bei mittelhoher Temperatur sprudelnd aufkochen. Die Hitze auf niedrige Temperatur reduzieren und Teeblätter dazugeben. Das Wasser erneut aufkochen und 1 Minute kochen lassen. Vom Herd nehmen und je nach gewünschter Aufgussstärke 1 bis 2 Minuten ziehen lassen. Milch unterrühren, abschmecken und nach Belieben Ahornsirup oder braunen Zucker dazugeben. Durch ein kleines Feinsieb in eine Teekanne abseihen und heiß servieren.

Salzmischungen

Aromatisierte Salze eignen sich hervorragend, um zubereitete Speisen auf einfachste Weise raffiniert zu würzen. Gewürze, Kräuter und sonstige Aromastoffe im eigenen Vorrat bieten reichlich Inspiration für die Herstellung einer Auswahl von Salzen in den verschiedensten Geschmacksrichtungen und Farben. Würzen Sie damit Gemüse, Suppen und Brühen oder zaubern Sie daraus einen Salzrand am Cocktailglas.

Curry-Kaffirlimetten-Salz

Mit diesem wunderbaren Salz lässt sich der perfekte Salzrand am Cocktailglas herstellen. Es verleiht Snacks wie gerösteten Nüssen oder einem Salat ein frisches und unverkennbares Aroma von Curry und Limette. Alternativ können Sie entweder nur Curry- oder nur Kaffirlimettenblätter verwenden.

ERGIBT 70 G

---

12 frische Curryblätter

6 frische Kaffirlimettenblätter

65 g feines Meersalz

Curry- und Kaffirlimettenblätter unter fließendem kaltem Wasser abspülen und mit Papiertüchern trockentupfen. Die Blätter in Stücke reißen und zusammen mit dem Salz in eine Gewürzmühle geben und zu einem feinen Pulver vermahlen. In einen luftdichten Behälter umfüllen und abdecken. Die Salzmischung ist bis zu 2 Wochen bei Raumtemperatur haltbar.

Speck-Guajillo-Salz

Bei uns zu Hause steht zu jeder Zeit ein kleines Glas mit diesem Salz auf unserem Esstisch. Es gibt herzhaften Speisen eine leichte Rauchigkeit und etwas Schärfe.

ERGIBT 70 G

---

3 Streifen Speck

1 EL gemahlener Guajillo-Chili

60 g Meersalzflocken

Backofen auf 200 °C vorheizen. Ein Drahtgestell auf einem Backblech platzieren und die Speckstreifen auf das Drahtgestell legen. 15 bis 20 Minuten im Ofen knusprig backen, dabei die Streifen nach der Hälfte der Zeit wenden. Den Speck mit der Zange zum Abtropfen auf Papiertücher legen. (Das im Backblech aufgefangene Fett entsorgen oder für einen anderen Zweck im Kühlschrank aufbewahren.) Den Speck in winzige Stücke schneiden oder hacken, sobald er handwarm abgekühlt ist.

Speck, Guajillo-Chili und Salz in einer kleinen Schüssel vermengen. In einen luftdichten Behälter umfüllen und abdecken. Die Salzmischung ist bis zu 1 Monat bei Raumtemperatur an einem kühlen dunklen Ort haltbar.

Nori-Yuzu-Ponzu-Salz

Perfekt zum Bestreuen frisch ausgelöster Austern oder beliebiger anderer Meeresfrüchte.

ERGIBT 40 G

---

60 ml *Yuzu-Ponzu-Soße*

30 g Meersalzflocken

1 EL weiße Sesamsamen

1½ TL Nori, gehackt

Backofen auf 95 °C vorheizen. *Yuzu ponzu*, Salz, Sesamsamen und Nori in einer kleinen Schüssel vermengen. Auf einem Keramik- oder nicht reaktiven Backblech verteilen. Mit Frischhaltefolie abdecken und 20 Minuten im Kühlschrank ziehen lassen. Die Folie abnehmen und die Salzmischung 4 bis 6 Stunden backen, bis die Flüssigkeit auf dem Blech vollständig verdampft ist. Die Mischung mit einer Silikonpalette in einen wiederverschließbaren Plastikbeutel oder ein Glas mit Schraubverschluss umfüllen. Den Beutel oder das Glas in einen zweiten wiederverschließbaren Beutel legen, in dem sich eine kleine Menge ungekochter Reis befindet. Die Würzmischung reagiert hygroskopisch, d. h. sie absorbiert schnell Feuchtigkeit, aber auf diese Weise bleibt sie trocken. Die Salzmischung ist bis zu 2 Wochen bei Raumtemperatur haltbar.

Fette

Es gibt eine große Auswahl an Fetten, die gleichzeitig als ausgezeichnete Geschmacksträger dienen. Erhitzen Sie zunächst das gewählte Fett, bevor Sie die Gewürze zum Aromatisieren dazugeben.

Ghee

Ghee ist eines der beliebtesten Fette in der indischen Küche. Es handelt sich dabei um eine Art geklärte Butter, der das Milcheiweiß und Wasser entzogen wurden. Vor dem Klärungsprozess karamellisieren die Milchtrockenmasse und der Milchzucker im Fett und geben dem Ghee sein nussiges Aroma. Bei richtiger Lagerung ist Ghee mehrere Monate haltbar, denn es ist frei von Wasser, Zucker und Eiweiß.

Ergibt ungefähr 250 g

455 g ungesalzene Butter, gewürfelt

Ein Sieb mehrlagig mit Seihtüchern auslegen und zum Auffangen des fertigen Ghee auf ein sauberes, trockenes Glas (480 ml) mit dicht schließendem Deckel hängen. Beiseitestellen.

Butter in einem schweren mittelgroßen Topf bei mittelhoher Temperatur unter gelegentlichem Rühren mit einem großen Metalllöffel schmelzen. Während des Schmelzvorgangs der Butter aufsteigenden Schaum von der Oberfläche abschöpfen und entsorgen. So lange kochen, bis das Wasser in der Butter vollständig verdampft ist und das Fett nicht länger siedet, aber eine goldgelbe Farbe annimmt. Die Milchtrockenmasse am Boden des Kochtopfes ist rötlich-braun gefärbt. Der gesamte Vorgang dauert etwa 12 bis 15 Minuten. Den Kochtopf vom Herd nehmen und die Flüssigkeit vorsichtig durch das mit Seihtüchern ausgelegte Sieb in das Glas gießen. Das Glas verschließen. Das Ghee ist bis zu 3 Monate an einem kühlen dunklen Ort oder auf unbestimmte Zeit im Kühlschrank haltbar.

Meine Nit'ir Qibe

Nit'ir qibe bzw. Niter Kibbeh ist ein äußerst schmackhaftes Fett, das als Grundlage für viele äthiopische Rezepte dient. Es ist vergleichbar mit Ghee, enthält aber Milchbestandteile und ist mit Gewürzen aromatisiert. Es lässt sich wie Ghee oder ein beliebiges anderes Fett zum Kochen verwenden. Manchmal tunke ich Brotstücke in ein erwärmtes Glas *nit'ir qibe*, die ich zuvor leicht gesalzen habe.

ERGIBT 120 G

220 g ungesalzene Butter, gewürfelt

35 g rote Zwiebeln, fein gehackt

1 TL Knoblauch, fein gehackt

1 Stück (2,5 cm) frischer Ingwer, geschält und geraspelt

1 schwarze Kardamomkapsel, zerstoßen

1 TL Kreuzkümmelsamen

1 TL Bockshornkleesamen

1 TL Schwarzkümmelsamen

1 TL getrockneter Oregano

1 TL gemahlene Kurkuma

Ein Feinsieb mehrlagig mit Seihtüchern auslegen und zum Auffangen der fertigen *nit'ir qibe* auf ein sauberes, trockenes Glas (480 ml) mit dicht schließendem Deckel hängen.

Butter in einem mittelgroßen Kochtopf bei mittlerer bis niedriger Hitze schmelzen. Zwiebeln, Knoblauch und Ingwer dazugeben und etwa 30 Minuten köcheln lassen, bis die Butter vollständig geklärt ist. Während des Kochvorgangs aufsteigenden Schaum von der Oberfläche abschöpfen und entsorgen. Die Flüssigkeit vorsichtig durch das mit Seihtüchern ausgelegte Sieb in das Glas gießen. Zerstoßene Kardamomkapsel, Kreuzkümmelsamen, Bockshornkleesamen, Schwarzkümmelsamen, Oregano und Kurkuma unter das heiße Fett rühren und das Glas versiegeln. Die *Nit'ir qibe* ist bis zu 3 Monate im Kühlschrank haltbar.

Süße Gewürzhonigbutter

In meinem Kühlschrank findet sich zu jeder Zeit eine kleine Menge dieser Mischbutter. Das Fett in der Butter nimmt die Farben der gemahlenen gerösteten Gewürze an und das Ergebnis ist eine satt goldgelbe Butter mit einem salzig-süßen Aroma, die einen wohligen Duft verströmt.

Es gibt unendliche Möglichkeiten, diese Butter zu verwenden. Am liebsten streiche ich sie großzügig auf Scheiben von einem guten Sauerteigbrot, auf Röstbrot oder Fladenbrot. Manchmal verteile ich sogar einen Löffel der Butter auf Ofenlachs oder Ofenmakrele und gebe abschließend einen Spritzer Zitronensaft darauf.

ERGIBT 230 G

½ TL rote Chiliflocken

½ TL Fenchelsamen

½ TL schwarze Sesamsamen

½ TL weiße Sesamsamen

½ TL Mohn

½ TL Koriandersamen

¼ TL gemahlener Kardamom

3 schwarze Pfefferkörner

230 g Sauerrahmbutter, gewürfelt, Raumtemperatur

1 EL Honig

2 TL Meersalzflocken

Eine kleine trockene Edelstahl- oder gusseiserne Pfanne bei mittelhoher Temperatur erhitzen. Chiliflocken und sämtliche Gewürze und Samen einschließlich der Pfefferkörner dazugeben. Die Zutaten 30 bis 45 Sekunden rösten, bis sie aromatisch duften und die Fenchel- und Koriandersamen sich braun färben, dabei gelegentlich umrühren, um eine gleichmäßige Röstung zu erhalten. Die heiße Gewürzmischung in einem Mörser oder einer Küchenmaschine zu einem groben Pulver vermahlen. In eine mittelgroße Schüssel umfüllen. Butter, Honig und Salz dazugeben und gründlich mit einer Gabel pürieren. Die Mischbutter zu einer Rolle formen und in Pergamentpapier einwickeln. Vor dem Servieren mindestens 2 Stunden im Kühlschrank fest werden lassen. Die Honigbutter ist in einem luftdichten Behälter bis zu 3 Wochen im Kühlschrank haltbar.

Eingelegtes

Diese einfachen Pickles lassen sich innerhalb weniger Stunden mühelos zubereiten, nur das geschlossene Glas muss ab und zu geschüttelt werden.

Eingelegte grüne Tomaten mit bunten Pfefferkörnern

Dieses Rezept entstand aus einer Notwendigkeit – aufgrund einer Fülle von grünen Tomaten am Ende der Saison. Diese eingelegten Tomaten verwende ich als Garnitur für gegrillte Burger und Kebab-Sandwichs.

Ergibt 220 g

---

1 EL bunte Pfefferkörner

120 ml Reisweinessig

60 ml Mirin (Reiswein)

½ TL feines Meersalz

½ TL Zucker

¼ TL langer Pfeffer

130 g kleine grüne Tomaten

Pfefferkörner im Mörser mit dem Stößel leicht aufbrechen. In einen kleinen nicht reaktiven Kochtopf umfüllen und Essig, Mirin, Salz, Zucker und langen Pfeffer dazugeben. Bei mittelhoher Temperatur aufkochen. Vom Herd nehmen und vollständig abkühlen lassen. Die Pfefferkörner herausnehmen, aber die Flüssigkeit im Kochtopf lassen. Beides beiseitestellen.

Die Tomaten von den Stielen befreien und mit einem scharfen Schälmesser quer in dünne Scheiben schneiden.

Ein Drittel der beiseitegestellten Pfefferkörner in ein leeres, sauberes Einmachglas mit dicht schließendem Deckel (480 ml) einfüllen. Mit einem Drittel der Tomaten bedecken. Diese Schichten zweimal wiederholen. Mit reichlich Kochflüssigkeit aus dem beiseitegestellten Kochtopf aufgießen, sodass die Tomaten vollständig bedeckt sind. Das Glas versiegeln und mindestens 3 Tage im Kühlschrank aufbewahren, dabei das Glas einmal täglich vorsichtig schütteln. Die eingelegten Tomaten sind bis zu 1 Woche im Kühlschrank haltbar.

Eingelegte Karotten mit Fenchelsamen

Diese eingelegten Karotten sind im Nullkommanichts zubereitet und peppen jedes Sandwich auf – für ein besonderes Geschmackserlebnis mit jedem Bissen.

Ergibt 200 g

---

70 g Karotten, in dünne Scheiben geschnitten

1 TL Fenchelsamen

120 ml frischer Limettensaft

1 TL Honig oder Ahornsirup

½ TL feines Meersalz

Karotten in ein sauberes Einmachglas mit dicht schließendem Deckel (480 ml) einfüllen.

Fenchelsamen in einer kleinen, trockenen Pfanne 30 bis 45 Sekunden bei mittelhoher Temperatur rösten, bis sie aromatisch duften, dabei gelegentlich umrühren, um eine gleichmäßige Röstung zu erhalten. Sofort in das Glas umfüllen.

Limettensaft, Honig und Salz in einer kleinen Schüssel verquirlen. Über die Karotten und Fenchelsamen gießen. Das Glas verschließen und mehrmals schütteln. Vor dem Servieren mindestens 2 Stunden im Kühlschrank ziehen lassen. Die Karotten sind bis zu 3 Tage im Kühlschrank haltbar.

Rote Zwiebeln mit Koriander

Dieses Pickle liefert einen angenehmen Kontrast zu scharf-würzigen Gerichten und ist deshalb mein Würzmittel der Wahl bei der Zubereitung von Kebabs.

Ergibt 220 g

---

100 g rote Zwiebeln, in feine Ringe geschnitten

1 EL frische Korianderblätter

1 TL Koriandersamen

120 ml Apfelessig

¼ TL Zucker

⅛ TL feines Meersalz

Zwiebeln und Koriander in ein sauberes Einmachglas mit dicht schließendem Deckel (480 ml) einfüllen.

Koriandersamen in einer kleinen, trockenen Edelstahl- oder gusseisernen Pfanne bei mittelhoher Temperatur 30 bis 45 Sekunden rösten, bis sie aromatisch duften, dabei gelegentlich umrühren, um eine gleichmäßige Röstung zu erhalten. Die Samen zu den Zwiebeln in das Glas umfüllen. Essig, Zucker und Salz dazugeben. Das Glas verschließen und mehrmals schütteln. Vor dem Servieren mindestens 2 Stunden im Kühlschrank ziehen lassen. Die Zwiebeln sind bis zu 3 Tage im Kühlschrank haltbar.

Ingwer-Zitronen-Relish

Wenn mein Dad dieses Relish in Indien zubereitet, reicht er es oft als Beilage zu einem Mittag- oder Abendessen. Ich gebe diese Ingwerscheiben gerne an frische Salate.

Ergibt 245 g

---

1 Stück (5 cm) frischer Ingwer, geschält und in dünne Scheiben geschnitten

120 ml frischer Zitronensaft

¼ TL feines Meersalz

Ingwerscheiben in ein leeres, sauberes Einmachglas mit dicht schließendem Deckel (480 ml) einfüllen. Zitronensaft und Salz dazugeben. Das Glas verschließen und mehrmals schütteln. Vor dem Servieren 2 Stunden im Kühlschrank ziehen lassen. Das Relish ist bis zu 2 Tage im Kühlschrank haltbar.

Würzig eingelegte Zitronen

Die Inder legen Gemüse oder Obst oft in Senföl ein. Jedoch ist Senföl in Amerika nicht erhältlich, deshalb habe ich ein eigenes Rezept mit Olivenöl entwickelt. Reste des Öls lassen sich vielseitig verwenden. Ganz wunderbar eignet es sich zum Einstippen von Brot oder Naan oder zum Beträufeln von heißer Pizza (Seite 99), Ofenfisch oder sogar geröstetem Gemüse.

Ergibt 2 kg

---

910 g Zitronen, geviertelt und entkernt

60 ml frischer Zitronensaft

200 g feines Meersalz

2 EL plus 1 TL (15 g) schwarze Pfefferkörner

15 g rote Chiliflocken

1 EL plus 2 TL (15 g) Bockshornkleesamen

1 EL (7 g) Kreuzkümmelsamen

1 l natives Olivenöl extra

Zitronen, Zitronensaft und Salz in ein sauberes Einmachglas mit dicht schließendem Deckel (2,8 l) einfüllen. Versiegeln und gut schütteln. 30 Minuten ruhen lassen.

Pfefferkörner, rote Chiliflocken, Bockshornkleesamen und Kreuzkümmelsamen in einem Mörser vermengen und mit einem Stößel leicht zerdrücken, sodass die Gewürze aufbrechen. Die Gewürzmischung in das Glas umfüllen und mit Olivenöl aufgießen. Verschließen und mehrmals schütteln. Das Glas vor dem Servieren 1 Woche an einem kühlen, dunklen Ort aufbewahren und einmal täglich schütteln. Die eingelegten Zitronen sind bis zu 1 Monat bei Raumtemperatur an einem kühlen, dunklen Ort oder bis zu 2 Monate im Kühlschrank haltbar. Kalte Pickles vor dem Gebrauch etwa 30 Minuten bei Raumtemperatur stehen lassen.

Würzmittel und Soßen

Ich verlasse mich auf eine Vielzahl von Würzmitteln, um meinen Mahlzeiten geschmackliche Höhepunkte zu verschaffen. Manche Würzmittel reiche ich als Beilage oder Begleiter zum Essen, andere nehme ich zum Anmachen von Salaten oder zum Aromatisieren. Die folgende Auswahl aus meinem Vorrat hat sich als unverzichtbar (und sogar lebensrettend!) erwiesen.

Yuzu-Ponzu-Soße mit angeschmortem grünem Knoblauch

Yuzu Ponzu ist eine gute Soße zum Beträufeln von gegrilltem Gemüse oder Fleisch und auch mal hart gekochten Eiern. Sie schmeckt auch großartig in einem Salat mit kalten Soba-Nudeln.

ERGIBT 240 G

3 grüne Knoblauchstängel
1 EL Pflanzenöl
2 grüne Thai-Chilis
60 ml *Yuzu-Ponzu-Soße*
60 ml Verjus Blanc (weißer Verjus)
1 TL feines Meersalz
60 ml geröstetes Sesamöl

Den Grill auf hoher Stufe vorheizen und den Rost leicht mit Öl bestreichen. Grünen Knoblauch unter fließendem kaltem Wasser abspülen und beschädigte oder trockene Enden von den grünen Stängeln abschneiden. Mit Papiertüchern trockentupfen und die Stängel mit Pflanzenöl bestreichen. Die Knoblauchstängel auf den heißen Grill legen und 4 bis 5 Minuten grillen, dabei einmal wenden, sobald sich Grillstreifen zeigen und die Stängel anschmoren. Die Wurzeln färben sich aschgrau und verbrennen. Den grünen Knoblauch, einschließlich der verbrannten Teile, in einen Mixer umfüllen und Chilis, Yuzu-Ponzu-Soße und Verjus dazugeben. Innerhalb weniger Sekunden zu einer stückigen Soße pürieren. In ein sauberes Einmachglas mit dicht schließendem Deckel umfüllen und Salz und Sesamöl unterrühren. Das Glas verschließen. Die Soße ist bis zu 2 Wochen im Kühlschrank haltbar.

Scharfes grünes Chutney

Aus meiner Idee für Grünzeugreste im Kühlschrank entwickelte sich schnell eines der vielseitigsten Würzmittel in meiner Küche. Frischer junger Grünkohl und pfeffrige Rucolablätter verwandeln sich hier in ein spritziges grünes Chutney, das mit ein paar Serrano-Chilis eine leichte Schärfeexplosion garantiert. Verwenden Sie für ein noch schärferes Chutney frische Thai-Chilis. Ich nehme hier jungen Grünkohl, weil er etwas süßlicher ist als der ausgewachsene Grünkohl. Dieses Chutney ist der perfekte Dip für gebratene Okra in Kichererbsenteig (Seite 38) und eignet sich auch zum Marinieren eines ganzen Backhähnchens (Seite 147).

ERGIBT 470 G

120 g Rucolablätter
60 g gebündelte junge Grünkohlblätter
60 ml natives Olivenöl extra, vorzugsweise aus Arbequina-Oliven
60 ml Wasser
70 g rote Zwiebeln, gehackt
2 EL frischer Limettensaft
4 Knoblauchzehen
4 Serrano-Chilis
1 TL Kümmel
1 TL Koriandersamen
1 TL Kreuzkümmelsamen
1 TL feines Meersalz

Alle Zutaten in einem Mixer 1 bis 2 Minuten auf mittlerer bis niedriger Stufe zu einer groben Paste pürieren. Gegebenenfalls müssen Sie den Mixer zwischendurch abschalten, um die Zutaten aufzulockern. Abschmecken und bei Bedarf nachwürzen. Die Soße ist in einen luftdichten Behälter bis zu 2 Wochen im Kühlschrank oder bis zu 1 Monat im Tiefkühler haltbar.

Süß-rauchige Tahin-Soße

Probieren Sie diese cremige Soße zu Krabbenküchlein (Seite 123). Außerdem passt sie hervorragend zu Fisch und Gemüse.

Ergibt 530 g

220 g Tahin
240 ml heißes Wasser
60 ml frischer Zitronensaft
2 EL Granatapfelmelasse
2 EL gemahlene Chipotle, plus extra zum Garnieren
½ TL feines Meersalz

Alle Zutaten in einen Mixer geben und auf mittelhoher Stufe zu einer glatten, cremigen Konsistenz pürieren. Vor dem Servieren 10 Minuten ruhen lassen. Die Soße ist in einem luftdichten Behälter bis zu 2 Wochen im Kühlschrank haltbar.

Korianderöldressing

Verwenden Sie dieses Dressing mit frischen Kräutern als Dip oder mischen Sie es mit gebratenem Blumenkohl unter einen Salat (Seite 64). Ganz ausgezeichnet schmeckt es außerdem als Dressing für gegrillte Steaks und Meeresfrüchte.

Ergibt 240 g

240 ml natives Olivenöl extra
20 g gebündelte frische Korianderblätter
1 Serrano-Chili, bei Bedarf entkernt
Saft von 1 Limette
1 TL Koriandersamen
½ TL schwarze Pfefferkörner
½ TL feines Meersalz

Alle Zutaten in einen Mixer geben und auf mittelhoher Stufe zu einer glatten und pastenartigen Konsistenz pürieren. Das Dressing ist in einem luftdichten Behälter bis zu 4 Tage im Kühlschrank haltbar. Vor Gebrauch schütteln.

Würziges Rhabarber-Confit

Obwohl die meisten Menschen Rhabarber mit einer Süßspeise in Verbindung bringen, habe ich mir das Ziel gesetzt, Rhabarber in herzhafte Speisen zu integrieren, wann immer möglich. In diesem Confit harmoniert die Säure des Rhabarbers mit Kaffirlimettenblättern und der Schärfe von Thai-Chilis. Auf diese Weise entsteht ein großartiger Dip bzw. ein Universalwürzmittel. Nehmen Sie ein gutes Olivenöl, denn die Sorte entscheidet über den Geschmack dieses Confit.

Ergibt 920 g

280 g Perlzwiebeln
455 g Rhabarberstängel, gekappt
50 g gemischte rote und grüne Thai-Chilis, längs halbiert und bei Bedarf entkernt
6 frische Kaffirlimettenblätter oder Zitronenblätter
1 TL feines Meersalz
480 ml natives Olivenöl extra

Backofen auf 110 °C vorheizen.

Während der Ofen vorheizt, einen mittelgroßen Kochtopf mit Wasser füllen und sprudelnd aufkochen. Eine mittelgroße Schüssel mit Eiswasser füllen. Von den Perlzwiebeln mit einem Schälmesser die Wurzelansätze entfernen und die Zwiebeln 30 Sekunden in das kochende Wasser eintauchen. Die Zwiebeln mit einem Schaumlöffel in das Eiswasser umfüllen, um den Kochvorgang zu unterbrechen. Die Zwiebeln abtropfen lassen und auf ein sauberes Küchentuch oder Papiertücher legen und trockentupfen. Die Häute mit einem Schälmesser abziehen und die Zwiebeln längs halbieren.

Den Rhabarber quer in 2,5 cm große Stücke schneiden.

Rhabarber, Zwiebeln, Chilis, Kaffirlimettenblätter und Salz in eine mittelgroße Schüssel geben. Olivenöl hinzufügen und gründlich vermengen. In eine flache Backform umfüllen und etwa 3 Stunden backen, bis die Rhabarberstücke weich und fast breiig sind. Die Form aus dem Ofen nehmen und vollständig abkühlen lassen. Das Confit in einen luftdichten Behälter umfüllen. Es ist bis zu 1 Monat im Kühlschrank haltbar.

Apfel-Birnen-Mostarda

Bei italienischen Mostardas handelt es sich um nichts anderes als eingelegte Früchte. Die Früchte werden traditionell mit Senfkörnern gekocht, wodurch die geschmackliche Kombination aus süß und sauer entsteht. In dieser Apfel-Birnen-Variante gebe ich getrocknete Wacholderbeeren und einen Spritzer Verjus Blanc an den Senf und das Obst.

Ergibt 510 g

- 1 große Williams-Christ-Birne (240 g)
- 2 große Äpfel der Sorte Honeycrisp bzw. Honeycrunch (je 225 g)
- 3 EL Dijonsenf
- 2 EL Zucker
- 2 EL gelbe Senfkörner
- 1 EL getrocknete Wacholderbeeren
- 2 EL Wasser
- 1 EL Senföl in Lebensmittelqualität oder natives Olivenöl extra
- 60 ml Verjus Blanc (weißer Verjus)

Birne und Äpfel schälen und entkernen und in 6 mm dicke Würfel schneiden. Das Obst mit den übrigen Zutaten in einem mittelgroßen nicht reaktiven Kochtopf, z. B. aus Edelstahl, vermengen. Bei mittelhoher Temperatur 25 bis 30 Minuten unter gelegentlichem Rühren kochen, bis das Obst weich und die Flüssigkeit größtenteils verdampft ist. In einen luftdichten Behälter umfüllen. Die Mostarda ist bis zu 1 Monat im Kühlschrank haltbar.

Brombeermarmelade mit langem Pfeffer

Langer Pfeffer hat entgegen normaler schwarzer Pfefferkörner ein leicht feurig-scharfes Aroma. Er wird häufig für die Zubereitung pikanter indischer Pickles verwendet.

Ergibt 605 g

- 1 TL langer Pfeffer
- 660 g frische Brombeeren
- 200 g Zucker
- 60 ml frischer Zitronensaft

Den langen Pfeffer in einem Mörser oder einer Kräutermühle zu einem groben Pulver vermahlen. Beeren, zerstoßenen Pfeffer, Zucker und Zitronensaft in einem großen nicht reaktiven Kochtopf, z. B. aus Edelstahl, vermengen. Bei mittelhoher Temperatur aufkochen, dann die Hitze auf mittlere bis niedrige Temperatur reduzieren und die Beeren mit einem Kartoffelstampfer zerstoßen. Unter gelegentlichem Rühren mit einer Silikonpalette etwa 20 Minuten köcheln lassen, bis die Marmelade so dick ist, dass sie an der Rückseite eines Löffels haften bleibt. In ein sauberes, steriles Einmachglas mit dicht schließendem Deckel (480 ml) umfüllen und das Glas fest verschließen. Die Marmelade ist bis zu 1 Woche im Kühlschrank haltbar.

Tartarsoße mit grüner Mango

Die unreife grüne Mango lockert diese Soße geschmacklich auf. Sie schmeckt perfekt zu Meeresfrüchten.

Ergibt 240 g

- 240 g Mayonnaise
- 2 EL grüne (unreife) Mango, fein gehackt
- 1 EL Schalotten, fein gehackt
- 2 EL frischer Zitronensaft
- Meersalz und gemahlener weißer Pfeffer

Mayonnaise, Mango, Schalotten und Zitronensaft in einer mittelgroßen Schüssel behutsam vermengen. Mit Salz und weißem Pfeffer würzen.

BEZUGSQUELLEN

Die meisten der im Buch erwähnten Produkte sind in gängigen Naturkostläden erhältlich.

Sie können sie auch direkt über unseren Online-Shop www.narayana-verlag.de in der Kategorie „Naturkost" erhalten.

Dort finden Sie ein großes Sortiment an ausgewählten Naturkostprodukten, u. a. auch seltene Produkte wie Yacon-Sirup. Auch Nahrungsergänzungsmittel unserer Eigenmarke „Unimedica" und viele Superfoods sind dort erhältlich.

DANK

Ein Kochbuch ist die Summe unzähliger beweglicher Elemente. Es dauerte zwei Jahre, bis ich dieses Buch fertiggestellt hatte, aber die eigentliche Reise begann viel früher und auf meinem Weg begegnete mir die Güte verschiedener Menschen.

ICH DANKE:

Meinen Lesern von *A Brown Table* und *A Brown Kitchen*. Ihr begleitet mich seit dem ersten Augenblick, als ich mir meine Nikon COOLPIX schnappte, um in meiner winzigen Küche in Washington, D.C. die Gerichte für meinen Blog *A Brown Table* zu dokumentieren. Ihr habt mich mit eurer Liebe und Aufmunterung beflügelt und über diesen langen Weg geführt. Dieses Buch gehört euch ebenso wie mir und all das wäre ohne euch nicht möglich gewesen.

Meiner furchtlosen Agentin Maria Ribas von Stonesong Literary, die mich als mein rettender Engel durch den entmutigenden Prozess leitete, einen Autorenvertrag abzuschließen und die vor allem an mich und meine Arbeit geglaubt hat.

Meiner geduldigen und unermüdlichen Lektorin Sarah Billingsley dafür, dass sie fieberhaft an der Gestaltung dieses Buches arbeitete und sich immens dafür einsetzte, meine Geschichte zu verbreiten. Der unglaublich talentierten Alice Chau dafür, dass sie meine Vision mit ihren beeindruckenden Designs zum Leben erweckte, mich an dem Prozess teilhaben ließ, meine verrückten Ideen hinnahm und mich lehrte, dass sich in der Wahl der Schrift die eigene Persönlichkeit reflektiert. Ein ganz besonderer Gruß geht außerdem an Alexandra Brown, Amy Treadwell, Tera Killip, Marie Oishi, Steve Kim und das restliche unglaubliche Team von Chronicle Books, die hinter den Kulissen arbeiteten, um dieses Buch zu verwirklichen.

John Birdsall für deine großzügigen Worte und Unterstützung, aber vor allem für deine Freundschaft. Seit wir in Oakland leben, haben wir Perry und dich als großartige Nachbarn und enge Freunde schätzen gelernt.

Asha Gomez, Meera Sodha, Cyrus Todiwala, Nigella Lawson, Diana Henry, Madhur Jaffrey, Niloufer Ichaporia King, Julie Sahni, Matt Rodbard, Daniella Galarza, Alice Medrich, Kat Kinsman, Tundey Wey, Tejal Rao, Joe Yonan, Julia Turshen, Khushbu Shah, Kathy Gunst, Carolyn Phillips, Bryant Terry, Naomi Duguid, Samin Nosrat, Mayukh Sen, Raghavan Iyer, David Lebovitz, Tara O'Brady und Sonia Chopra: Ihr ahnt es nicht, aber mit euren unglaublichen Gerichten und wunderbaren Worten, mit denen ihr laufend die Welt verändert, inspiriert ihr mich in vielerlei Hinsicht.

Meinem Lektor Paolo Lucchesi und dem ganzen Team der Abteilung Food and Home des *San Francisco Chronicle* – ich habe so viel von euch gelernt. Paolo – Danke, dass du das Riskio eingegangen bist und mir die Chance gegeben hast, *A Brown Kitchen* zu schreiben. Jonathan Kauffman und Sarah Fritsche – Danke, dass ihr meine Kuchen so zuverlässig verkostet.

Cheryl Sternman Rule für das akribische Prüfen meines Manuskripts und das Vier-Augen-Prinzip.

Meinen Freunden: Lukas Volger, Steve Viksjo, Ben Mims, Andy Barghani, Chitra Agrawal, Phi Tran, Tina Antolini, Tyler Kalogeros Treschuk, Susan und Terrance Treschuk, Javier de Diego, Samantha Scheidler, Eduardo Sardiña, Justin Bras, Farouk Ophaso, Jessica Nolan, Meghana Hemphill und Urmila Kamath. Ihr alle seid auf die eine oder andere Weise Teil dieses Buches. Für eure Liebe und uneingeschränkte Unterstützung bin ich euch zu großem Dank verpflichtet und ich schätze mich außerordentlich glücklich, dass ihr alle Teil meines Lebens seid.

Erica Perez und John Beaver vom Oaktown Spice Shop für eure Fundgrube an Wissen in der Welt der Gewürze.

Meinen Rezepttestern – Danke, dass ihr meine Rezepte freundlicherweise getestet habt: Emma Rudolph, Mick Côté, John Wilburn, Matt Walker, Alex Orr, Jeff Ford, Nalini Mani, Nastaren Abad, Sarah Kieffer, Alicia Boal, Peter Holm, Dana Dantzler, Katerina Rangelova, David Hicks, Brittney Timmins, Jennifer Baron, Philip Krupansky, Dana Juhász Ardell, Karen Ho, Jennifer Oberoi, Suzanne Romaine, Francisco Lobo, Ung Soh Fong, Samantha

Moullet, Elysse Voyer, Kala Patel, Jenna Homen, Melissa Morton, Tracie Burgess, LaRae Burk, Harsha Mallajosyula, Kris Osborne, Jeremy Aldridge, Huxley McCorkle, Amadon Coletsis, Alicia Prodromou, Benjamin-Edouard Savoie, Paula Casimiro, Annika Patel, Deborah Kravitz, Michelle Rolfe, Laurie Mueller, Eva Wang, Chandrima Sarkar, Diann Leo, Kathleen Hayes, Rochelle Ramos, Barbara Slegers-Hudson, Madrid Jaramillo-Cattell, Kathy Jollimore, Vera Trifonova, Jaime Woo, Sean Conway, Leah Langdon Henry, Tacia Coleman, Scott Peabody, Sophie Mackenzie, Amrita Singh, Suchi Modi, David Hicks, Harriet Trezevant und Cheryl Gomes.

Williams Sonoma, West Elm, StaubUSA und Miyabi USA für die Bereitstellung eines großen Teils der eleganten Keramiken, Leinentücher und Kochutensilien, die ich für das Ausgestalten der für dieses Buch fotografierten Esswaren verwendete. Den Mitarbeitern von Vitamix, KitchenAid und California Olive Ranch für ihre eindrucksvollen Küchengeräte und Zutaten.

Meiner Familie. Meinen Eltern Lorraine und Neelkant, die mir erlaubt haben, ihre Küche bei meinen ersten Kochversuchen zu verunstalten und ihre Kochbücher zu stehlen. Sie beklagten sich nie. Meiner Schwester Nishtha, die in Indien unter großen Mühen ein paar zauberhafte Requisiten für mich ausfindig machte und mir schickte. Meiner Großmutter Lucy und meinen Tanten Elaine, Valerie und Bernie, die mir im Laufe der Jahre das Kochen beibrachten. Joy Furtado für die Einblicke, die sie mir in ihr Zuhause und ihre Küche in Goa gewährte und dafür, dass sie ihr reiches Wissen über die Zubereitung von goanischem Essen mit mir teilte. Meinen Schwiegereltern, besonders meiner Schwiegermutter Shelly, dass sie großzügig ihre Küche auf ihrem Bauernhof mit mir teilte und mich vor vielen Jahren dazu drängte, einen Blog zu starten.

Und schließlich meinem Ehemann Michael und unseren beiden Tierbabys Snoopy und Vesper, die mich zum Lachen und Lächeln bringen, selbst wenn ich müde bin und verzweifelt versuche, Termine einzuhalten. Ihr gebt mir Halt. Ich liebe euch.

ÜBER DEN AUTOR

Autor und Fotograf Nik Sharma ist der Rezeptentwickler des mehrfach ausgezeichneten Blogs *A Brown Table*. Seine Beiträge gehören zu den besten der Branche und sind in *Saveur*, *Parade* und *Better Homes & Gardens* erschienen. 2021 gehört er zu den Finalisten des Preises der *International Association of Culinary Professionals* in den Kategorien „Bestes Kochbuch" und „Fotografie & Styling". Für die *San Francisco Chronicle* schreibt er die wöchentliche Kolumne *A Brown Kitchen*. Nik lebt in Oakland, Kalifornien.

STIMMEN ZUM BUCH

„Einfach wunderschönes Essen – breit gefächert, inspirierend und durchdrungen von einer belebenden und großzügigen Sensibilität."
NIGELLA LAWSON, Autorin von *Nigella lädt ein: Mühelos kochen, entspannt genießen*

„Die besten Kochbücher sind die mit einer unverwechselbaren Stimme. 'Meine Geschichte ist die eines schwulen Einwanderers und erzählt wird sie durch Lebensmittel...' Mit diesem Satz beginnt Nik Sharma seine Geschichte, die er in ZAUBER DER GEWÜRZE so wunderbar erzählt. Ich kenne kein anderes Kochbuch, das Sie nicht nur nach Mumbai und Oakland entführt, sondern auch zu Forschungslaboren in Cincinnati und D.C. und einem landwirtschaftlichen Betrieb in Virginia. Der rote Faden, der all diese scheinbar unterschiedlichen Orte miteinander verbindet, sind Niks unvergessliche Speisen, mit denen er sein Leben nachzeichnet. Bitte tun Sie sich selbst einen Gefallen und kaufen Sie gleich zwei Exemplare: eines, aus dem Sie die atemberaubend schönen Fotos herauslösen und einrahmen können, und ein zweites zum Lesen und Nachkochen der verführerischen Rezepte."
JULIA TURSHEN, Autorin von *Small Victories, Feed the Resistance* und *Now & Again*

"Dieses Buch verzaubert mit jeder Seite und ist geschrieben von einer wichtigen neuen Stimme und einem feinen Auge. Nik Sharma würzt seine Gerichte, sein Fotografien und seine Texte mit den wichtigsten aller Zutaten: Leidenschaft, Kreativität und Liebe. Man kann den Duft des Kardamom, den Jaggery und die Shiso-Blätter förmlich riechen. Sie werden jedes einzelne Rezept nachkochen wollen."
JOE YONAN, Redakteur für Kulinarisches bei *The Washington Post* und Herausgeber von *America The Great Cookbook*.

„Ein sehr schönes und zutiefst persönliches Kochbuch."
MEERA SODHA, Autorin von *Fresh India*

„Nur selten schlägt man ein Kochbuch auf und blättert darin voller Staunen über die Geschmackskombinationen. Das hat Nik Sharmas Buch bei mir bewirkt: Es ist randvoll mit Gerichten, die man unbedingt selbst kochen möchte, und Fotos, die eine dezente Eleganz ausstrahlen. Nik Sharma ist ein seltenes Talent."
DIANA HENRY, Autorin von *A Bird in the Hand* und Preisträgerin des *James Beard-Awards*

„Dieses Buch steckt voller köstlicher Rezepte, die man zu Hause auch wirklich kochen wird. Dazu kommen Dutzende von Niks atemberaubenden, stimmungsvollen Aufnahmen, in denen sich Lebensmittelfotografie und hohe Kunst vereinen. Nik gibt uns nicht nur 100 wohlüberlegte Rezepte, sondern ermutigt uns, selbst Verbindungen herzustellen zwischen unseren eigenen, kulturell überlieferten Rezepten, unseren Erinnerungen und den Orten, an denen wir uns aktuell befinden. So können wir alle eine Kultur des Kochens und des Essens pflegen, die widerspiegelt, wer wir eigentlich sind."
BRYANT TERRY, Autor von *Afro-Vegan* und Preisträger des James Beard-Awards

„Niks Geschichte weckt in mir vielschichtige Resonanzen, denn als Immigrantin und Köchin mit dunkler Hautfarbe habe ich Einfluss auf die Geschichte der modernen amerikanischen Küche. Zusammen mit den fesselnden Bildern, in denen die Schönheit der von ihm präsentierten Speisen hervorgehoben wird, ist seine persönliche Reise Teil einer größeren, sich fortwährend verändernden, kulinarischen Landschaft. Diese Landschaft greift all unsere Kämpfe und unsere zerbrochenen Identitäten auf, um daraus eine neue und einzigartige amerikanische Küche zu kreieren – komplex und wunderschön wie ein filigran gewebter Wandteppich."
ASHA GOMEZ, Autorin von *My Two Souths*

STICHWORTVERZEICHNIS

A

Ahornsirup 25
   Gegrillte Pfirsiche mit würzigem Ahornsirup 200
   Würziger Ahornsirup 200
Ajowan 27
Aleppo-Chili 23
Amchoor 25
Ananas
   Ananas-Serrano-Gin 243
   Karamellkuchen mit Rumrosinen 220
Anardana 25
Äpfel
   Apfel-Birnen-Mostarda 281
   Apfel- und Masala-Chai-Kuchen 207
Aprikosen
   Karamellkuchen mit Rumrosinen 220
Aromatisieren 86, 268
Artischockenherzen, Ofen-Eier mit 140
Asafoetida 29
Auberginen-Pilaw 102
Austern
   Austern mit Passionsfrucht-Mignonette-Soße 115
   Gegrillte gekräuterte Austern 42

B

Basilikum-Joghurtsoße 40
Bebinca, Süßkartoffel 204
Bellini mit Kardamom und buntem Pfeffer 240
Birnen-Mostarda, Apfel 281
Blätterteig
   Pute-Pilz-Pastetchen 155
Bockshornkleesamen 27
Bohnen
   Bohnen- und Linsensuppe mit Kakao 73
   Crostini mit geräucherten Sardinen und Kumquats 47
Bourbon, Eistee mit karamellisierten Feigen und 247
Bräunen 163
Brauner Zucker 25
Brombeermarmelade mit langem Pfeffer 281
Brot. *Siehe auch* Naan
   Crostini mit geräucherten Sardinen und Kumquats 47
   Ofen-Eier mit Artischockenherzen 140
Brühen
   Knochen- und Linsenbrühe 80
   Muschelbrühe mit Kurkuma und Limetten 116
Bunter Pfeffer 23
Butter
   Ghee 268
   Süße Gewürzhonigbutter 270

C

Caprese-Salat mit süßem Tamarindendressing 60
Cashews 37
   Gewürzter Mango-Milchshake 236
   Herzhaftes Granola 93
   Hühnersalat mit Crème Fraîche 148
   Karamellkuchen mit Rumrosinen 220
   Süßes Fenchel-Ingwer-Granola 91
Cayennepfeffer 23
Chai
   Apfel- und Masala-Chai-Kuchen 207
   Chai Masala 264
   Eistee mit karamellisierten Feigen und Bourbon 247
   Masala Chai 86, 207, 264
Champagner
   Bellini mit Kardamom und buntem Pfeffer 240
Chat Masala 263
   Gegrillte Schweinekoteletts mit Chat Masala 184
Chilis
   Ananas-Serrano-Gin 243
   Aufbewahrungstipps 82
   Oliven paniert mit Chipotle und Garam Masala 34
   Red Snapper mit Kurkuma-Chili-Bratwürze und Melonen-Salsa 130
   Speck-Guajillo-Salz 267
Chipotle 23
Chorizo
   Chorizo-Kartoffelsalat 69
   Selbst gemachte Chorizo nach goanischer Art 191
Chutney, Scharfes grünes 277
Cranberries
   Süßes Fenchel-Ingwer-Granola 91
Crème fraîche
   Hühnersalat mit Crème Fraîche 148
   Kefir-Crème fraîche 260
   Vanille-Crème fraîche 200
Crostini mit geräucherten Sardinen und Kumquats 47
Curryblatt 29
   Curry-Kaffirlimetten-Salz 267
   Hühnernuggets mit knuspriger Curryblattpanade 48

D

Datteln
   Dattel- und Tamarindenkuchen 210
   Gegrillte Datteln und Rosinen mit schwarzem Pfeffer und Honig 33
Desserts
   Apfel- und Masala-Chai-Kuchen 207
   Dattel- und Tamarindenkuchen 210
   Gegrillte Pfirsiche mit würzigem Ahornsirup 200
   Gestürzter Maismehlkuchen mit Orange und Fenchel 216
   Ghee-Holunderblüten-Kuchen 215
   Himbeer-Shiso-Sorbet 196
   Jaggery-Eiscreme 199
   Karamellkuchen mit Rumrosinen 220
   Süßkartoffel-Bebinca 204
   Wassermelonen-Holunderblüten-Granita 195
   Würzige Schoko-Haselnusskekse 203
Dressings
   Korianderöldressing 278
   Tamarindendressing 60

E

Eier 137, 255
   Eiersalat mit geröstetem Koriander 143
   Einkaufstipps 136
   Gefüllte Eier mit cremigem Tahin und Zatar 144
   Hart gekochte Eier 255
   Hühnersuppe mit gerösteten Naan-Streifen 76
   Knusprige Ghee-Spiegeleier 255

Ofen-Eier mit Artischockenherzen 140
Eingelegtes 273
　Eingelegte grüne Tomaten mit bunten Pfefferkörnern 273
　Eingelegte Karotten mit Fenchelsamen 273
　Rote Zwiebeln mit Koriander 274
　Würzig eingelegte Zitronen 274
Einreibung 161
Eiscreme, Jaggery 199
Erbsen
　Auberginen-Pilaw 102
　Dunkel gegrillte Zuckererbsen und Fenchel mit Speck-Guajillo-Salz 106
Estragon 29
　Salziges Estragon-Lassi 232

F

Färben 86
Feigen
　Eistee mit karamellisierten Feigen und Bourbon 247
　Süßes Fenchel-Ingwer-Granola 91
Fenchel
　Dunkel gegrillte Zuckererbsen und Fenchel mit Speck-Guajillo-Salz 106
　Eingelegte Karotten mit Fenchelsamen 273
　Gestürzter Maismehlkuchen mit Orange und Fenchel 216
　Putenschenkel mit Kirsch-Fenchel-Barbecuesoße 152
　Süßes Fenchel-Ingwer-Granola 91
Fenchelsamen 27
Fette 87, 268
Fisch
　Crostini mit geräucherten Sardinen und Kumquats 47
　Koriander-Gravlax 133
　Red Snapper mit Kurkuma-Chili-Bratwürze und Melonen-Salsa 130
　Tandoori-Schwertfischsteaks 127
Frittata nach Bombay-Art 137
Frittatas
　Frittata nach Bombay-Art 137

G

Garam Masala 263
Garnelen, gegrillte, in Weinblattpäckchen 120
Gebratene Okra in Kichererbsenteig 38
Gefüllte Eier mit cremigem Tahin und Zatar 144
Gegrillte Datteln und Rosinen mit schwarzem Pfeffer und Honig 33
Gestürzter Maismehlkuchen mit Orange und Fenchel 216
Getränke
　Ananas-Serrano-Gin 243
　Bellini mit Kardamom und buntem Pfeffer 240
　Eiskaffee mit Kokosmilch und Kardamom 239
　Eistee mit karamellisierten Feigen und Bourbon 247
　Gewürzter Mango-Milchshake 236
　Ingwer-Tamarinden-Limonade 228
　Limonade mit geröstetem Kreuzkümmel 227
　Moscow Mule mit Granatapfel 244
　Orangenblütenlimonade 225
　Rhabarber-Scharbat mit Rosenwasser und Kardamom 231
　Safran-Kardamom-Milch 235
　Salziges Estragon-Lassi 232
Gewürze. Siehe auch individuelle Gewürze
　Aromatisieren 277
　Aufbewahrungstipps 82
　Frischhaltung 82
　Hitzebehandlung 63
　In Desserts 86
　Mahlen 158
　Quetschen 158
　Rösten 158
　Verstehen 82
Gewürzmischungen 263
　Chai Masala 264
　Chat Masala 263
　Garam Masala 263
　Masala Chai 264
　Meine Zatarmischung 264
Ghee 268
Granatapfel
　Moscow Mule mit Granatapfel 244
　Nüsse mit Chili-Sumach-Granatapfel-Panade 37

Granatapfelmelasse 25
Granita, Wassermelonen-Holunderblüten 195
Granola
　Herzhaftes Granola 93
　Süßes Fenchel-Ingwer-Granola 91
Gravlax, Koriander 133
Grüne Mango 25
Grüner Knoblauch 29
Grünkohl
　Scharfes grünes Chutney 277
Guajillo-Chili 23
Gurkensalat, Limette, mit geröstetem Kreuzkümmel 59

H

Hackbraten, Würz 167
Hafer
　Herzhaftes Granola 93
　Süßes Fenchel-Ingwer-Granola 91
Haselnusskekse, Würzige Schoko 203
Himalaya-Salz 25, 85
Himbeer-Shiso-Sorbet 196
Hirse-Bowl mit Ingwer und Linsen 100
Hitzebehandlung 159
Holunderblüten 29
　Ghee-Holunderblüten-Kuchen 215
　Wassermelonen-Holunderblüten-Granita 195
Huhn
　Brathähnchen mit scharfem grünen Chutney 147
　Einkaufstipps 136
　Hühnernudelsuppe mit Oman-Limetten 79
　Hühnernuggets mit knuspriger Curryblattpanade 48
　Hühnersalat mit Crème Fraîche 148
　Hühnersuppe mit gerösteten Naan-Streifen 76
　Hühnernuggets mit knuspriger Curryblattpanade 48

I

Ingwer 29
　Bratkrabbe mit Ingwer und Knoblauch 124
　Hirse-Bowl mit Ingwer und Linsen 100
　Ingwer-Tamarinden-Limonade 228
　Ingwer-Zitronen-Relish 274

Ingwer...
  Karamellkuchen mit Rumrosinen 220
  Süßes Fenchel-Ingwer-Granola 91
  Würzige Schoko-Haselnusskekse 203

J

Jaggery 25, 253
  Jaggery-Eiscreme 199
Jakobsmuscheln, Scharf angebratene, in Sumach-Würze mit Mostarda 119
Joghurt
  Basilikum-Joghurtsoße 40
  Mehrfarbige Wurzelgemüse-Raita 63
  Salziges Estragon-Lassi 232

K

Kaffee
  Eiskaffee mit Kokosmilch und Kardamom 239
  Kaffeebohne 29
Kaffirlimettenblatt 29
Kakaopulver 29
  Bohnen- und Linsensuppe mit Kakao 73
Kala Namak 25
Karamellkuchen mit Rumrosinen 220
Kardamom 27
  Bellini mit Kardamom und buntem Pfeffer 240
  Eiskaffee mit Kokosmilch und Kardamom 239
  Rhabarber-Scharbat mit Rosenwasser und Kardamom 231
  Safran-Kardamom-Milch 235
Karotten
  Eingelegte Karotten mit Fenchelsamen 273
  Geröstete junge Karotten mit Sesam, Chili und Nori 109
  Mehrfarbige Wurzelgemüse-Raita 63
Kartoffeln
  Chorizo-Kartoffelsalat 69
  Fingerlinge mit knuprigem Salbei und Knoblauch-Kefir-Crème fraîche 110
  Lammhack-Kartoffeltaler mit Sambal Oelek 175
Käse. *Siehe auch* Panir
  Caprese-Salat mit süßem Tamarindendressing 60

Naan-Pizza Margherita 99
Ofen-Eier mit Artischockenherzen 140
Kashmiri-Chili 23
Kebabs, Würzige, Rinder 52
Kefir-Crème fraîche 260
Kekse, Würzige Schoko-Haselnuss 203
Kirsch-Fenchel-Barbecuesoße, Putenschenkel mit 152
Knoblauch 29, 259
  Bratkrabbe mit Ingwer und Knoblauch 124
  Fingerlinge mit knusprigem Salbei und Knoblauch-Kefir-Crème fraîche 110
  Grüner Knoblauch 29
  Knoblauch-Naan 95
  Kürbis-Knoblauchpüree 127
  Röstknoblauch 259
  Röstknoblauch in Sesamöl 259
  Yuzu-Ponzu-Soße mit angeschmortem grünem Knoblauch 277
Kokosessig 25
Kokosmilch
  Eiskaffee mit Kokosmilch und Kardamom 239
  Muschelbrühe mit Kurkuma und Limetten 116
  Süßkartoffel-Bebinca 204
  Wassermelonen-Holunderblüten-Granita 195
Konservieren 161
Koriander 29
  Koriander-Gravlax 133
  Korianderöldressing 278
  Rote Zwiebeln mit Koriander 274
Koriandersamen 27
Kosher Salz 25
Krabben
  Bratkrabbe mit Ingwer und Knoblauch 124
  Krabbenküchlein mit Zitronengras und grüner Mango 123
Kräuter 29, 86. *Siehe auch* einzelne Kräuter
  Aromatisieren 87
  Aufbewahrungstipps 82
  Frische Krauter 82
  Getrocknete Kräuter 87
  Mahlen 158
  Mörsern und Stößeln 161
  Quetschen 158
Krautsalat, Apfel-Chili- 186
Kreuzkümmel 27

  Limette-Gurkensalat mit geröstetem Kreuzkümmel 59
  Limonade mit geröstetem Kreuzkümmel 227
Kuchen
  Apfel- und Masala-Chai-Kuchen 207
  Dattel- und Tamarindenkuchen 210
  Gestürzter Maismehlkuchen mit Orange und Fenchel 216
  Ghee-Holunderblüten-Kuchen 215
  Karamellkuchen mit Rumrosinen 220
Kümmel 27
Kumquats
  Crostini mit geräucherten Sardinen und Kumquats 47
  Gebratene Putenkeule mit Zitrusmix und Wacholder 151
Kürbis, Butternut, Teesuppe mit 70
Kürbis-Knoblauchpüree 127
Kurkuma 29
  Muschelbrühe mit Kurkuma und Limetten 116
  Red Snapper mit Kurkuma-Chili-Bratwürze und Melonen-Salsa 130

L

Lachs
  Koriander-Gravlax 133
Lamm
  Gebratene Lammkeule 181
  Knochen- und Linsenbrühe 80
  Lammhack-Kartoffeltaler mit Sambal Oelek 175
  Lammkoteletts mit roten Linsen 178
Langer Pfeffer 23
  Brombeermarmelade mit langem Pfeffer 281
Lassi, Salziges Estragon 232
Limetten
  Chorizo-Kartoffelsalat 69
  Curry-Kaffirlimetten-Salz 267
  Hühnernudelsuppe mit Oman-Limetten 79
  Kaffirlimettenblatt 29
  Limette-Gurkensalat mit geröstetem Kreuzkümmel 59
  Muschelbrühe mit Kurkuma und Limetten 116
  Oman-Limette 25

Linsen
- Bohnen- und Linsensuppe mit Kakao 73
- Bunter Linsensalat mit gebratenem Blumenkohl und Panir 64
- Hirse-Bowl mit Ingwer und Linsen 100
- Knochen- und Linsenbrühe 80
- Lammkoteletts mit roten Linsen 178

Lorbeerblatt 29

M

Mahlen 158

Mais
- Gestürzter Maismehlkuchen mit Orange und Fenchel 216
- Hühnersuppe mit gerösteten Naan-Streifen 76
- Mais- und Melonen-Salsa 130

Mandeln
- Gebratene Lammkeule 181
- Safran-Kardamom-Milch 235
- Süßes Fenchel-Ingwer-Granola 91

Mangos
- Gewürzter Mango-Milchshake 236
- Krabbenküchlein mit Zitronengras und grüner Mango 123
- Tartarsoße mit grüner Mango 281

Margherita, Naan-Pizza 99
Marinieren 161
Marmelade, Brombeer, mit langem Pfeffer 281
Mazis 27
Meersalzflocken 25
Mehrfarbige Wurzelgemüse-Raita 63
Meine Nit'ir Qibe 270
Meine Zatarmischung 264
Melassen 25
Melonen-Salsa, Mais- und 130
Milchshake, Gewürzter, Mango 236
Minze 29
Mohnsamen 27
Mörsern und Stößeln 161
Moscow Mule mit Granatapfel 244
Muschelbrühe mit Kurkuma und Limetten 116
Muskatnuss 27

N

Naan 94
- Hühnersuppe mit gerösteten Naan-Streifen 76
- Knoblauch-Naan 95
- Naan-Pizza Margherita 99

Nit'ir Qibe, Meine 270
Nori 29
- Nori-Yuzu-Ponzu-Salz 267

Nudelsuppe, Hühner, mit Oman-Limetten 79
Nüsse. *Siehe auch* individuelle Nüsse
- Einweichen in Wasser 235
- Nüsse mit Chili-Sumach-Granatapfel-Panade 37
- Nüsse mit Chili-Sumach-Granatapfel-Panade 37

O

Okra, Gebratene, in Kichererbsenteig 38
Oliven paniert mit Chipotle und Garam Masala 34
Oman-Limette 25
Oman-Limetten
- Hühnernudelsuppe mit Oman-Limetten 79

Orangen
- Gebratene Putenkeule mit Zitrusmix und Wacholder 151
- Gestürzter Maismehlkuchen mit Orange und Fenchel 216
- Steak mit Orangenschale und Koriander 173

Orangenblütenwasser 29
- Orangenblütenlimonade 225

P

Panir 260
- Bunter Linsensalat mit gebratenem Blumenkohl und Panir 64
- Chorizo-Kartoffelsalat 69

Paprikapulver 23
Passionsfrucht-Mignonette-Soße, Austern mit 115
Pfirsiche
- Bellini mit Kardamom und buntem Pfeffer 240
- Gegrillte Pfirsiche mit würzigem Ahornsirup 200

Pilaws
- Auberginen-Pilaw 102
- Einfaches Pilaw 256

Pilze
- Pute-Pilz-Pastetchen 155
- Teesuppe mit Butternut-Kürbis 70

Pistazien
- Gebratene Lammkeule 181
- Nüsse mit Chili-Sumach-Granatapfel-Panade 37

Pizza, Naan, Margherita 99

Pute
- Gebratene Putenkeule mit Zitrusmix und Wacholder 151
- Putenschenkel mit Kirsch-Fenchel-Barbecuesoße 152
- Pute-Pilz-Pastetchen 155
- Pute-Pilz-Pastetchen 155

Q

Quetschen und schneiden 158

R

Raita, Mehrfarbige Wurzelgemüse 63
Räuchern 161
Red Snapper mit Kurkuma-Chili-Bratwürze und Melonen-Salsa 130
Reis 256
- Auberginen-Pilaw 102
- Einfacher Reis 256
- Einfaches Pilaw 256

Relish, Ingwer-Zitronen 274
Rhabarber
- Rhabarber-Scharbat mit Rosenwasser und Kardamom 231
- Würziges Rhabarber-Confit 278

Rind
- Knochen- und Linsenbrühe 80
- Rindereintopf mit Verjus 170
- Steak mit Orangenschale und Koriander 173
- Würzhackbraten 167
- Würzige Rinderkebabs 52

Rosenkohl, gehobelter, mit Mohn, schwarzem Senf und Kokosöl 105
Rosenwasser 29
Rosinen
- Gegrillte Datteln und Rosinen mit schwarzem Pfeffer und Honig 33
- Karamellkuchen mit Rumrosinen 220
- Süßes Fenchel-Ingwer-Granola 91

Rösten 158
Rüben
- Mehrfarbige Wurzelgemüse-Raita 63

Rucola
- Scharfes grünes Chutney 277

S

Safran 29
- Safran-Kardamom-Milch 235

Salate 57. *Siehe auch* Dressings; *Siehe*

auch Dressings
  Apfel-Chili-Krautsalat 186
  Bunter Linsensalat mit gebratenem Blumenkohl und Panir 64
  Caprese-Salat mit süßem Tamarindendressing 60
  Chorizo-Kartoffelsalat 69
  Eiersalat mit geröstetem Koriander 143
  Hühnersalat mit Crème Fraîche 148
  Limette-Gurkensalat mit geröstetem Kreuzkümmel 59
  Mehrfarbige Wurzelgemüse-Raita 63
Salsas. Siehe Soßen und Salsas
Salzmischungen 267
  Curry-Kaffirlimetten-Salz 267
  Nori-Yuzu-Ponzu-Salz 267
  Speck-Guajillo-Salz 267
Sambal Oelek 23
Sardinen und Kumquats, Crostini mit geräucherten 47
Scharbat, Rhabarber, mit Rosenwasser und Kardamom 231
Schneiden 158
Schokolade
  Bohnen- und Linsensuppe mit Kakao 73
  Kakaopulver 29
  Würzige Schoko-Haselnusskekse 203
Schwarze Teeblätter 29
Schwarzkümmelsamen 27
Schwein
  Gegrillte Schweinekoteletts mit Chat Masala 184
  Knusprige Schweinebauchhäppchen 54
  Pulled-Pork-Tacos mit Apfel-Chili-Krautsalat 186
  Selbst gemachte Chorizo nach goanischer Art 191
Schwertfischsteaks, Tandoori- 127
Senfkorn 27
Serrano-Chili 23
Sesamsamen 27
Shiso
  Himbeer-Shiso-Sorbet 196
Sirup
  Würziger Ahornessigsirup 200
  Zitronensirup 225
Sorbet, Himbeer-Shiso 196
Soßen und Salsas
  Basilikum-Joghurtsoße 40

Mais- und Melonen-Salsa 130
Süß-rauchige Tahin-Soße 278
Tartarsoße mit grüner Mango 281
Yuzu-Ponzu-Soße mit angeschmortem grünem Knoblauch 277
Speck-Guajillo-Salz 267
Sternanis 27
Sumach 25
  Nüsse mit Chili-Sumach-Granatapfel-Panade 37
  Scharf angebratene Jakobsmuscheln in Sumach-Würze mit Mostarda 119
Suppen
  Bohnen- und Linsensuppe mit Kakao 73
  Hühnernudelsuppe mit Oman-Limetten 79
  Hühnersuppe mit gerösteten Naan-Streifen 76
  Teesuppe mit Butternut-Kürbis 70
Süßkartoffeln
  Süßkartoffel-Bebinca 204
  Süßkartoffelpommes mit Basilikum-Joghurtsoße 40
  Süßkartoffelpommes mit Basilikum-Joghurtsoße 40

T

Tacos, Pulled Pork, mit Apfel-Chili-Krautsalat 186
Tahin
  Gefüllte Eier mit cremigem Tahin und Zatar 144
  Süß-rauchige Tahin-Soße 278
Tamarinde 25, 251
  Dattel- und Tamarindenkuchen 210
  Ingwer-Tamarinden-Limonade 228
  Tamarindendressing 60
  Zubereitung 252
Tandoori-Schwertfischsteaks 127
Tartarsoße mit grüner Mango 281
Tee. *Siehe auch* Chai
  Schwarze Teeblätter 29
  Teesuppe mit Butternut-Kürbis 70
  Teesuppe mit Butternut-Kürbis 70
Tellicherry-Pfeffer 23
Thai-Chili 23
Tomaten
  Bohnen- und Linsensuppe mit Kakao 73
  Caprese-Salat mit süßem Tamarindendressing 60
  Eingelegte grüne Tomaten mit bunten Pfefferkörnern 273
  Herzhaftes Granola 93
  Hühnersuppe mit gerösteten Naan-Streifen 76
  Naan-Pizza Margherita 99
Tortillas
  Pulled-Pork-Tacos mit Apfel-Chili-Krautsalat 186

U

Umami 29, 86
Urfa-biber-Chiliflocken 23

V

Vanilleschote 27
  Vanille-Crème fraîche 200

W

Wacholderbeere 27
Walnüsse
  Dattel- und Tamarindenkuchen 210
  Nüsse mit Chili-Sumach-Granatapfel-Panade 37
Wassermelonen-Holunderblüten-Granita 195
Weinblattpäckchen, Gegrillte Garnelen in 120
Weinbrand
  Bellini mit Kardamom und buntem Pfeffer 240
Weißer Pfeffer 23
Wodka
  Moscow Mule mit Granatapfel 244
Würzen 82, 158
  Essenzielle Methoden 158
  indische und westliche Küche, Vergleich 161
  Vorgehensweise 158

Z

Zatarmischung, meine 264
Zimt 23
Zitronen
  Ingwer-Zitronen-Relish 274
  Limonade mit geröstetem Kreuzkümmel 227
  Orangenblütenlimonade 225
  Würzig eingelegte Zitronen 274
  Zitronensirup 225
Zwiebeln, Rote, mit Koriander 274

WEITERE TITEL IM UNIMEDICA VERLAG

Bharat B. Aggarwal

Heilende Gewürze

Wie 50 heimische und exotische Gewürze Gesundheit erhalten und Krankheiten heilen können

512 Seiten, geb., € 29,00

Gewürze sind wertvolle Küchenfreunde und sorgen für den guten Geschmack. Gewürze können jedoch noch viel mehr – sie verfügen über eine enorme Heilkraft. Der New York Times Bestseller wird abgerundet mit persönlichen Geschichten des Star-Ehepaars und mit stimmungsvollen Fotos.

Dr. Aggarwal erforscht seit Jahren am renommierten M. D. Anderson-Krebszentrum der Universität Texas die Heilwirkung von Gewürzen. Viele Gewürze sind echte Kraftpakete bei der Verteidigung des Körpers gegen Mikroben – Bakterien, Viren und Pilze. Sie wirken entzündungshemmend und können sogar den Alterungsprozess verlangsamen.

Usha Lad / Vasant Lad

Das Kochbuch des Ayurveda

Selbstheilung durch die ayurvedische Küche

288 Seiten, geb., € 29,00

Die ayurvedische Küche ist nicht nur unglaublich schmackhaft, sondern verfügt auch über große Heilkräfte, die jeder einsetzen kann.

Vasant Lad ist einer der bekanntesten ayurvedischen Ärzte weltweit. Es ist kaum einer so berufen wie er, dieses Kochbuch zu schreiben und die jahrtausendealten Geheimnisse dieser heilenden Nahrung verfügbar zu machen.

Das Werk ist weit mehr als nur ein Kochbuch. Neben 100 köstlichen Rezepten aus der Küche von Vasant Lad und seiner Frau Usha, führt es in die Grundprinzipien des Ayurveda und die Lehre der Konstitutionstypen, der Doshas, ein. Es zeigt, wie sich durch die Kombination von Lebensmitteln die Verdauung regulieren, körperliches Gleichgewicht herstellen und dadurch Gesundheit und Wohlbefinden erreichen lassen.

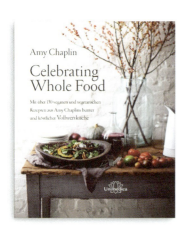

Amy Caplin
Celebrating Whole Food

Mit über 150 veganen und vegetarischen Rezepten aus Amy Chaplins bunter und köstlicher Vollwertküche

408 Seiten, geb., € 34,00

Frisch, überwiegend pflanzlich, vollwertig, naturbelassen und lecker – so sieht eine ideale Ernährung aus.

Die New-Yorker -Star-Köchin Amy Chaplin steht wie keine andere für die raffinierte Vielfalt einer modernen Vollwerternährung. Ihre 20-jährige Erfahrung als Küchenchefin vieler vegetarischer Restaurants auf der ganzen Welt teilt Chaplin heute gerne mit ihren Kunden, zu denen auch Hollywood-Stars gehören.

In dem preisgekrönten Kochbuch Celebrating Whole Food nimmt uns Amy Chaplin in über 150 überwiegend veganen, glutenfreien Rezepten mit auf einen Streifzug durch die facettenreiche Welt der vollwertigen Küche.

Sally Fallon / Mary Enig
Das Vermächtnis unserer Nahrung

Das freie Kochbuch ohne politisch korrekte Ernährung
Mit der Heilkraft von über 700 zeitlosen Rezepten

544 Seiten, geb., € 34,00

Sally Fallon, die bekannte Ernährungsforscherin und Gründerin der Weston A. Price Foundation, vermittelt in ihrem Werk ein überraschende Botschaft.

Das Vermächtnis unserer Nahrung ist ein Klassiker und wurde in den USA bereits über 600.000 mal verkauft. Sally Fallon wendet sich darin bewusst gegen politisch korrekte Ernährung und empfiehlt naturbelassene Nahrungsmittel wie die oft verpönte Butter, Eier, Rohmilch, Fleisch aus Weidetierhaltung und andere nährstoffreiche Lebensmittel wie die über enorme Heilkraft verfügenden Knochenbrühen.

Alison Roman

Dining In

Freche Rezepte genial einfach und verblüffend im Geschmack

328 Seiten, geb., € 34,00

Sie besitzt keinen Mixer und verwendet immer dieselbe Edelstahlpfanne. Ihr persönlicher Kochstil: Low-Fi. Und wenn sie mal wieder ihre Teigrolle verlegt hat, rollt sie ihren Tarteteig eben mit einer ungeöffneten Weinflasche aus.

Alison Roman beweist in Dining In, dass zwanglos keineswegs langweilig bedeutet und simpel nicht fantasielos sein muss. Ganz im Gegenteil: Mit 125 Rezepten lassen sich Freunde und Familie unkonventionell und originell kulinarisch beglücken.

Ihre Rezepte bezeichnet sie als »Sehr Alltagstauglich«: Man braucht keine komplizierten Zutaten, alle Gerichte sind einfach nachkochbar und machen beim Essen Freude.

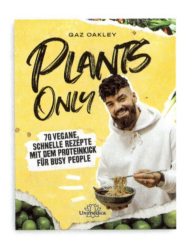

Gaz Oakley

Plants Only

70 vegane, schnelle Rezepte mit dem Proteinkick für busy people

224 Seiten, geb., € 24,80

Für sein neuestes Kochbuch Plants Only hat der vegane Starkoch Gaz Oakley 70 wahre Geschmacksexplosion kreiert. Und nicht nur das: Der sympathische Brite konzentriert sich auf Gerichte für einen modernen, urbanen Lifestyle, mit dem auch busy people blitzschnell den extra Proteinkick bekommen.

Ein übersichtliches Symbolsystem zeigt die Besonderheiten des jeweilgen Gerichts auf:

– Rezepte mit hohem Proteingehalt: Für mehr Power im Alltag und beim Sport

– Ultraschnell nachzukochen: Mit Kochzeiten von unter 15 Minuten

– Meal Prepping und Batch Cooking: Der neue Trend zum Vorkochen für die Arbeit

– One-Pot-Gerichte: Zubereitung mit nur einem Topf

NATURHEILKUNDE

HOMÖOPATHIE

ERNÄHRUNG

FITNESS & SPORT

AKUPUNKTUR

MENSCH & TIER

In unserem Webshop **WWW.UNIMEDICA.DE** finden Sie nahezu alle deutschen Bücher – und eine umfangreiche Auswahl an englischen Werken – zu Homöopathie, Naturheilkunde und gesunder Lebensweise. Zu jedem Titel gibt es aussagekräftige Leseproben.

Außerdem stehen Ihnen ein großes Sortiment ausgewählter Naturkost-Produkte sowie Nahrungsergänzungsmittel unserer Eigenmarke „Unimedica" und viele Superfoods zur Verfügung.

BLUMENPLATZ 2 • D-79400 KANDERN • TEL: +49 7626 974 970–0 • FAX: +49 7626 974 970–9
INFO@UNIMEDICA.DE